세상

책까지 이 … 없습니다.

길벗은 독자 여러분이
가장 쉽게, 가장 빨리 배울 수 있는 책을
한 권 한 권 정성을 다해 만들겠습니다.

독자의 1초를 아껴주는
정성을 만나보세요.

미리 책을 읽고 따라해 본 2만 베타테스터 여러분과
무따기 체험단, 길벗스쿨 엄마 2% 기획단,
시나공 평가단, 토익 배틀, 대학생 기자단까지!
믿을 수 있는 책을 함께 만들어주신 독자 여러분께 감사드립니다.

(주)도서출판 길벗 www.gilbut.co.kr
길벗 이지톡 www.eztok.co.kr

단아쌤 김경은 지음

coupang
쿠팡으로 돈 벌기
Making Money on Coupang

초판 발행 · 2020년 7월 13일

지은이 · 김경은
발행인 · 이종원
발행처 · (주)도서출판 길벗
출판사 등록일 · 1990년 12월 24일
주소 · 서울시 마포구 월드컵로 10길 56(서교동)
대표 전화 · 02)332-0931 | **팩스** · 02)322-0586
홈페이지 · www.gilbut.co.kr | **이메일** · gilbut@gilbut.co.kr

책임 편집 · 박슬기(sul3560@gilbut.co.kr) | **담당 편집** · 연정모(yeon333718@gilbut.co.kr)
영업마케팅 · 임태호, 전선하, 차명환 | **웹마케팅** · 조승모, 지하영 | **영업관리** · 김명자 | **독자지원** · 송혜란, 홍혜진
표지 및 본문 디자인 · 이도경 | **교정교열** · 안종군 | **전산편집** · 김정미 | **제작** · 이준호, 손일순, 이진혁
CTP 출력 및 인쇄 · 상지사피앤비 | **제본** · 상지사피앤비

ISBN 979-11-6521-219-3 13320
(길벗 도서번호 007078)

이 도서의 국립중앙도서관 출판사도서목록(CIP)은 서지정보유통지원시스템 홈페이지(http://seoji.nl.go.kr)와 국가자료공동목록시스템(http://www.nl.go.kr/kolisnet)에서 이용하실 수 있습니다. (CIP제어번호 : CIP2020026242)

가격 17,000원

coupang
누구나 쉽게 따라하는
매출 상승 노하우
쿠팡으로
돈 벌기

누구나 관심을 갖고 있지만 방법을 알지 못해 먼 세상 일처럼 느껴지는 '돈 벌기'! 쿠팡만큼 '돈 벌기'에 적합한 플랫폼이 있을까요? 따라만 하면 됩니다. 쿠팡으로 돈 버는 방법을 여러분에게 알려드리겠습니다.
이 책을 선택한 여러분이 쿠팡으로 금전적인 자유를 누릴 수 있길 기원하며, 그 빛나는 미래를 위해 계속 배우고 노력하는 강사가 되겠습니다.
여러분의 편에 서서 눈과 귀와 머리가 돼 드리겠습니다.

2020년 7월 단아쌤 김경은

머리말

온라인 소비 시장, 꺾이지 않는 상승세

2010년, 온라인 쇼핑몰 창업 전문 강사로 활동한 지 어느덧 십 년이 흘렀습니다. 온라인 쇼핑 시장은 십 년이라는 세월 동안 놀라운 규모로 성장했습니다.

"여러분, 온라인 쇼핑몰 자주 이용하시나요?"

강의에서 만나는 수강생들에게 수백 번 던졌던 질문입니다. 강의를 처음 시작할 때만 해도 온라인 쇼핑몰 창업에 도전하는 사람들조차 답변을 망설였던 기억이 납니다. 지금은 어떨까요? 저의 수강생뿐 아니라 이 책을 선택한 독자들, 심지어 어린 학생부터 어르신에 이르기까지 대부분의 사람들이 자신 있게 "예."라고 답할 것입니다.

온라인 소비 시장은 '언택트(Untact, 기술의 발전으로 사람과의 대면 접촉 없이 상품을 구매하는 새로운 소비 경향)' 시대가 도래하면서 점점 규모를 확장해 나가고 있으며 변화의 속도는 시간이 흐를수록 빨라지고 있습니다. 전체 소비 시장에서 온라인이 차지하는 비중은 28%로, 10년 새 15%나 상승했으며, 2019년 한 해에만 130조 원이 넘는 매출액이 발생했습니다.

또한 구매가 PC에서만 이뤄지던 10년 전과 달리, 현재는 모바일 소비 규모가 온라인 시장의 70%를 차지할 만큼 크게 성장했습니다. 즉, 이제 온라인 쇼핑몰 창업으로 성공하려면 모바일 시장을 잡아야 합니다.

이제 쿠팡을 잡아라

쿠팡은 모바일 시장에서 가장 높은 비중을 차지하는 쇼핑 플랫폼입니다. 온라인 고객을 가장 쉽게, 많이 만날 수 있는 플랫폼이라는 의미입니다. 그렇기 때문에 모바일 쇼핑몰 창업으로 성공하려면 쿠팡에 반드시 진입해야 합니다.

10년 동안 온라인 쇼핑몰 전문 강사로서, 한 명의 판매자로서 급변하는 시장 상황을 직접 겪고 위기 상황에 발빠르게 대응해 왔습니다. 쇼핑몰 시장의 판도를 크게 바꿔 놓은 세 가지 이슈로는 모바일 시장의 성장, 배송 트렌드의 변화, 고객의 구매 패턴 변화를 들 수 있습니다.

쿠팡은 이 세 가지 트렌드를 주도하며 발전해 왔습니다. 플랫폼을 모바일 환경에 최적화해 쇼핑 앱 1위를 선점했고 '로켓배송'으로 주문 다음날 바로 상품을 받을 수 있는 시대를 열었으며 탁월한 큐레이션 기능으로 고객의 마음을 사로잡았습니다.

『쿠팡에서 돈 벌기』 이렇게 활용하라

쿠팡은 사업자등록을 마친 전문 판매자를 위한 판매 시스템인 '마켓 플레이스'와 '로켓배송' 외에도 사업자가 아니어도 누구나 도전할 수 있는 '쿠팡 파트너스'라는 제휴 마케팅 시스템을 함께 제공합니다. 따라서 투잡을 시작하고 싶은 직장인, 재택 아르바이트를 구하는 사람, SNS를 활발히 운영하는 인플루언서 등 누구나 '쿠팡으로 돈 벌기'가 가능합니다.
쿠팡에서 돈을 벌 수 있는 다양한 방법을 이 책 한 권에 담았습니다. 본문을 읽고 쇼핑몰 창업의 기본을 다진 후, 실습 과정을 직접 따라해 보세요. 1부에서 여러분에게 적합한 판매 시스템을 확인하고 우선순위를 정한 후 자신에게 필요한 부분을 펼쳐 보는 것을 추천합니다. 투잡을 시작하고자 한다면 4부, 쇼핑몰을 운영하고 있거나 준비가 됐다면 2, 3부, 제조업체를 운영하고 있다면 5부를 정독하는 것이 좋습니다.
또한 제가 직접 운영하는 유튜브 채널 '단아쌤TV'에서 이 책에 다 담지 못한 노하우를 소개합니다. 쇼핑몰 창업·운영과 관련된 최신 콘텐츠가 지속적으로 업데이트되므로 이 책을 200% 활용할 수 있습니다.

'쿠팡'이라는 플랫폼의 가능성을 예측하고 저의 제안에 응해 주신 길벗출판사에 감사드립니다. 저희 회사에서 대표의 잔소리를 온몸으로 받아내고 있는 동희 씨와 송아 씨! 늘 함께하면 좋겠습니다. 책을 집필하는 데 도움을 준 지원 씨가 없었다면 이 책을 출판하는 시간이 오래 걸렸을 것입니다.
저를 이 자리에 있게 해 준 아버지 김사장님, 어머니 변여사님, 언니 지은과 동생 가은, 형부 조서방에게 감사를 전합니다. 어떤 상황에서도 항상 응원해 주는 '월천클럽-단아쌤 정예부대'에게도 감사드립니다.
마지막으로, 이 책을 선택해 주신 독자 여러분께 깊은 감사를 드립니다. '실행'을 두려워하지 않는 여러분이 '미래의 행복한 부자'입니다. 꼭 기억하세요. 오늘 시작하면 오늘 기회를 잡을 수 있습니다. '실행'이 답입니다.
감사합니다.

저자소개

단아쌤 김경은

- "쇼핑몰을 직접 운영하지 않는 쇼핑몰 강사는 앙금 없는 앙금빵이다!"
- 온라인 쇼핑몰 분야의 일타 강사로 6개의 쇼핑몰을 직접 운영하는 쇼핑몰 대표
- 맛있게 말하는 강사, 항상 창업자의 편에 서서 함께 고민하고 성장하는 '사람 냄새 나는 강사'
- 강사, 작가, 유튜버, 쇼핑몰 및 기업체 대표, 팟빵 캐스터 등 다양한 분야에서 활발하게 활동 중인 1세대 N잡러

주요 활동

- 네이버 파트너 스퀘어 공식 강사
- 카페24 공식 강사
- (전) 지마켓/옥션 교육 센터 전임 강사
- 쇼핑몰 창업 교육 유튜브 채널 '단아쌤TV' 운영
- 클래스101 '쿠팡 파트너스로 돈 벌기' 진행
- 비스킷, 사이클, 월비스(도매꾹교육센터), 아이보스 강의 진행

www.instagram.com/
imteacherdana

https://cafe.naver.
com/talkingshop

고시원을 거쳐 강남 아파트에 입성하기까지

10년 차 온라인 쇼핑몰 전문 강사이자 쇼핑몰 창업가인 단아쌤 김경은입니다.

2008년, 홀홀단신으로 상경해 고시원을 거쳐 10년 만에 강남에 있는 아파트를 마련했습니다. '서울에서는 눈 뜨고도 코 베인다더라.'는 주변의 우려를 들으며 경상북도 김천시에서 상경했고, 그 날부터 치열한 삶이 시작됐습니다. 남들처럼 회사를 다니기도 했습니다. 방문 학습지 교사로 일해 보기도 하고, 하루에 3개씩 아르바이트를 하기도 했으며, 보험 영업 교육을 받아 보기도 했습니다. 머릿속에 '어떻게 하면 돈을 잘 벌 수 있을까?'라는 고민이 가득차 있던 시기였습니다.

왜 나만 이렇게 힘든지를 고민하다가 우연히 방문했던 신촌 거리의 한 철학원에서 '단아'라는 이름을 받았습니다.

첫 강의를 시작하며 "김경은입니다! 단아쌤이라고 불러 주시면 인생이 술술 풀린다고 하니 기억해 주세요!"라고 외쳤던 기억이 생생합니다. '단아쌤'이라는 셀프 브랜딩의 시작이었습니다.

지금 당장, 도전하고 경험하라

물론 이름 하나 바뀌었다고 갑자기 세상살이가 잘 풀렸던 것은 아닙니다. 불러 주기만 한다면 먼 거리를 마다하지 않았습니다. 1시간 강의하기 위해 왕복 3시간 거리를 이동하며 지하철 플랫폼에서 삼각김밥으로 끼니를 때우기도 했습니다. 아침 9시부터 밤 10시까지, 주말도 없이 강의하던 시절이었습니다. 시급 1만 원이었던 학원 강사에서 연봉이 30배를 넘기게 된 지금까지, "오늘 발걸음을 떼지 않으면 내일 뛰어야 한다."라는 문장을 가슴에 새기고 단 한 순간도 쉬지 않았습니다. '기회를 만들 수 있는 실행력과 기회를 볼 줄 아는 눈, 그리고 기회를 잡을 수 있는 능력'을 갖추려고 노력한 결과, 지금 이 자리에 도달할 수 있었습니다.

어렵게 시작해 고군분투해왔기 때문에 '돈 벌기'를 위해 이 책을 선택한 독자 여러분의 고민을 깊이 이해할 수 있습니다. 지금 이 책의 소개 글을 읽고 계신다면 저와 같이 도전하고 경험할 준비가 되신 분일 거라고 생각합니다. 아직 살아온 기간이 길지는 않지만 누구보다 열심히 살며 얻은 교훈이 있습니다. 그것은 바로 경험만큼 훌륭한 선생님은 없다는 사실입니다. 결과가 성공이든 실패든, 미래의 여러분을 만드는 가장 좋은 밑거름이 된다는 것만은 확실합니다.

내일의 '금전적인 자유'를 가져다 주는 오늘의 '실행'

제가 쇼핑몰 창업에 매력을 느낀 이유는 '피드백이 빠른 시장'이라는 점 때문이었습니다. 내가 찾은 아이템을 시장에 등록하는 것은 도전장을 내미는 행위와 같습니다. 그날 그날의 매출로 성공을 가늠해 볼 수 있죠. 잘 팔리면 돈을 벌지만, 안 팔리면 배움이 따라옵니다. 이때 투자하는 것은 오늘의 '시간'뿐이기 때문에 다른 분야에 비해 금전적인 손해가 적다고 할 수 있습니다. 하이리스크를 싫어하는 저에게는 딱 맞는 시장이었습니다.

여러분도 저와 같다면 지금 바로 상품을 등록해 보세요. 지금 도전하면 더 빨리 돈을 벌 수 있습니다. 저 역시 강의를 마친 후 상품을 하나둘씩 등록하는 것으로 시작해 집과 차를 살 만큼 성공할 수 있었습니다. 오늘 '시간'을 투자하면 내일 '금전적 자유'가 돌아옵니다. 제가 먼저 걸어온 길이니 보장할 수 있습니다. 책을 읽는 것으로 끝내지 말고 무작정 따라해 보세요.

김경은

저자 유튜브 소개

단아쌤TV를 소개합니다!

유튜브 채널 '단아쌤TV'는 수강생들의 복습을 돕고, 오프라인 강의를 듣기 어려운 창업자들의 고민을 듣기 위해 시작됐습니다. 그렇지만 '유료로 운영되는 수업을 무료로 공개해도 될까?'라는 고민과 냉혹한 평가를 받게 된다는 부담감 때문에 유튜브 채널을 본격적으로 운영하기까지 큰 결심이 필요했습니다. 그렇지만 많은 고민을 겪고 있을 쇼핑몰 창업자들께 도움을 드리는 것이 강사가 해야 할 일이라는 생각이 들었습니다. 현재는 '복습 영상'과 '수강생 스토리' 등의 콘텐츠로 현장의 이야기를 생생하게 전달하고 있습니다. 또한 네이버와 카페24 공식 강사로서 좀 더 정확한 정보를 담은 콘텐츠를 제작하고 있습니다.

직접 뛰는 강사, 단아쌤

자신의 쇼핑몰을 직접 공개하며 강의를 운영하는 데는 큰 위험이 따릅니다. 실제로 한 수강생이 저의 쇼핑몰을 보고 자신의 쇼핑몰에서 동일 상품들을 더 저렴하게 판매해 큰 손해를 본 적도 있습니다. 그럼에도 제가 쇼핑몰을 공개하는 이유는 본업이 '강사'라는 것을 잊지 않았기 때문입니다. 제가 쇼핑몰을 운영하는 이유는 수익 창출만을 위한 것이 아닙니다. 그보다 큰 이유는 강의에서 정확하고 생생한 정보를 전달하려면 실제 경험이 필요하기 때문입니다. 이렇게 여러분을 위해 직접 연구한 내용을 유튜브 콘텐츠로 제공하고 있습니다. 최신 정보에 빠르게 대응할 수 있는 플랫폼이라는 장점을 살려 책과의 시너지를 살릴 수 있는 콘텐츠를 지속적으로 업로드할 예정입니다.

『쿠팡으로 돈 벌기』 재생 목록(업로드 예정)

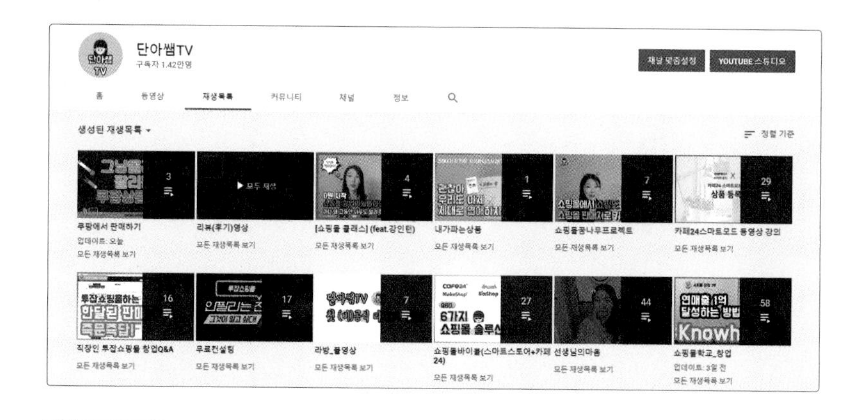

#01 마켓 플레이스에 상품 등록하기
(상품 찾기, 등록, 상세 페이지 디자인)

#02 마켓 플레이스 배송 처리 방법

#03 마켓 플레이스 쿠팡 광고 집행하기

#04 쿠팡 파트너스 가입과 운영 방법

#05 쿠팡 파트너스 네이버 블로그 게시글 작성하기

#06 쿠팡 파트너스 배너 만들고
네이버 블로그에 등록하기

#07 쿠팡 파트너스 워드프레스 배너 등록하기

#08 쿠팡 파트너스 워드프레스 글 발행하기

#09 쿠팡 파트너스 구글 검색 노출 기회 높이기

#10 로켓배송 입점과 등록 방법

#11 쿠팡과 스마트스토어 정산 비교

⋮

생생한 쇼핑몰 운영 노하우 영상을
지속적으로 업데이트할 예정입니다.

『쿠팡으로 돈 벌기』 200% 활용법

1. 『쿠팡으로 돈 벌기』의 친절한 설명을 따라하면서 쿠팡 활용법을 익힙니다.

2. 〈단아쌤TV〉의 쿠팡 영상 강의로 책에서 미처 설명하지 못한 부분을 더 알아봅니다. 저자가 직접 설명하므로 헷갈리는 내용도 쉽게 배울 수 있습니다.

3. 이외에도 〈단아쌤TV〉에서는 생생한 e-커머스 소식을 만날 수 있습니다. 지속적으로 업데이트되는 콘텐츠를 확인하면서 트렌드를 파악하는 안목을 키워보세요.

이 책의 구성

쇼핑몰 창업·운영의 기초 이론부터 쿠팡의 판매 플랫폼을 이용하는 방법까지 자세히 소개합니다. 쿠팡에 처음 입점하는 판매자도 쉽게 이해할 수 있도록 실습 과정을 친절하게 설명합니다. 차근차근 따라하면서 기능을 익혀 보세요.

01 전문 강사가 알려 주는 **쇼핑몰 창업의 기본**

어렵고 복잡한 이론은 NO! 온라인 쇼핑몰 업계 일타 강사가 쿠팡 창업·운영에 꼭 필요한 내용만을 콕콕 집어 알려 줍니다.

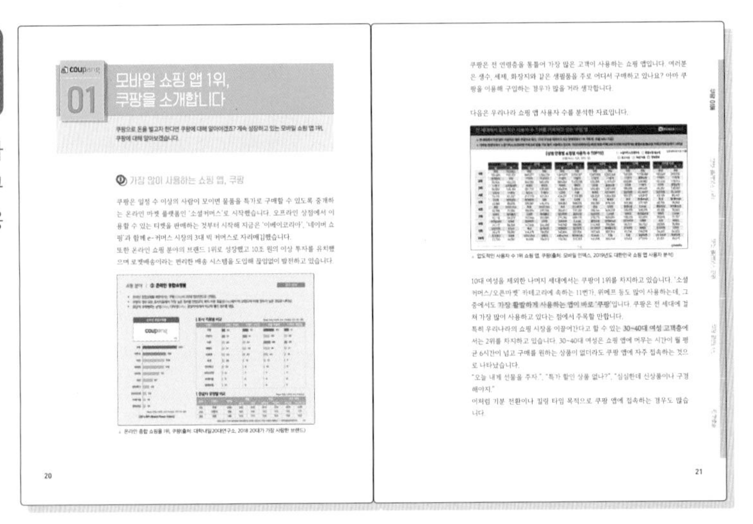

01 모바일 쇼핑 앱 1위, 쿠팡을 소개합니다

쿠팡으로 돈을 벌고자 한다면 쿠팡에 대해 알아야겠죠? 계속 성장하고 있는 모바일 쇼핑 앱 1위, 쿠팡에 대해 알아보겠습니다.

가장 많이 사용하는 쇼핑 앱, 쿠팡

쿠팡은 일정 수 이상의 사람이 모이면 물품을 특가로 구매할 수 있도록 중개하는 온라인 마켓 플랫폼인 '소셜커머스'로 시작했습니다. 오프라인 상점에서 이용할 수 있는 티켓을 판매하는 것부터 시작해 지금은 '이베이코리아', '네이버 쇼핑'과 함께 e-커머스 시장의 3대 빅 커머스로 자리매김했습니다.

또한 온라인 쇼핑 분야의 브랜드 1위로 성장했고 10조 원의 이상 투자를 유치했으며 로켓배송이라는 편리한 배송 시스템을 도입해 끊임없이 발전하고 있습니다.

온라인 종합 쇼핑몰 1위, 쿠팡(출처: 대학내일20대연구소, 2018 20대가 가장 사랑한 브랜드)

20

쿠팡은 전 연령층을 통틀어 가장 많은 고객이 사용하는 쇼핑 앱입니다. 여러분은 생수, 세제, 화장지와 같은 생필품을 주로 어디서 구매하고 있나요? 아마 쿠팡을 이용해 구입하는 경우가 많을 거라 생각합니다.

다음은 우리나라 쇼핑 앱 사용자 수를 분석한 자료입니다.

압도적인 사용자 수 1위 쇼핑 앱, 쿠팡(출처: 모바일 인덱스, 2019년도 대한민국 쇼핑 앱 사용자 분석)

10대 여성을 제외한 나머지 세대에서는 쿠팡이 1위를 차지하고 있습니다. '소셜커머스/오픈마켓' 카테고리에 속하는 11번가, 위메프 등도 많이 사용하는데, 그중에서도 가장 활발하게 사용하는 앱이 바로 '쿠팡'입니다. 쿠팡은 전 세대에 걸쳐 가장 많이 사용하고 있다는 점에서 주목할 만합니다.

특히 우리나라의 쇼핑 시장을 이끌어간다고 할 수 있는 30~40대 여성 고객층에서는 2위를 차지하고 있습니다. 30~40대 여성은 쇼핑 앱에 머무는 시간이 월 평균 6시간이 넘고 구매를 원하는 상품이 없더라도 쿠팡 앱에 자주 접속하는 것으로 나타났습니다.

"오늘 내게 선물을 주자.", "특가 할인 상품 없나?", "심심한데 신상품이나 구경해야지."

이처럼 기분 전환이나 킬링 타임 목적으로 쿠팡 앱에 접속하는 경우도 많습니다.

21

02 이것만은 꼭! **쿠팡 핵심 개념 설명**

쿠팡에서 판매하려면 놓치지 말아야 할 용어와 개념을 소개합니다. 실습을 본격적으로 따라하기 전에 기본을 다집니다.

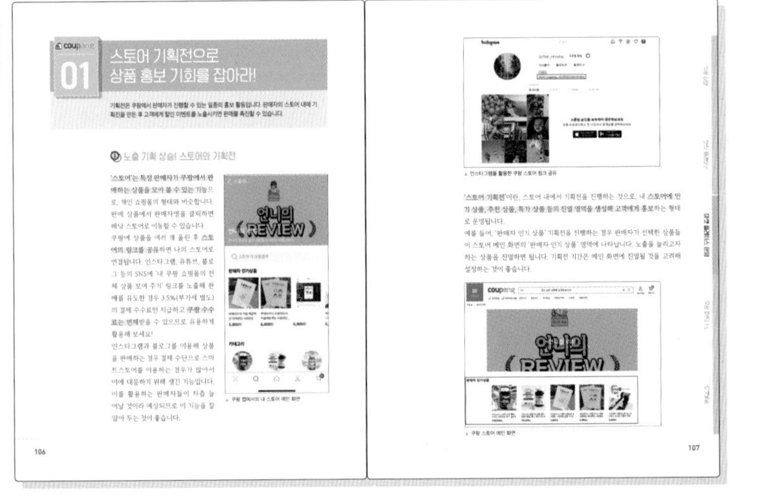

01 스토어 기획전으로 상품 홍보 기회를 잡아라!

기획전은 쿠팡에서 판매자가 진행할 수 있는 일종의 홍보 활동입니다. 판매자의 스토어 내에 기획전을 만든 후 고객에게 할인 이벤트를 노출시키면 판매를 촉진할 수 있습니다.

노출 기회 상승! 스토어와 기획전

'스토어'는 특정 판매자가 쿠팡에서 판매하는 상품을 모아 볼 수 있는 기능으로, 개인 쇼핑몰의 형태와 비슷합니다. 판매 상품에서 판매자명을 클릭하면 해당 스토어로 이동할 수 있습니다.

쿠팡에 상품을 여러 개 올린 후 스토어의 링크를 공유하면 나의 스토어로 연결됩니다. 인스타그램, 유튜브, 블로그 등의 SNS에 '내 쿠팡 쇼핑몰의 전체 상품 보여 주기' 링크를 노출해 판매를 유도한 경우 3.5%(부가세 별도)의 결제 수수료만 지급하고 쿠팡 수수료는 면제받을 수 있으므로 유용하게 활용해 보세요!

인스타그램과 블로그를 이용해 상품을 판매하는 경우 결제 수단으로 스마트스토어를 이용하는 경우가 많아서 이에 대응하기 위해 생긴 기능입니다. 이를 활용하는 판매자들이 차츰 늘어날 것이라 예상되므로 이 기능을 잘 알아 두는 것이 좋습니다.

쿠팡 앱에서의 내 스토어 메인 화면

106

인스타그램을 활용한 쿠팡 스토어 링크 공유

'스토어 기획전'이란, 스토어 내에서 기획전을 진행하는 것으로, 내 스토어에 인기 상품, 추천 상품, 특가 상품 등의 진열 영역을 생성해 고객에게 홍보하는 형태로 운영됩니다.

예를 들어, '판매자 인기 상품' 기획전을 진행하는 경우 판매자가 선택한 상품들이 스토어 메인 화면의 '판매자 인기 상품' 영역에 나타납니다. 노출을 늘리고자 하는 상품을 진열하면 됩니다. 기획전 기간은 메인 화면에 진열될 것을 고려해 설정하는 것이 좋습니다.

쿠팡 스토어 메인 화면

107

coupang

궁금한 내용이 생기면 Q&A 목차를 찾아보고 빠르게 해결할 수 있습니다. 또한 학습하다가 헷갈리는 부분은 저자의 유튜브 채널에서 제공되는 강의를 보며 실습할 수 있습니다.

03

쉽게 기능을 익히는 **무작정 따라하기**

친절하고 자세한 설명을 따라하다 보면 초보자도 쿠팡의 플랫폼에 금세 익숙해질 수 있습니다.

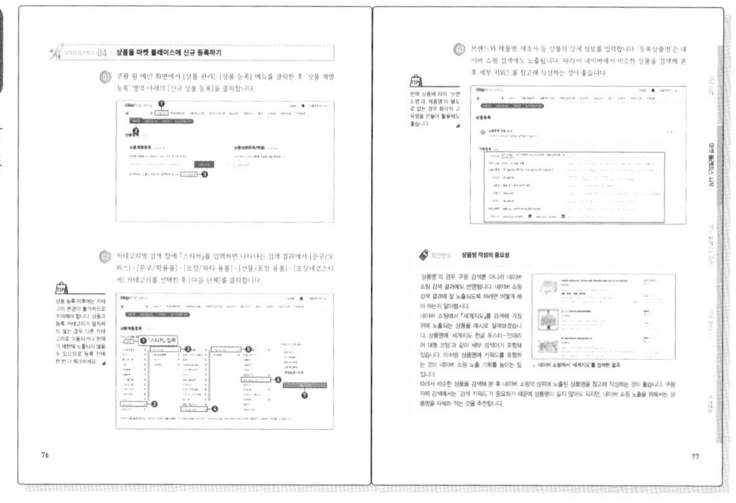

04

궁금증 해결! **TIP & 잠깐만요**

실습을 따라하면서 헷갈리기 쉬운 부분을 [Tip]에서 짚어 주고, 더 알아 두면 좋은 내용을 [잠깐만요]에서 추가로 설명해 줍니다. 궁금증을 바로바로 해결해 보세요.

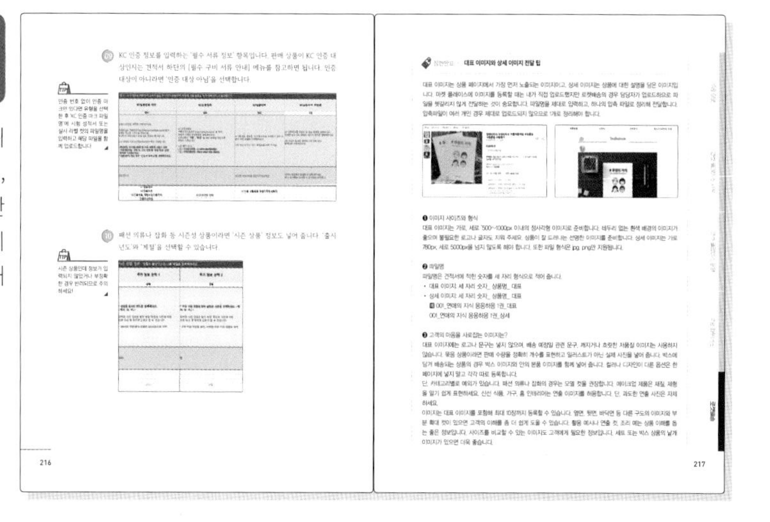

목차

part
02

매출을 높이는 마켓 플레이스 운영 방법 104

part
04

무엇이든 물어 보세요!

문의사항이 있을 경우 길벗 홈페이지의 [고객센터] – [1:1 문의] 게시판에 질문을 등록해 보세요. 길벗 독자지원센터에서 친절하게 답변해 드립니다.

❶ 길벗 홈페이지(www.gilbut.co.kr) 회원가입 후 로그인하기

❷ [고객센터] – [1:1 문의] 게시판에서 '도서 이용'을 클릭하고 책 제목 검색하기

❸ '문의하기'를 클릭해 새로운 질문 등록하기

coupang

쿠팡의 판매자들이 가장 궁금해하는 31개의 질문을 뽑아 해당 내용을 쉽게 찾을 수 있도록 구성했습니다. 이 책을 본격적으로 읽기 전에 가장 알고 싶은 부분을 찾아보세요. 책의 내용을 모두 따라한 후에 헷갈리는 부분을 찾아볼 수도 있습니다. 궁금증을 바로바로 해결하고 빠르게 적용해 보세요.

e-커머스 대세!
이제 쿠팡이 답이다

가장 많은 사용자를 확보하고 있는 모바일 쇼핑 앱, 쿠팡! 그런데 왜 쿠팡에서 구매하는 사람은 많지만 판매하는 사람은 적을까요?
쿠팡에서 상품을 판매하려면 쿠팡에 대해 좀 더 정확히 알아야겠죠? 1부에서는 마켓 플레이스, 로켓배송, 쿠팡 파트너스 등 쿠팡의 판매 시스템을 자세히 알아보고 나에게 맞는 판매 방식이 무엇인지 알아보겠습니다. 또한 온라인 쇼핑을 이용하는 소비자들이 언제, 어떤 상품을 구매하는지 분석해 보고 각 카테고리별로 어떻게 판매하면 좋을지도 알아보겠습니다.

part 01

coupang

01 모바일 쇼핑 앱 1위, 쿠팡을 소개합니다

쿠팡으로 돈을 벌고자 한다면 쿠팡에 대해 알아야겠죠? 계속 성장하고 있는 모바일 쇼핑 앱 1위, 쿠팡에 대해 알아보겠습니다.

가장 많이 사용하는 쇼핑 앱, 쿠팡

쿠팡은 일정 수 이상의 사람이 모이면 물품을 특가로 구매할 수 있도록 중개하는 온라인 마켓 플랫폼인 '소셜커머스'로 시작했습니다. 오프라인 상점에서 이용할 수 있는 티켓을 판매하는 것부터 시작해 지금은 '이베이코리아', '네이버 쇼핑'과 함께 e-커머스 시장의 3대 빅 커머스로 자리매김했습니다.

또한 온라인 쇼핑 분야의 브랜드 1위로 성장했고 10조 원의 이상 투자를 유치했으며 로켓배송이라는 편리한 배송 시스템을 도입해 끊임없이 발전하고 있습니다.

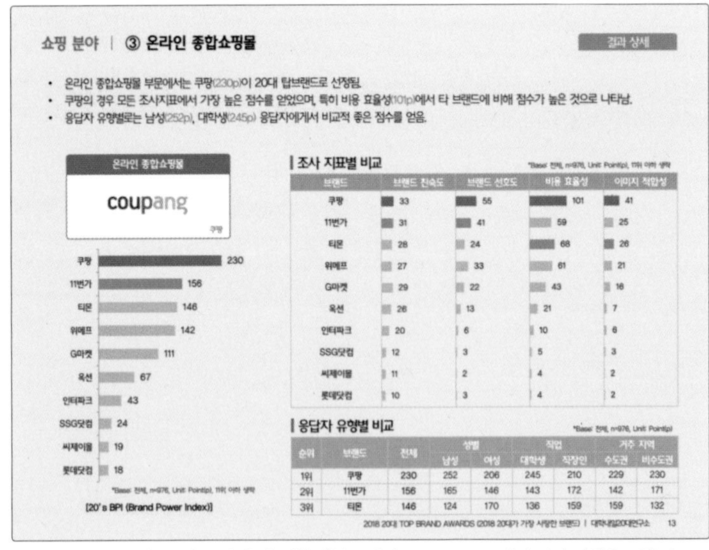

쇼핑 분야 | ③ 온라인 종합쇼핑몰

결과 상세

- 온라인 종합쇼핑몰 부문에서는 쿠팡(230p)이 20대 탑브랜드로 선정됨.
- 쿠팡의 경우 모든 조사지표에서 가장 높은 점수를 얻었으며, 특히 비용 효율성(101p)에서 타 브랜드에 비해 점수가 높은 것으로 나타남.
- 응답자 유형별로는 남성(252p), 대학생(245p) 응답자에게서 비교적 좋은 점수를 얻음.

온라인 종합쇼핑몰

coupang

쿠팡

브랜드	BPI
쿠팡	230
11번가	156
티몬	146
위메프	142
G마켓	111
옥션	67
인터파크	43
SSG닷컴	24
씨제이몰	19
롯데닷컴	18

*Base: 전체, n=976, Unit: Point(p), 11위 이하 생략

[20's BPI (Brand Power Index)]

조사 지표별 비교

*Base: 전체, n=976, Unit: Point(p), 11위 이하 생략

브랜드	브랜드 친숙도	브랜드 선호도	비용 효율성	이미지 적합성
쿠팡	33	55	101	41
11번가	31	41	59	25
티몬	28	24	68	26
위메프	27	33	61	21
G마켓	29	22	43	16
옥션	26	13	21	7
인터파크	20	6	10	6
SSG닷컴	12	3	5	3
씨제이몰	11	2	4	2
롯데닷컴	10	3	4	2

응답자 유형별 비교

*Base: 전체, n=976, Unit: Point(p)

순위	브랜드	전체	성별		직업		거주 지역	
			남성	여성	대학생	직장인	수도권	비수도권
1위	쿠팡	230	252	206	245	210	229	230
2위	11번가	156	165	146	143	172	142	171
3위	티몬	146	124	170	136	159	159	132

2018 20대 TOP BRAND AWARDS (2018 20대가 가장 사랑한 브랜드) | 대학내일20대연구소 13

▲ 온라인 종합 쇼핑몰 1위, 쿠팡(출처: 대학내일20대연구소, 2018 20대가 가장 사랑한 브랜드)

쿠팡은 전 연령층을 통틀어 가장 많은 고객이 사용하는 쇼핑 앱입니다. 여러분은 생수, 세제, 화장지와 같은 생필품을 주로 어디서 구매하고 있나요? 아마 쿠팡을 이용해 구입하는 경우가 많을 거라 생각합니다.

다음은 우리나라 쇼핑 앱 사용자 수를 분석한 자료입니다.

전 세대에서 압도적인 사용자 수 1위를 기록하고 있는 쿠팡 앱 MOBILEINDEX

◇ 전 세대에서 가장 많이 사용하는 앱은 쿠팡으로 확인, 10대 여성을 제외하고 모든 연령대에서 1위 기록 중 (8월 MAU 기준)
◇ 대부분 연령대에서 소셜커머스/오픈마켓 카테고리 앱을 가장 많이 사용하고 있으며, 1020세대에서는 패션/의류 카테고리가 40대 이상에서는 종합쇼핑/홈쇼핑 카테고리의 강세가 나타남

[성별 연령별 쇼핑앱 사용자 수 TOP10]
(8월 MAU 기준, 단위: 명)

안드로이드 OS 기준
○ 소셜커머스/오픈마켓 ○ 종합쇼핑/홈쇼핑 ○ 중고거래 ○ 패션/의류 ○ 생활용품

	10대		20대		30대		40대		50대		60대 이상	
	남	여	남	여	남	여	남	여	남	여	남	여
1위	쿠팡 134,404	지그재그 197,377	쿠팡 969,677	쿠팡 1,064,174	쿠팡 1,340,071	쿠팡 2,515,321	쿠팡 1,367,603	쿠팡 2,322,646	쿠팡 749,206	쿠팡 1,130,600	쿠팡 183,648	쿠팡 283,532
2위	번개장터 95,546	쿠팡 162,222	11번가 365,156	지그재그 582,878	11번가 883,402	11번가 1,472,185	11번가 932,095	11번가 1,197,431	11번가 493,991	홈앤쇼핑 530,982	11번가 167,432	11번가 173,716
3위	11번가 86,992	스타일쉐어 148,762	위메프 281,737	위메프 539,865	위메프 484,939	위메프 1,388,412	G마켓 465,403	홈앤쇼핑 1,051,649	G마켓 188,826	11번가 488,620	G마켓 45,392	홈앤쇼핑 130,992
4위	무신사 76,912	11번가 81,107	무신사 217,110	11번가 421,241	G마켓 424,271	티몬 1,118,383	위메프 386,530	GS SHOP 1,034,936	당근마켓 164,371	GS SHOP 420,810	당근마켓 43,128	GS SHOP 85,453
5위	G마켓 43,566	번개장터 80,878	번개장터 209,981	티몬 416,574	티몬 398,882	G마켓 988,078	옥션 386,060	위메프 875,108	옥션 161,360	현대Hmall 377,157	옥션 40,715	현대Hmall 75,592
6위	룩핀 40,708	아이디어스 72,954	티몬 196,574	아이디어스 377,746	옥션 283,612	GS SHOP 737,259	티몬 308,144	G마켓 829,218	홈앤쇼핑 146,676	CJmall 348,916	홈앤쇼핑 40,308	롯데홈쇼핑 75,062
7위	위메프 32,118	에이블리 68,370	G마켓 167,844	에이블리 312,585	당근마켓 271,394	홈앤쇼핑 669,176	당근마켓 278,274	CJmall 825,674	위메프 139,029	롯데홈쇼핑 332,070	위메프 35,648	CJmall 71,767
8위	스타일쉐어 31,117	위메프 55,303	당근마켓 141,834	G마켓 243,450	인터파크 143,168	CJmall 588,050	홈앤쇼핑 214,345	현대Hmall 792,086	GS SHOP 99,721	G마켓 262,722	티몬 25,396	위메프 70,599
9위	당근마켓 26,415	무신사 53,867	옥션 104,079	올리브영 198,832	번개장터 140,834	당근마켓 537,906	GS SHOP 187,349	롯데홈쇼핑 697,314	공구마켓 97,736	위메프 256,078	공구마켓 24,207	G마켓 64,652
10위	지그재그 22,720	G마켓 48,001	아이디어스 96,960	브랜디 184,912	AliExpress 130,362	현대Hmall 515,355	CJmall 149,599	티몬 665,148	티몬 97,452	당근마켓 217,918	GS SHOP 21,831	당근마켓 56,015

1-6 igaworks

▲ 압도적인 사용자 수 1위 쇼핑 앱, 쿠팡(출처: 모바일 인덱스, 2019년도 대한민국 쇼핑 앱 사용자 분석)

10대 여성을 제외한 나머지 세대에서는 쿠팡이 1위를 차지하고 있습니다. '소셜커머스/오픈마켓' 카테고리에 속하는 11번가, 위메프 등도 많이 사용하는데, 그중에서도 가장 활발하게 사용하는 앱이 바로 '쿠팡'입니다. 쿠팡은 전 세대에 걸쳐 가장 많이 사용하고 있다는 점에서 주목할 만합니다.
특히 우리나라의 쇼핑 시장을 이끌어간다고 할 수 있는 30~40대 여성 고객층에서는 2위를 차지하고 있습니다. 30~40대 여성은 쇼핑 앱에 머무는 시간이 월 평균 6시간이 넘고 구매를 원하는 상품이 없더라도 쿠팡 앱에 자주 접속하는 것으로 나타났습니다.
"오늘 내게 선물을 주자.", "특가 할인 상품 없나?", "심심한데 신상품이나 구경해야지."
이처럼 기분 전환이나 킬링 타임 목적으로 쿠팡 앱에 접속하는 경우도 많습니다.

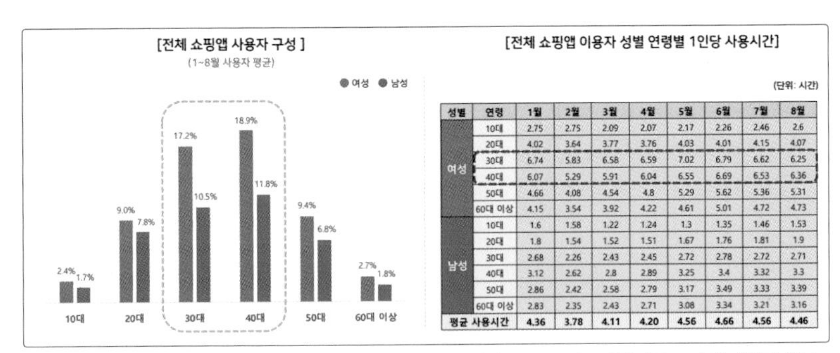

[전체 쇼핑앱 이용자 성별 연령별 1인당 사용시간]

(단위: 시간)

성별	연령	1월	2월	3월	4월	5월	6월	7월	8월
여성	10대	2.75	2.75	2.09	2.07	2.17	2.26	2.46	2.6
	20대	4.02	3.64	3.77	3.76	4.03	4.01	4.15	4.07
	30대	6.74	5.83	6.58	6.59	7.02	6.79	6.62	6.25
	40대	6.07	5.29	5.91	6.04	6.55	6.69	6.53	6.36
	50대	4.66	4.08	4.54	4.8	5.29	5.62	5.36	5.31
	60대 이상	4.15	3.54	3.92	4.22	4.61	5.01	4.72	4.73
남성	10대	1.6	1.58	1.22	1.24	1.3	1.35	1.46	1.53
	20대	1.8	1.54	1.52	1.51	1.67	1.76	1.81	1.9
	30대	2.68	2.26	2.43	2.45	2.72	2.78	2.72	2.71
	40대	3.12	2.62	2.8	2.89	3.25	3.4	3.32	3.3
	50대	2.86	2.42	2.58	2.79	3.17	3.49	3.33	3.39
	60대 이상	2.83	2.35	2.43	2.71	3.08	3.34	3.21	3.16
평균 사용시간		**4.36**	**3.78**	**4.11**	**4.20**	**4.56**	**4.66**	**4.56**	**4.46**

▲ 모바일 쇼핑 시장을 주도하는 30~40대 여성(출처: 모바일 인덱스, 2019년도 대한민국 쇼핑 앱 사용자 분석)

쿠팡은 상품을 큐레이션하거나 추천하는 기능이 탁월하기 때문에 위와 같이 '그냥' 쇼핑하는 고객을 효과적으로 공략하고 있습니다. 또한 정기 배송, 로켓배송과 같은 서비스의 편의성 때문에 충성도 높은 고객이 많은 편입니다. 월 2,900원의 비용을 지불하면 무제한 로켓 무료배송과 새벽 배송의 혜택을 받을 수 있는 멤버십 제도인 '로켓 와우' 서비스를 제공하기도 합니다. 이러한 파격적인 사업 방식으로 '한국의 아마존'이라 불리고 있습니다.

쿠팡 대 네이버 스마트스토어

21쪽의 통계는 '쇼핑 앱'을 분석한 자료이므로 네이버 스마트스토어의 사용자 수는 포함돼 있지 않습니다. 네이버 앱을 통해 스마트스토어에서 구매한다 해도 쇼핑 앱을 사용한 것으로 인식하지 않습니다. 하지만 네이버를 통한 결제 금액은 21조 원, 쿠팡을 통한 결제 금액은 17조 원으로, 네이버 스마트스토어를 이용하는 구매자가 많다는 것을 확인할 수 있습니다. 그렇지만 네이버 앱 결제 금액은 네이버의 결제 서비스인 '네이버페이'를 통해 결제한 금액을 포함한 것으로 스마트스토어에서 발생한 순수 구매액이 21조원이라는 의미는 아닙니다.

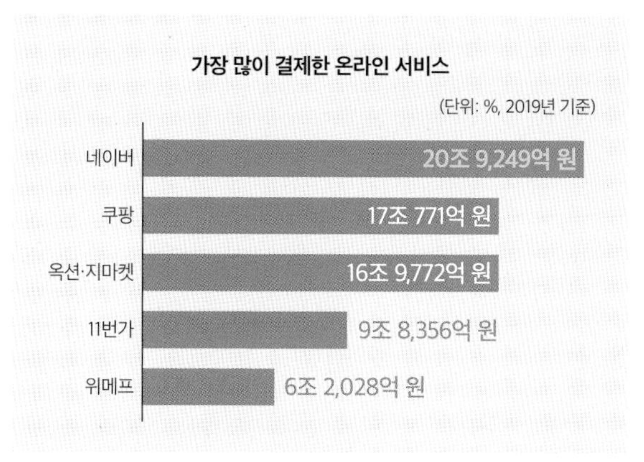

▲ 네이버페이와 쿠팡의 결제 금액 비교(출처: 와이즈앱·와이즈리테일)

스마트스토어에는 30만 명의 판매자가 활동하고 있습니다. 신규 판매자와 상품에 높은 점수를 배점하기 때문에 하루에도 몇 번씩 상품의 위치가 변경됩니다. 즉, 시장에 쉽게 접근할 수 있기 때문에 변수가 많이 작용한다고 할 수 있습니다.

또한 상품의 특징 및 가격을 비교해 볼 목적으로 접속하는 경우가 많기 때문에 네이버 검색을 통해 상품을 구입하는 고객의 구매전환율이 쿠팡 앱 사용자에 비해 낮습니다.

반면 쿠팡 앱을 실행하는 고객은 네이버에서 구매하는 고객보다 구매전환율이 높습니다. 즉, 유입된 고객이 실제로 상품을 구매할 확률이 높다는 것입니다. 쿠팡 앱을 이용하는 고객은 실제 쇼핑을 위해 앱을 실행하는 경우가 많기 때문입니다. 특히, 로켓배송 시스템을 이용하면 구매 다음 날 바로 상품을 받을 수 있기 때문에 생필품이나 식품을 빠르게 구매해야 하는 경우에는 쿠팡을 많이 이용합니다. 또한 쿠팡에서 판매하는 경우에도 네이버 검색에 노출되기 때문에 네이버에서 상품을 검색하다가 유입되는 경우도 많습니다.

이처럼 쿠팡은 가장 활발하게 사용하는 쇼핑 앱이자, 실제 구매율이 높은 앱이라고 할 수 있습니다. 이것이 바로 상품을 쿠팡에서 판매해야 하는 이유입니다.

coupang

02 내게 딱 맞는 e-커머스 플랫폼은 무엇일까?

e-커머스(e-commerce) 플랫폼은 다양한 형태를 띠고 있습니다. e-커머스 플랫폼별로 어떤 특징이 있는지 그리고 내게 적합한 판매 플랫폼은 무엇인지 알아보겠습니다.

한눈에 비교하는 e-커머스 플랫폼

온라인 판매 채널은 다음과 같이 크게 다섯 가지로 나눠 볼 수 있습니다.

구분	종류	특징	수수료
오픈마켓	G마켓, 옥션, 11번가, 인터파크 등	사업자등록증만 있다면 누구나 입점하거나 판매할 수 있는 판매 중개 플랫폼	평균 12%
소셜커머스	티몬, 위메프, 쿠팡 등	사업자등록증만 있다면 누구나 입점할 수 있지만 승인 및 판매에 대해 판매자와 플랫폼이 함께 책임지는 판매 중개·대행 플랫폼. 판매 방식(오픈마켓 형태/기획전 형태)에 따라 판매 합의서가 다르게 작성됨	9~15%
자사몰/브랜드몰	스마트스토어, 카페24 등 솔루션 기반의 쇼핑몰(스타일난다, 난닝구, 문고리닷컴 등)	자사 상품을 등록해 놓고 판매하는 자사 브랜드 쇼핑몰	3~4%
종합몰	SSG, GSeShop, 롯데닷컴, 현대닷컴	• 온라인상의 백화점으로 규모나 브랜드 인지도가 있어야 입점할 수 있음. • 충성고객이 많음.	평균 25%
전문몰	텐바이텐, 무신사, 마켓컬리, 올리브영, 미미박스, 아이디어스 등	• 전문 카테고리별 판매 중개 플랫폼으로, 입점 승인을 받아야 판매할 수 있음. • 충성고객이 많음	22~27%

※ 단, 사업자의 매출액이나 가입 형태에 따라 플랫폼별 수수료 할인 정책이 있습니다. 각각의 사이트에서 혜택을 확인해 보세요.

누구나 도전할 수 있는 오픈마켓

오픈마켓은 누구나 판매할 수 있는 '열린 장터'와 같습니다. 오프라인의 전통 시장을 온라인에 옮겨 놓았다고 생각하면 됩니다. 오픈마켓은 사업자등록증만 있다면 누구나 판매할 수 있는 플랫폼으로, 대표적인 예로 G마켓, 옥션, 11번가, 인터파크, 쿠팡 마켓 플레이스, 티몬 오픈마켓 딜, 위메프2.0을 들 수 있습니다. 쿠팡 마켓 플레이스의 판매 수수료는 5~10%로, 11~15%인 일반 오픈마켓에 비해 매우 저렴합니다. 더욱이 오픈마켓은 실거래액이 아닌 소비자가에 수수료를 부과하지만 쿠팡은 실거래액, 즉 최종 결제액을 기준으로 부과합니다.

오프라인의 한계를 넘어선 소셜커머스

소셜커머스는 '사람이 모여 마켓을 이룬다.'라는 의미로, 초반에는 오프라인 상점의 티켓 또는 사용권을 공동 구매하는 시스템으로 시작했습니다. 그러나 현재는 일반 상품을 온라인으로 판매하고 있습니다.

오픈마켓과의 가장 큰 차이점은 '판매의 주체가 누구에게 있는가?'입니다. 오픈마켓은 판매 플랫폼만 제공하기 때문에 상품에 문제가 생겼을 때 판매자가 모든 책임을 져야 합니다. 그렇지만 소셜커머스는 머천다이저(MD, merchandiser, 상품화 계획 또는 상품 기획을 전문적으로 하는 사람)와 함께 딜의 형태로 상품을 등록하는 방식이므로 분쟁이 발생하면 해당 소셜커머스와 공동 책임을 지게 됩니다. 즉, 물건을 구매한 후 문제가 생겼을 때 오픈마켓은 구매자가 판매자와 직접 상담해야 하지만, 소셜커머스는 구매자가 해당 마켓의 고객센터로 연락해야 합니다.

오프라인 티켓을 판매하던 초기 단계에서 소셜커머스의 기본 시스템은 대리 판매업의 형태인 'MD 딜'이었습니다. 이 형태의 목적은 판매자와의 직거래를 막기 위한 것이었습니다. 따라서 초기 소셜커머스 마켓에는 상품의 종류가 많지 않았지만 딜로 진행되는 만큼 상품을 특가로 구매할 수 있다는 장점을 갖고 있었습니다. 또한 모바일 쇼핑 시장이 성장하는 환경 속에서 발 빠르게 최적화함으로써 오픈마켓의 시장 점유율을 빼앗아 올 수 있었습니다.

MD 딜의 형태로 상품이 등록되는 경우의 판매 수수료는 22~25%로, 오픈마켓보다 비쌌지만 현재는 9~15%대로 변경됐습니다. 소셜커머스 MD 딜이나 기획전은 오픈마켓에 비해 초기 창업자들이 접근하기 어렵지만 모바일 푸시 알림이나 메인 노출 등의 기회를 엿본다면 효과적으로 활용할 수 있습니다. 박리다매로 시즌 상품 기획전을 진행하는 것도 좋은 방법입니다.
쿠팡은 소셜커머스로 시작했지만 지금은 오픈마켓에 더 가까운 형태로 변화했습니다.

나만의 쇼핑몰을 만들려면, 자사몰/브랜드몰

자사몰이란, '브랜드를 가진 업체가 쇼핑몰을 자체적으로 운영하는 것'을 말합니다. 대표적인 예로는 카페24, 고도몰, 메이크샵, 윅스, 식스샵, 아임웹 등을 들 수 있습니다. 이 중 무료로 이용할 수 있는 솔루션은 '카페24'와 고도몰의 '샵바이'입니다. 제가 추천하는 솔루션은 무료 디자인, 무료 호스팅 등으로 초기 창업 비용을 줄일 수 있고 서버의 안정성, 다양한 부가 서비스, 구글 검색 최적화 등의 장점을 갖고 있는 '카페24'입니다.
자사몰은 고정 고객을 확보하고 브랜드 입지를 높이는 데 도움이 되며, SNS 마케팅의 효율성을 측정할 수도 있습니다. 이러한 장점을 갖고 있기 때문에 쇼핑몰을 운영한 지 2~3년 차에 접어들었다면 한번 시도해 보는 것이 좋습니다.
일반적으로 '프론트 페이지(Front Page, 고객이 보는 쇼핑몰 디자인)'와 '백-엔드 페이지(Back-end Page, 쇼핑몰 관리자 화면)'로 나눠 볼 수 있습니다. 백-엔드 페이지를 만들 때는 어떤 회사에서 개발한 솔루션을 사용할 것인지를 결정해야 합니다.
많은 창업자가 자사몰을 오픈할 때 쇼핑몰의 디자인을 고민하지만 모바일 상품 페이지의 로딩 속도가 느리거나 결제 화면이 복잡한 경우와 같이 이용에 문제가 있는 것이 아니라면 디자인은 크게 신경 쓰지 않아도 괜찮습니다. 디자인에 시간을 허비하기보다 상품을 빠르게 등록한 후 쇼핑몰을 홍보하고 구매 전환율을 높이기 위해 노력하는 것이 더욱 중요합니다.

선택과 집중, 종합몰/전문몰

종합몰이란, '백화점이나 홈쇼핑이 운영하는 쇼핑몰'을 말합니다. 대표적인 예로는 SSG닷컴, GS e Shop, 롯데닷컴 등을 들 수 있습니다. 종합몰은 입점 조건이 까다롭기 때문에 규모가 작거나 브랜드 인지도가 낮은 경우에는 입점이 제한될 수 있습니다. 하지만 30대 후반 이상의 구매력이 있는 고객이 모여 있기 때문에 자사 상품을 개발했다면 입점을 시도해 보기 바랍니다.
전문몰이란, '특정 카테고리의 상품을 모아 둔 플랫폼'을 말합니다. 대표적인 예로는 무신사, 아이디어스, 텐바이텐, 핫트랙스, 오늘의집, 마켓컬리 등을 들 수 있습니다. 종합몰과 같이 고정 고객층을 확보하고 있고, 실수요 고객이 모이는 플랫폼입니다. 하지만 전문몰 역시 입점이 까다롭다는 단점이 있습니다.

종합몰과 전문몰의 수수료는 22~28%로 비교적 높은 편이지만 실제 구매 확률이 높은 고객을 보유하고 있는 매력적인 시장임에는 틀림없습니다.

잠깐만요 ··· **스마트스토어는 무엇인가요?**

스마트스토어는 네이버에서 운영하는 e-커머스 플랫폼입니다. 또한 스마트스토어의 내부에 오프라인 상점이 입점하는 '윈도우'라는 플랫폼도 운영하고 있습니다. 수수료가 3.74%(카드 수수료)로 저렴하고 개인도 입점해 판매할 수 있기 때문에 30만 명의 판매자를 보유하고 있습니다. 특히 네이버페이라는 결제 시스템이 탑재돼 있어 결제가 쉽다는 장점이 있습니다. 네이버 쇼핑을 이용해 검색했을 때 상위 노출 제품의 대부분이 스마트스토어에서 판매되고 있을 만큼 막강한 플랫폼입니다.

네이버 쇼핑을 통해 상품을 구매하면 연동 수수료가 추가(2%)로 부가되므로 결과적으로 자사몰과 동일한 수수료를 갖게 됩니다. 따라서 형태는 오픈마켓과 비슷해 보이지만 수수료 측면에서는 자사몰에 가깝습니다.

쿠팡과 더불어 초기 창업자가 가장 접근하기 좋은 플랫폼이므로 스마트스토어와 쿠팡의 두 가지 플랫폼을 이용하길 권장합니다.

coupang

03 쿠팡의 판매 시스템을 파헤치자

쿠팡의 판매 시스템은 크게 마켓 플레이스, 로켓배송, 쿠팡 파트너스로 나눌 수 있습니다. 이 중 나의 판매 타입과 맞는 시스템은 무엇인지 알아보겠습니다.

창업한다면 여기서부터! 마켓 플레이스

'마켓 플레이스'는 판매자가 입점해서 구매자에게 직접 배송하는 일반적인 오픈마켓 형태로, 소매 온라인 판매자가 접근하기에 적합한 플랫폼입니다. 사업자로 등록돼 있다면 누구나 쉽게 시작할 수 있기 때문입니다. 상품 등록 절차는 기존 오픈마켓과 다르지만 상품을 빠르게 등록할 수 있는 시스템이 잘 갖춰져 있으므로 조금만 익숙해진다면 쉽게 사용할 수 있습니다.

마켓 플레이스가 기존 오픈마켓 서비스와 다른 점은 고객이 '아이템' 위주로 쇼핑할 수 있다는 것입니다. 다른 오픈마켓에서는 상품을 검색했을 때 각기 다른 판매자가 판매하는 같은 아이템이 중복해서 보이고, 고객이 가격 등 세부 사항을 입력한 후에 직접 비교해야 합니다. 그러나 마켓 플레이스에서는 같은 상품이 한 페이지에 노출됩니다. 고객이 일일이 비교할 필요가 없는 것입니다. 또한 같은 상품에 대한 상품평을 함께 모아 볼 수도 있습니다.

따라서 '아이템위너'를 선점하는 것이 중요합니다. 아이템위너란, '한 아이템 중 가장 좋은 조건의 상품을 말하는 것'으로, 한 아이템 페이지에 가장 먼저 노출됩니다. 이를 위해서는 다른 아이템보다 합리적인 가격을 책정하고, 고객 만족도를 높여 판매자 지수를 올리는 것이 중요합니다.

마켓 플레이스는 '쿠팡 윙 사이트(https://wing.coupang.com/)'에서 판매자로 로그인해 관리할 수 있습니다.

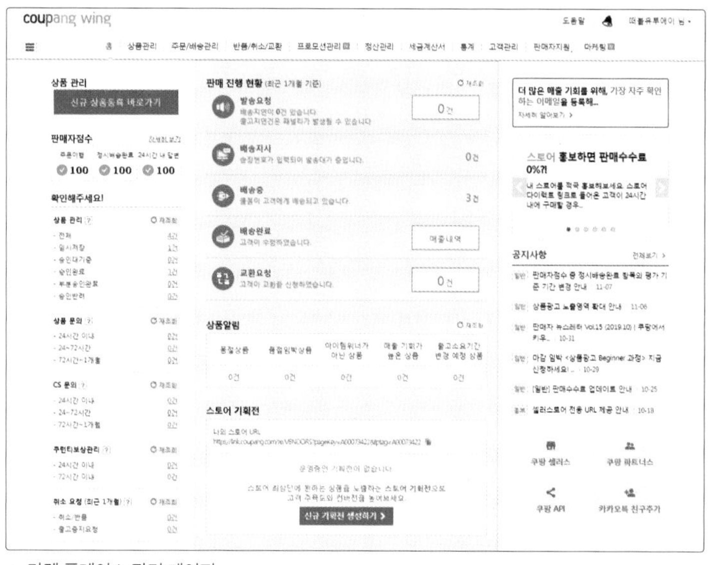

▲ 마켓 플레이스 관리 페이지

쿠팡의 트레이드 마크! 로켓배송

쿠팡의 판매 대행 플랫폼인 '로켓배송'에 대해 알아보겠습니다. 로켓배송은 쿠팡이 제품을 매입한 후 독자적인 배송 시스템을 통해 고객에게 빠르고 원활하게 배송하는 방식입니다. 구매가 간편하고 배송이 신속하다는 장점이 있기 때문에 많은 고객이 쿠팡 로켓배송을 애용하고 있습니다. 판매자의 입장에서도 제품 배송에 소요되는 시간을 줄여 상품 제작에 집중할 수 있다는 장점이 있습니다.

따라서 제조업체 또는 도매업체가 로켓배송을 활용하면 최적의 판매 효과를 거둘 수 있습니다.

로켓배송은 따로 입점 신청을 한 후 전용 사이트(https://supplier.coupang.com/)를 통해 관리할 수 있습니다.

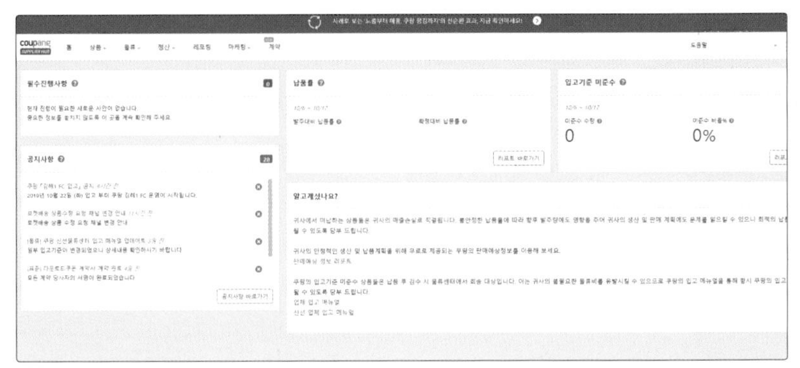

▲ 로켓배송 관리 페이지

투잡, 당신도 할 수 있다! 쿠팡 파트너스

'쿠팡 파트너스'는 일종의 제휴마케팅 플랫폼입니다. 제휴마케팅은 '어필리에이트(Affiliate)'라고도 하는데, 이미 쇼핑몰에서 판매 중인 상품을 본인의 SNS 또는 사이트에 게시한 후 해당 링크를 통해 구입한 건에 대해 수수료를 받는 시스템을 말합니다. 상품을 직접 판매하는 것이 아니고 상품 소싱, 배송, CS 등의 업무를 직접 해야 할 필요가 없기 때문에 투잡으로 적합한 시스템이라 할 수 있습니다. SNS를 활발히 활용하는 사람이라면 큰 효과를 거둘 수 있다는 장점도 있습니다.

쿠팡 파트너스는 기존 쿠팡 아이디를 이용해 쉽게 시작할 수 있으며, 쿠팡 파트너스 사이트(https://partners.coupang.com/)를 통해 관리할 수 있습니다.

▲ 쿠팡 파트너스 관리 페이지

 잠깐만요 … **나는 어떤 타입의 쿠팡 판매자일까요?**

지금까지 다양한 온라인 판매 플랫폼을 살펴봤습니다. 그렇다면 쿠팡에서 나와 가장 잘 맞는 판매 방식은 무엇일까요?

처음부터 상품을 소싱(sourcing)해 판매하기 어렵다면 SNS를 통해 간단히 시작할 수 있고, 마케팅의 초석을 다질 수 있는 쿠팡 파트너스를 통해 쇼핑몰을 시작해 보는 것도 좋은 방법입니다. 또는 쿠팡 마켓 플레이스를 통해 상품을 본격적으로 판매해 보는 것도 좋습니다. 상품 등록부터 마케팅 활동에 이르기까지 전체적인 프로세스를 익힐 수 있기 때문입니다.

추후 상품을 개발해 재고를 보유하고 스토어의 브랜드를 다져나간다면, 로켓배송을 이용하는 것도 고려해 볼만 합니다. 제조사라면 주저 없이 로켓배송에 문을 두드려보는 것을 추천합니다.

이처럼 자신의 상황에 맞게 쿠팡의 판매 시스템을 이용한다면 최적의 효과를 거둘 수 있습니다. 여러분들은 어떤 타입의 판매자인가요?

coupang

04 통계 자료로 온라인 쇼핑 판매 동향을 분석하자!

아무리 좋은 아이템을 갖고 있고 열심히 일한다고 해도 시장을 제대로 분석하지 않으면 e-커머스 시장에서 살아남기 어렵습니다. 지피지기면 백전백승! 통계청 자료를 이용해 판매 동향을 살펴보겠습니다.

통계청의 온라인 쇼핑 동향 자료

통계청 사이트(http://kostat.go.kr/)에 접속하면 '온라인 쇼핑 동향' 자료를 월별로 다운로드할 수 있습니다.

'온라인 쇼핑 동향'에서는 온라인에서 발생한 매출액의 카테고리별 비중과 1년간의 월별 매출액을 확인할 수 있습니다. 이 자료를 이용하면 온라인 시장의 성장성을 파악하거나 카테고리별 시장 규모를 측정할 수 있고 판매할 상품을 예측해 볼 수도 있습니다.

통계청 사이트에 접속한 후 메인 화면 중간 지점에 있는 [보도자료]의 [더보기]를 클릭합니다.

▲ 통계청 메인 화면

화면 왼쪽의 [도소매·서비스] 카테고리를 클릭한 후 원하는 시기의 '온라인 쇼핑 동향' 자료를 다운로드합니다. 한글 파일 또는 PDF 파일로 다운로드할 수 있습니다.

▲ 통계청 [보도자료] - [도소매·서비스] 자료실의 '온라인 쇼핑 동향' 자료

가장 잘 팔리는 카테고리 TOP 5

'온라인 쇼핑 동향' 자료를 다운로드하면 해당 월의 카테고리 TOP 5 거래액과 매출 비중을 확인할 수 있습니다. 이 자료를 이용해 어떤 품목을 어떻게 판매하면 좋을지 분석해 봅시다.

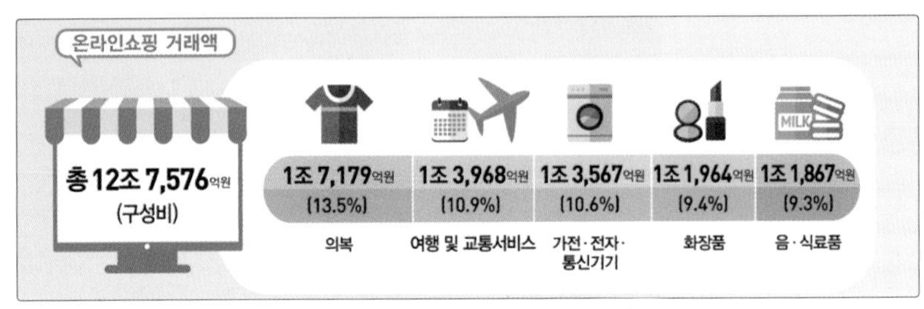

▲ 2019년 11월 카테고리별 온라인 쇼핑 거래액(출처: 통계청)

우선 온라인 쇼핑의 카테고리별 거래액을 살펴보겠습니다. 2019년 11월의 온라인 거래액은 총 12조 7천억 원이었습니다.

그중 의복 매출은 1조 7,179억 원(13.5%)으로, 전월 대비 2천억 원 이상 증가했습니다. 계절이 바뀌면 옷을 구입하는 경우가 늘어나는데, 특히 겨울 의류는 가격이 비싸기 때문이라는 것을 추측할 수 있습니다. 의복의 비수기는 4, 9월입니다. 새 옷을 사기에는 날씨가 애매하고 의류 가격이 상대적으로 저렴한 시즌이기 때문입니다.

여행 및 교통 서비스와 가전·전자·통신 기기 카테고리는 '한 명의 고객이 한 번에 구매하는 금액'인 객단가가 높기 때문에 매출액이 높은 편입니다. 또한 여행 및 교통 서비스의 경우 단축 근무로 여행객이 증가하는 추세이고, 가전·전자·통신 기기의 경우 새로운 전자 제품이 주기적으로 출시되기 때문에 성장 가능성이 높습니다.

화장품과 음·식료품은 회전 주기가 빠른 상품으로, 소진한 즉시 다시 구매해야 하므로 매출액이 높은 편입니다. 또한 화장품의 경우 새로운 상품이 계속 개발되고 있고 소비층이 남성, 10대 등으로 확장되는 추세입니다. 음·식료품의 경우 오프라인 위주로 판매되던 신선 상품이 당일 배송, 샛별 배송 시스템을 통해 온라인으로 판매되면서 인기를 끌고 있습니다. 스타트업 기업은 물론 기존 오프라인 마트 역시 온라인 시장으로 진입하고 있기 때문에 음·식료품 시장은 지속적으로 성장할 것으로 보입니다.

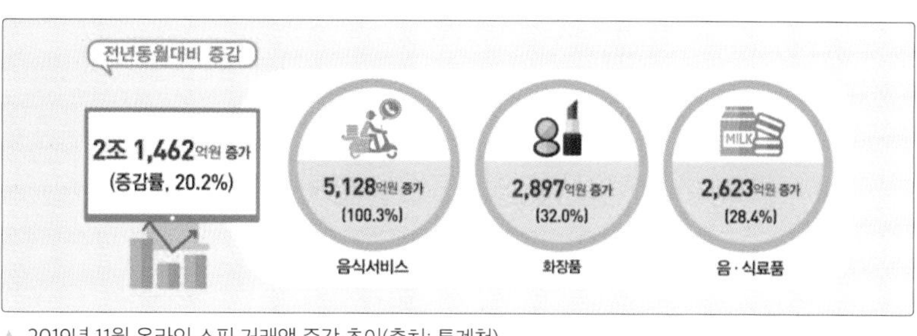

▲ 2019년 11월 온라인 쇼핑 거래액 증감 추이(출처: 통계청)

위와 같은 의복/여행/가전·전자·통신 기기/화장품/음·식료품 카테고리는 일반적으로 1조 원 이상의 규모를 확보하는 큰 시장입니다. 그런데 전년 동월 대비 급부상한 카테고리가 있습니다. 바로 '음식 배달 서비스'입니다. 음식 서비스도 1조 원이 넘는 매출 규모를 갖고 있으며, 특히 전년 동월 대비 100.3%나 상승했을 정도로 거래가 급격히 증가했습니다. 음식 배달 서비스가 간편해지면서 취급하는 음식의 종류도 다양해졌고, 가정에서 간편식을 선호하는 추세이기 때문에 한동안 이와 같은 성장세를 유지할 것으로 예상됩니다.

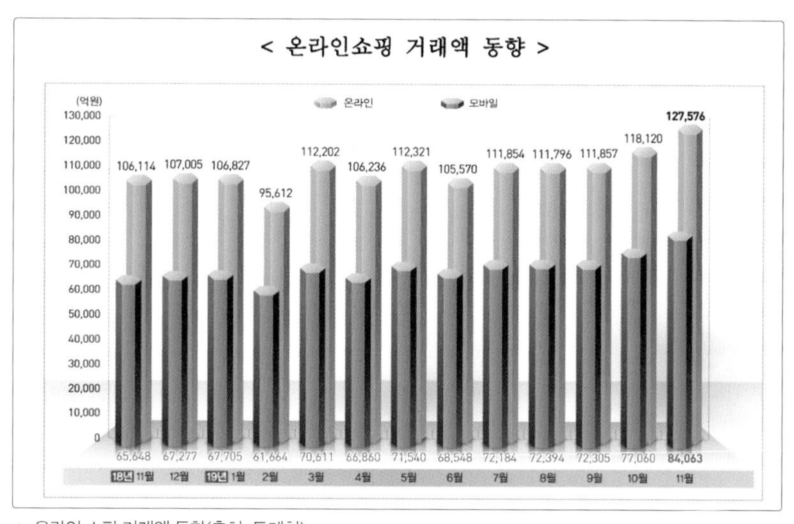

▲ 온라인 쇼핑 거래액 동향(출처: 통계청)

e-커머스 시장의 월별 거래액

이번에는 온라인 쇼핑의 월별 거래액을 살펴보겠습니다.

온라인 쇼핑몰의 성수기는 1, 5, 11, 12월, 비수기는 2, 4, 9, 10월입니다. 명절이 있거나 외출이 많은 시기에는 고객이 온라인 구매에 소비하는 시간이 적기 때문에 판매가 저조한 편입니다. 반면, 연말에는 온라인 플랫폼에서 재고를 땡처리하는 등 다양한 할인 행사를 진행하기 때문에 매출이 높습니다. 이러한 시기적 특성을 잘 파악해 재고 관리 계획을 세워야 합니다.

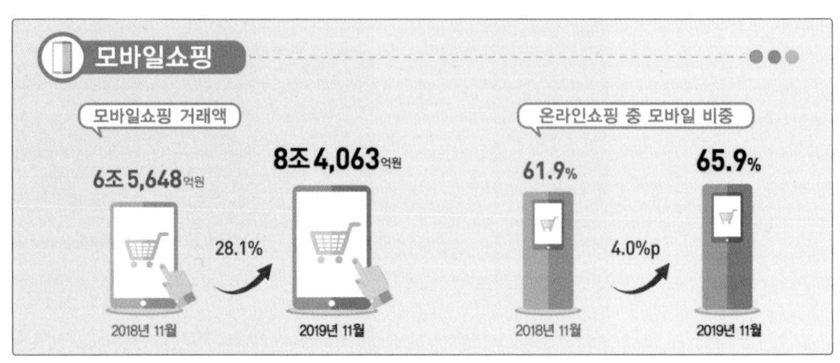

▲ 2019년 11월 카테고리별 온라인 쇼핑 거래액(출처: 통계청)

또한 모바일 거래액이 갈수록 높아지고 있다는 것을 확인할 수 있습니다. 전체 온라인 쇼핑 거래액 중 모바일 쇼핑이 차지하는 비율은 약 66%로, 전년 동월에 비해 4%가량 증가했습니다. 이처럼 모바일 시장이 점점 더 중요해지고 있기 때문에 고객이 모바일에서 내 상품을 잘 찾을 수 있도록 해야 합니다.

앞서 살펴봤듯이 쿠팡은 설치·사용률 1위인 쇼핑 앱입니다. 따라서 모바일 시장을 선점하려면 상품을 쿠팡에서 판매하는 것이 유리합니다.

coupang

05 상품 카테고리별로 판매 전략을 수립하자!

앞의 통계 자료를 이용하면 작년과 전월 판매액을 카테고리별로 분석할 수 있습니다. 상품에 따라 카테고리별 시장의 성장률을 확인하고, 내가 진입하려는 시장의 매출액 규모를 확인해 보겠습니다.

[가전] 카테고리

[가전] 카테고리에 속하는 상품의 특징은 객단가가 높고 일상생활과 밀접한 상품이라는 것입니다. 또한 한 번 상품을 구매한 고객이 다시 동일 키워드의 제품을 구매하기까지 3~5년 정도의 주기를 갖습니다.

대형 가전 중에서는 냉장고, 세탁기, 에어컨이 잘 팔리는 편이고 소형 가전 중에서는 가습기, 전자레인지, 에어프라이어 등이 잘 팔리는 편입니다. 또한 1인 가족의 증가로 쿡밥, 라면 요리기, 무선청소기와 같은 1인용 소형 가전의 인기도 높아지고 있습니다. 로봇청소기, 핸드폰, 무선 이어폰 등 최신 디지털 기기들도 인기가 많습니다.

[가전] 카테고리는 전파 인증, KC 인증과 같이 신경 써야 할 부분이 많기 때문에 소상공인이 접근하기 어렵습니다. 따라서 가전 제품 자체를 판매하기보다 잘 팔리는 상품의 액세서리나 부속품을 판매하는 것이 바람직합니다. 대표적인 예로 에어팟 케이스, 에어프라이어 전용 기름 거름망, 세척솔 등을 들 수 있습니다.

[도서] 카테고리

[도서] 카테고리 중 사무 용품은 기존에는 주로 오프라인에서 판매됐지만 최근 들어 온라인 판매가 크게 늘어나고 있으며 다양한 상품이 개발되고 있습니다. 문구 시장은 다이어리 꾸미기, 인쇄소 스티커, 캘리그래피 용품, 명화 그리기 용품 등 취미 아이템의 인기가 높아지면서 계절의 영향을 받지않는 황금 틈새 시장으로 자리잡았습니다. 문구 시장은 10~20대를 주 고객으로 확보하고 있으며, 10대 자녀를 위해 30~40대가 주머니를 여는 구조입니다. [문구] 카테고리에서 여러분의 디자인 상품을 판매해 보는 것을 추천합니다.

[패션] 카테고리

의류, 소품 등의 상품이 속하는 [패션] 카테고리는 오랜 시간 동안 온라인 쇼핑의 대표적인 판매 상품으로 자리잡고 있습니다. 가장 안정적으로 판매되고 있고 매출액도 높으며 시장의 성장률도 좋은 편입니다. 10~50대까지 전 연령층이 구매하는 카테고리이기도 합니다. 특히 가방, 화장품, 신발과 같은 패션 잡화 시장은 전통적으로 브랜드의 점유율이 월등히 높았지만 현재는 비브랜드 상품의 판매가 급등하고 있습니다. 따라서 진입하기 쉬운 시장이라 할 수 있습니다.

기본 티셔츠, 단화, 로고 없는 가방, 키높이 신발 등 마진율이 좋은 상품이 의외로 많으며, 고객의 구매 주기도 빠른 편입니다. 따라서 패션에 관심이 있다면 패션 아이템을 판매해 보는 것이 좋습니다.

또한 여러분이 판매하려는 주력 상품과 함께 기본 상품을 판매하는 편이 좋습니다. 이너 티셔츠, 민소매, 레깅스, 스타킹, 모자 등 누구나 필요로 하는 기본 상품을 함께 판매하는 전략을 구사하면 판매 금액을 확보하는 데 많은 도움이 될 것입니다.

경쟁자가 많은 만큼 시장이 치열하지만 쿠팡은 다른 플랫폼에 비해 의류나 패션 제품이 적은 편이기 때문에 쿠팡에서 여러분의 패션 스토어를 열어 보는 것도 좋은 생각입니다.

[식품] 카테고리

[식품] 카테고리는 최근 3년 사이에 가장 급격히 성장한 분야입니다. 기존에는 농작물, 유제품 등 손상되거나 상할 가능성이 있는 식품의 온라인 구매율이 낮았습니다. 그러나 많은 회사가 산지 직송 시스템을 이용하거나 식품 전용 물류창고를 개설하는 등 투자를 늘리면서 식품의 새벽 배송 시장을 확장했습니다. 현재 쿠팡의 로켓 프레시를 비롯해 마켓 컬리의 샛별배송, SSG닷컴의 쓱배송 등 온라인을 통해 식품을 구매하는 고객이 급격히 늘었습니다. 마트에 가는 사람은 점차 줄어들고 식품과 연관된 생필품의 온라인 구매도 증가했습니다.

식품 시장은 제철 음식, 다이어트 상품, 반찬, 김치, 인스턴트 음식 등 다양한 종류의 상품이 판매되고, 회전율이 매우 높다는 점에서 각광받고 있습니다. 식품의 판매 범위는 사업자에 따라 다른데, 유통만 하는 경우에는 특별한 어려움 없이 판매할 수 있습니다. 판매할 수 있는 상품이 있다면 주저하지 말고 뛰어들어 보시기 바랍니다.

[생활] 카테고리

[생활] 카테고리에 속하는 상품으로는 휴지, 물티슈, 샴푸, 세제 등을 들 수 있습니다. 회전율이 높은 편이고 따로 인증받을 필요가 없기 때문에 온라인에서 판매하기 쉽습니다. 또한 기존에는 마트에서 구매하는 경우가 많았지만 최근에는 온라인 판매량이 늘어나고 있습니다. 따라서 성장률이 매우 높은 카테고리라 할 수 있습니다. 특히 쿠팡은 생필품 매출액이 높은 만큼 생활용품을 주력으로 판매한다면 쿠팡에 입점하는 것이 좋습니다.

생필품뿐 아니라 가구도 이 카테고리에 속합니다. 홈 인테리어에 대한 관심이 높아지고 가구를 온라인으로 구매하는 경우도 늘어나고 있습니다. 가구는 다소 비싸더라도 구매 후 만족도가 중요한 '가심비' 상품이기 때문에 생필품에 비해 소비성이 높다고 볼 수 있습니다. 소비 능력이 있는 30~50대 고객이 주머니를 여는 시장이기 때문에 좋은 상품을 판매한다면 높은 매출을 기대할 수 있습니다.

잠깐만요 … **식품 사업자의 유형에는 어떤 것이 있나요?**

❶ 식품 제조업: '식품을 제조해 판매하는 공장'이라고 생각하면 됩니다. 식품을 생산할 설비와 시설, 품목 제조 번호, 인증이 필요합니다. 온라인 창업을 준비하는 경우에는 OEM으로 식품 제조업체에 상품 제조를 맡기고 판매하는 것이 좋습니다.

❷ 가공 식품 제조업: 온라인상에서 수제청, 수제 쿠키 등을 판매하는 것이 이 유형에 속합니다. 일반적인 온라인 판매자가 가장 많이 선택하는 유형이며, 오프라인 사업장이 있어야 합니다.

❸ 건강 식품 판매 신고: 건강 식품을 판매하기 위해서는 건강 식품 판매 유통업으로 등록해야 하고 반드시 신고를 해야 합니다. 또한 구청, 시청, 정부24 사이트(https://www.gov.kr)에서 신청한 후 식품안전처에서 시행하는 온라인 교육도 이수해야 합니다.

< 상품군별 온라인쇼핑 거래액 >

(억 원, %)

구 분	2018년		2019년		전월대비		전년동월대비	
	연간	11월	10월p	11월p	증감액	증감률	증감액	증감률
○ 합 계	**1,137,297**	**106,114**	**118,120**	**127,576**	**9,456**	**8.0**	**21,462**	**20.2**
- 가 전	**169,807**	**16,522**	**16,685**	**19,038**	**2,353**	**14.1**	**2,516**	**15.2**
· 컴퓨터 및 주변기기	53,895	4,779	4,581	5,471	890	19.4	692	14.5
· 가전·전자·통신기기	115,912	11,742	12,104	13,567	1,463	12.1	1,824	15.5
- 도 서	**26,521**	**2,210**	**2,137**	**2,358**	**221**	**10.3**	**148**	**6.7**
· 서적	18,211	1,451	1,364	1,513	149	10.9	63	4.3
· 사무·문구	8,309	759	773	844	72	9.3	85	11.2
- 패 션	**376,485**	**37,203**	**39,606**	**43,398**	**3,791**	**9.6**	**6,195**	**16.7**
· 의복	138,991	15,666	14,396	17,179	2,783	19.3	1,512	9.7
· 신발	18,932	1,846	1,828	2,104	276	15.1	258	14.0
· 가방	22,397	1,805	2,312	2,266	-46	-2.0	461	25.5
· 패션용품 및 액세서리	23,669	1,932	2,056	2,155	99	4.8	223	11.6
· 스포츠·레저용품	37,985	3,790	4,053	4,161	108	2.7	371	9.8
· 화장품	98,404	9,067	11,516	11,964	447	3.9	2,897	32.0
· 아동·유아용품	36,107	3,097	3,446	3,570	124	3.6	473	15.3
- 식 품	**134,813**	**11,814**	**14,717**	**14,943**	**226**	**1.5**	**3,129**	**26.5**
· 음·식료품	105,327	9,243	11,764	11,867	103	0.9	2,623	28.4
· 농축수산물	29,486	2,571	2,953	3,076	123	4.2	505	19.7
- 생 활	**137,990**	**12,676**	**13,781**	**14,514**	**732**	**5.3**	**1,837**	**14.5**
· 생활용품	87,742	8,028	8,736	8,941	205	2.3	913	11.4
· 자동차용품	10,310	991	1,070	1,597	527	49.2	606	61.1
· 가구	31,335	2,945	3,069	3,090	20	0.7	145	4.9
· 애완용품	8,602	712	906	886	-20	-2.2	174	24.5
- 서비스	**263,666**	**22,635**	**28,649**	**30,762**	**2,113**	**7.4**	**8,127**	**35.9**
· 여행 및 교통서비스	161,599	12,612	13,898	13,968	70	0.5	1,356	10.8
· 문화 및 레저서비스	19,955	1,786	1,666	1,778	113	6.8	-8	-0.5
· e쿠폰서비스	21,087	2,392	2,966	3,634	668	22.5	1,242	51.9
· 음식서비스	52,731	5,114	9,089	10,242	1,153	12.7	5,128	100.3
· 기타서비스	8,294	732	1,031	1,140	109	10.6	408	55.8
- 기 타	**28,017**	**3,054**	**2,544**	**2,564**	**20**	**0.8**	**-490**	**-16.0**

▲ 2019년 11월 온라인 쇼핑 거래액(출처: 통계청)

 잠깐만요 … **연간 상품과 시즌 상품을 알려 주세요**

계절과 시기에 따라 판매에 많은 차이를 보이는 시즌 상품이 있는 반면, 항상 일정한 수준의 판매량을 보이는 연간 상품도 있습니다. 상품의 특징을 파악해 시기별 판매량을 예측하고 연간 상품과 시즌 상품을 적절히 구성해 판매하는 것이 좋습니다.

연간 상품	시즌 상품
• 패션: 기본 티셔츠, 레깅스, 귀금속, 지갑 등 • 잡화: 방향제, 문구류, 핸드폰 액세서리 등 • 식품: 건강 식품, 김치 등 • 뷰티: 기초 화장품 등 • 기타 소모품: 휴지, 생리대, 기저귀, 생수 등 • 명품	• 계절 운동 용품: 수영복, 스키복 등 • 계절 의류 • 계절 상품: 우산, 장갑, 스카프, 황사 대비 마스크 등

 잠깐만요 … **연령대별 인기 상품에는 어떤 것이 있나요?**

- 10대: 문구, 의류, 장난감
- 20대: 의류, 패션 잡화
- 30대: 인테리어 소품, 생활 잡화, 유아, 의류, 패션 잡화
- 40대: 패션, 생활 잡화, 건강, 유아, 식품

쇼핑몰 창업은 여기서부터!
마켓 플레이스

쿠팡 마켓 플레이스는 사업자등록증만 있다면 누구나 판매할 수 있는 시스템으로, 오픈마켓과 비슷한 방식으로 운영됩니다. 별도의 입점 승인 절차가 없고 계좌만 인증받으면 상품을 곧바로 판매할 수 있으므로 창업자가 손쉽게 접근할 수 있습니다.
쿠팡의 다양한 판매 방식 중 오픈마켓과 가장 비슷하기 때문에 쇼핑몰을 창업하려는 판매자에게 가장 적합합니다. 또한 오픈마켓 중 수수료가 가장 낮기 때문에 부담 없이 입점할 수 있습니다. 2부에서는 쿠팡 마켓 플레이스에 입점하는 방법, 상품을 등록하는 방법, 판매하는 방법 등을 알아보겠습니다.

part 02

coupang

01

창업 첫걸음, 필수 서류 꼼꼼히 준비하자

쇼핑몰을 창업하는 데는 기본적으로 준비해야 하는 서류가 있습니다. 쿠팡 역시 제휴 마케팅 서비스인 쿠팡 파트너스를 제외한 나머지 판매 채널에서 사업자등록증이 필요합니다. 쇼핑몰 창업에 앞서 준비해야 할 내용을 확인해 보겠습니다.

쿠팡 입점 시 필요한 서류는?

쿠팡에 입점해 판매를 시작할 때도 다른 판매 플랫폼과 마찬가지로 '사업자등록증'과 '통신판매업신고증'이 필요합니다. 또한 사업과 관련해 사용할 사업자 계좌를 개설해 두는 것이 좋습니다. 개인 사업자의 경우 본인 확인을 위해 '인감증명서'가 필요하기도 합니다. 사업자등록증과 통신판매업신고증은 온·오프라인에서 모두 발급받을 수 있습니다. 온라인을 통해 서류를 발급받는 방법은 46쪽과 56쪽에서 각각 알아보겠습니다.

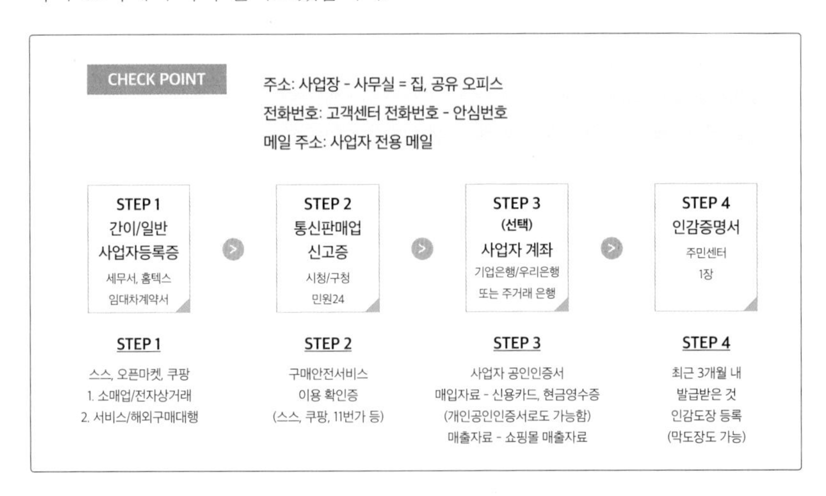

'사업자등록'은 사업을 국세청에 등록하는 것을 말하며, '사업자등록증'은 기업의 주민등록증 개념입니다. 사업자는 크게 간이, 일반, 법인의 형태로 나뉘어 있으며 사업자의 형태에 따라 세금을 내는 방식이 다릅니다. 작은 규모의 '소호 창업'인 경우 주로 일반과세자, 간이과세자인 '개인 사업자' 형태로 운영됩니다.

모든 사업체는 업종이나 규모에 관계없이 사업을 시작한 지 20일 이내에 관할 세무서에서 사업자등록증을 교부받아야 합니다. 일반과세자는 전산으로 사업자등록증을 즉시 발급받을 수 있으며, 과세 특례 적용 대상자와 제조·도매업의 개인 사업자는 신청 후 7일이 지나야 발급받을 수 있습니다.

다음으로 구비해야 할 서류는 **'통신판매업 신고증'**입니다. 쇼핑몰 등을 통해 전자상거래를 하고자 하는 경우 구비 서류를 갖춰 공정거래위원회나 시·군·구에 통신판매업 신고를 완료해야 합니다. 시청이나 구청에 직접 방문해 신고하고자 하는 경우에는 주민등록증을 구비해야 하고, 인터넷으로 신고하고자 하는 경우에는 민원24를 이용하면 됩니다. 단, 이때에는 임대차계약서가 필요합니다.
통신판매업신고증을 발급받으려면 '구매안전서비스 이용 확인증'이 필요합니다. 발급받은 사업자등록 번호로 쿠팡, 오픈마켓, 스마트스토어 등에 가입하면, '구매안전서비스 이용 확인증'이 발급됩니다. 이 확인증이 있어야 '통신판매업신고증'을 신청할 수 있습니다.
'구매안전서비스 이용 확인증'이란, 일반 구매자가 쇼핑몰을 믿고 결제해도 된다고 보증해 주는 일종의 확인서입니다. 즉, 은행, PG사, 입점몰에서 전자상거래의 안전성을 확인해 주는 개념입니다. 온라인에서는 거래가 비대면으로 이뤄지므로 소비자 보호 차원에서 반드시 제출해야 합니다.
통신판매업 신고를 하고 나면 인구 50만 명 이상의 시에서는 40,500원, 인구 50만 명 이하의 시에서는 22,500원, 군에서는 12,000원의 면허세가 매년 부과됩니다. 2020년 1월부터 간이과세자의 경우에도 면허세가 부과되고 있습니다.

또한 **'사업자 계좌'**가 필요합니다. 말 그대로 사업 자금, 세금 등 사업과 관련해 사용하는 계좌를 의미합니다. 하지만 사업자로 등록한 지 얼마 지나지 않았다면 은행에서 사업자 계좌를 개설해 주지 않는 경우가 많습니다. 이때에는 개인 계좌를 사업용으로 이용해야 합니다.
매출, 매입, 세금 통장을 따로 만들어 두면 자신의 수익 상황을 구체적으로 확인할 수 있습니다. 쇼핑몰은 정산이 매일 이뤄지기 때문에 실제로 이윤이 얼마나 발생했는지 확인하기 어렵습니다. 그러므로 매출 통장은 정산 전용 계좌로 활용하면서 매입 통장에는 매달 물건을 구입하거나 사업을 운영하는 데 필요한 자금을 입금하고 세금 통장에는 매출의 10%씩 옮겨 둬 부가세 및 종합소득세 등 각종 세금 정산에 대비하는 것이 좋습니다.
개인 사업자가 오픈마켓을 운영하려면 최근 3개월 내에 발급받은 인감증명서가 필요합니다. '인감도장'은 행정 기관이나 공증 기관에 사전에 신고해 공증을 받은 도장을 말하며, '인감증명서'는 해당 인감이 그 사람의 것이 맞다는 사실을 증명해 주는 문서를 말합니다. 인감은 법적 구속력이 있는 모든 계약에 사용할 수 있는 본인 인증 수단이기 때문에 타인에게 맡기면 안 됩니다.

인감은 등록된 주소지 관할 주민센터에 본인이 직접 방문해 등록해야 하며, 인터넷을 이용하는 것은 불가능합니다. 신분증과 도장을 챙겨가면 되고, 도장은 막도장도 괜찮습니다. 인감증명서 역시 주민센터에서 발급할 수 있으며 서식을 다운로드해 위임장을 작성하면 대리인이 수령할 수도 있습니다. 그렇지만 인감증명서를 처음 발급받는 경우 인감을 등록해야 하기 때문에 반드시 본인이 신분증을 지참하고 직접 방문해야 합니다.

무작정 따라하기 01 > 사업자 등록증 발급받기

01 사업자로 등록하려면 국세청 또는 세무서를 방문하거나 홈택스 사이트(https://www.hometax.go.kr)를 통해 신청해야 합니다. 홈택스 사이트를 통해 사업자 등록하는 방법을 알아보겠습니다.

홈택스 사이트에 접속합니다. 로그인한 후 상단 메뉴에서 [신청/제출] - [사업자등록신청/정정 등] - [사업자등록신청(개인)]을 클릭합니다.

사업자등록증 발급은 빠르면 몇 시간, 늦으면 이틀 정도 소요됩니다.

02 '상호명'에는 개인 쇼핑몰명을 적고, 주민등록번호, 휴대전화번호, 사업장전화번호, 전자메일주소도 입력합니다. '국세정보문자수신동의'와 '국세정보이메일수신동의'에 각각 동의합니다. '사업장(단체) 소재지'의 경우 [주소 검색]을 클릭합니다.

TIP

기존에 사용하던 개인 이메일 외에 사업자 이메일을 따로 만드는 것을 추천합니다. 사업장 주소의 경우, 처음에는 집 주소로 등록하고 나중에 쇼핑몰이 커지면 주소지를 변경해도 됩니다.

사업자 등록신청(개인) 개인사업자등록을 신청하는 민원입니다.

인적사항 입력

기본정보 도움말

* 상호명(단체명)		사업장전화번호	- -
* 주민등록번호	- ●●●●●●●	자택전화번호	- -
* 성명(대표자)	김***	팩스번호	- -
휴대전화번호	선택 - -	국세정보문자수신동의	동의함 / 동의하지않음
전자메일주소	@ 직접입력	국세정보이메일수신동의	동의함 / 동의하지않음

❶ ❷

사업장(단체) 소재지

* 기본주소: 우편번호 [주소검색] ❸ / 도로명주소 / 지번주소 / 건물명 동 층 호 / 기타주소

업종 선택 전체업종 내려받기 업종 입력/수정 선택내용 삭제

선택	업종구분	업종코드	업태명	업종명	산업분류코드	제출서류

사업장정보 추가입력

· 선택한 업종이 영위하고자 하는 사업 내용을 정확하게 반영하지 못하는 경우에는, 실제 영위하고자 하는 사업에 대한 설명을 추가 입력하시기 바랍니다.

사업설명

사업장 정보입력

기본정보

* 개업일자		종업원수	명
자기자금	원	타인자금	원

임대차내역 입력 ※ 타인소유 외 본인소유분도 있는 경우, 임대차내역 입력 후 자가면적에 추가 기재하시기 바랍니다.

사업장구분	◉ 본인소유 ○ 타인소유(법인포함)
자가면적	㎡ --- 평 ※ ㎡은 자동으로 평으로 변환됨
타가면적	0 ㎡ 0 평 ※ ㎡은 자동으로 평으로 변환됨

바로가기 / 로그아웃 / 자주찾는 메뉴 / 세금종류별 서비스 / My홈택스 / 홈택스안내 / 접기

03 [주소 조회] 창이 나타나면, 시·도와 시·군·구를 선택한 후 도로명과 건물번호를 입력하고 [조회하기]를 클릭합니다. 하단에 나타나는 리스트에서 해당 주소를 클릭하고 나머지 동과 호수, 기타 주소를 입력합니다.

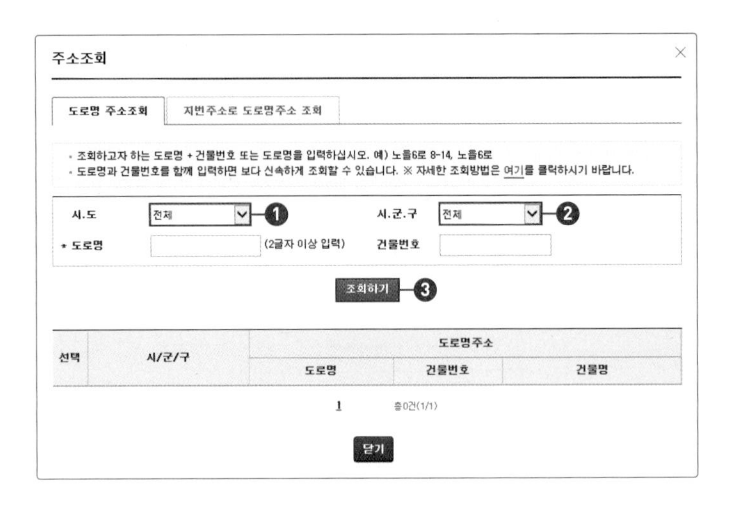

04 '업종 선택'에서 [업종 입력/수정]을 클릭합니다.

'업종 선택'은 사업자등록증에서 해당 사업체가 어떤 일을 하는 회사인지 나타내는 부분이기 때문에 매우 중요합니다.

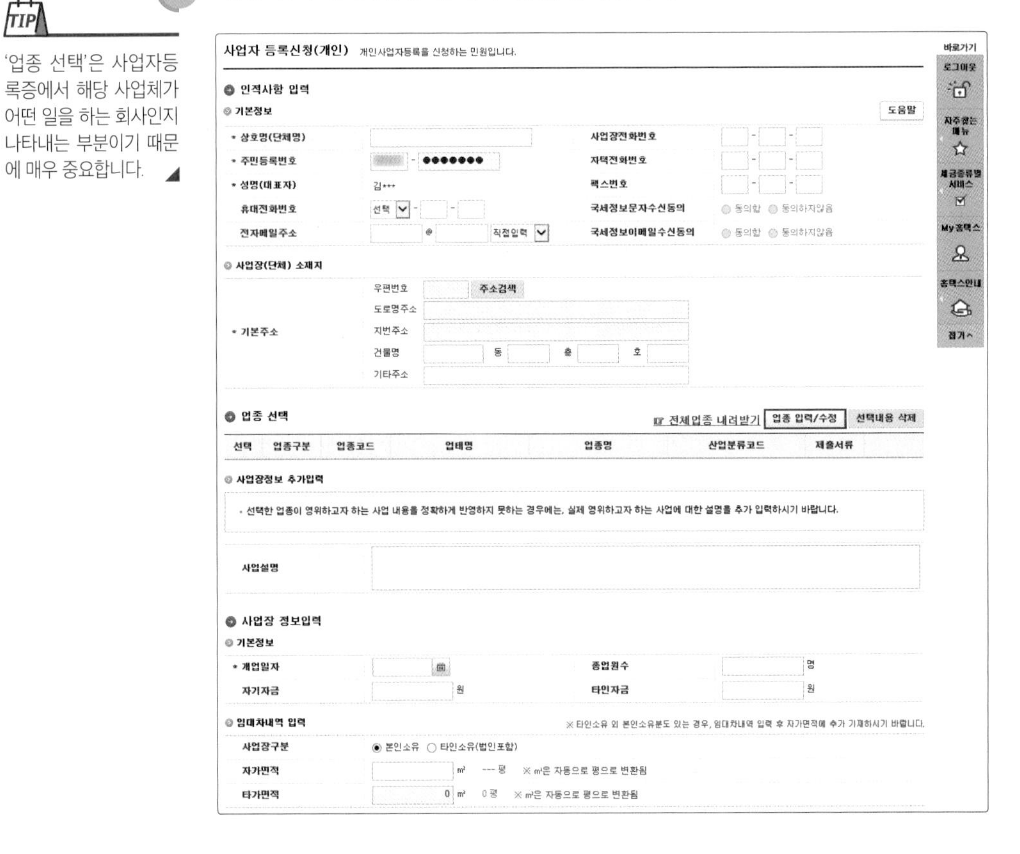

05 새 창이 나타나면 '업종코드'의 [검색]을 클릭합니다.

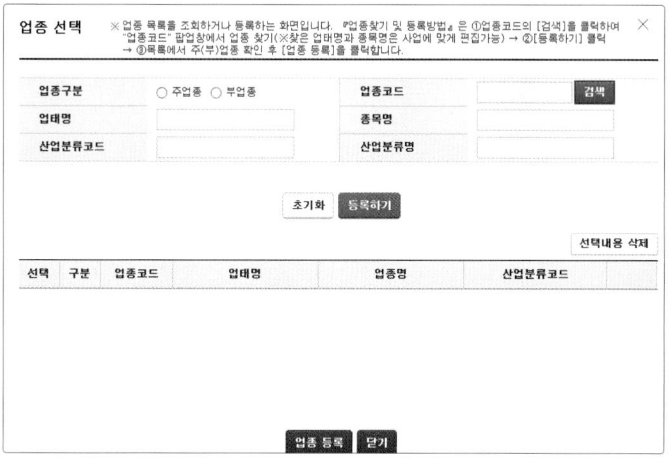

업종 선택 ※업종 목록을 조회하거나 등록하는 화면입니다. 『업종찾기 및 등록방법』은 ①업종코드의 [검색]을 클릭하여 "업종코드" 팝업창에서 업종 찾기(※찾은 업태명과 종목명은 사업에 맞게 편집가능) → ②[등록하기] 클릭 → ③목록에서 주(부)업종 확인 후 [업종 등록]을 클릭합니다.

업종구분	○ 주업종 ○ 부업종	업종코드	검색
업태명		종목명	
산업분류코드		산업분류명	

초기화 등록하기

선택내용 삭제

선택	구분	업종코드	업태명	업종명	산업분류코드

업종 등록 닫기

06 [업종코드목록조회] 창의 '업종'에 『전자상거래』를 입력한 후 [조회하기]를 클릭합니다. 그리고 리스트 중 첫 번째 항목인 업종 코드 '525101' [전자상거래 소매업]을 더블클릭합니다.

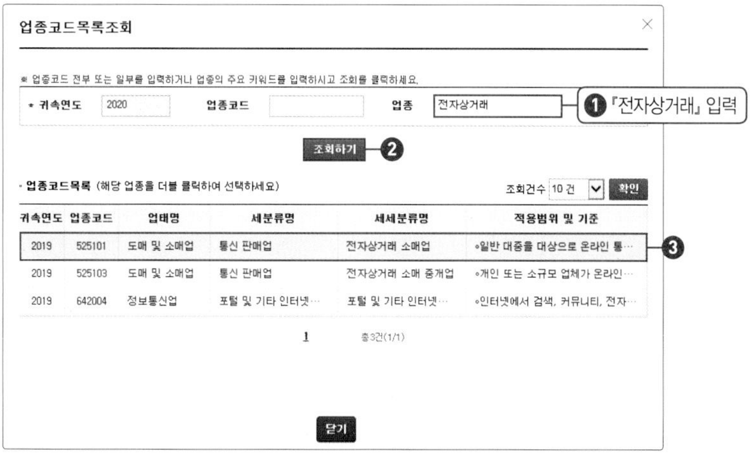

업종코드목록조회

※ 업종코드 전부 또는 일부를 입력하거나 업종의 주요 키워드를 입력하시고 조회를 클릭하세요.

* 귀속연도 2020 업종코드 업종 전자상거래 ❶『전자상거래』 입력

조회하기 ❷

· 업종코드목록 (해당 업종을 더블 클릭하여 선택하세요) 조회건수 10 건 확인

귀속연도	업종코드	업태명	세분류명	세세분류명	적용범위 및 기준
2019	525101	도매 및 소매업	통신 판매업	전자상거래 소매업	◦일반 대중을 대상으로 온라인 통… ❸
2019	525103	도매 및 소매업	통신 판매업	전자상거래 소매 중개업	◦개인 또는 소규모 업체가 온라인…
2019	642004	정보통신업	포털 및 기타 인터넷…	포털 및 기타 인터넷…	◦인터넷에서 검색, 커뮤니티, 전자…

1 총3건(1/1)

닫기

07 빈칸이 자동으로 채워집니다. 내용을 확인한 후 [등록하기]를 클릭합니다.

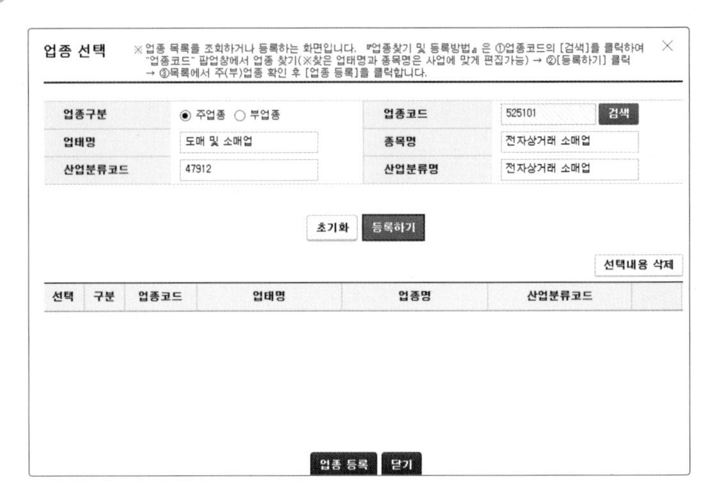

08 아래 리스트에 내용이 추가됐습니다.

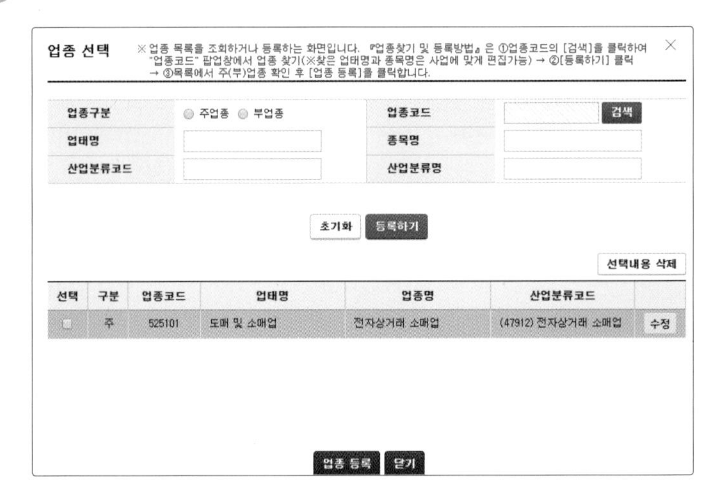

09 다른 업종 코드를 추가로 등록해 보겠습니다. 과정 04와 같이 [업종 코드 목록 조회] 창의 '업종코드'에 『749609』를 입력합니다. [조회하기]를 클릭하면 나타나는 항목을 더블클릭합니다.

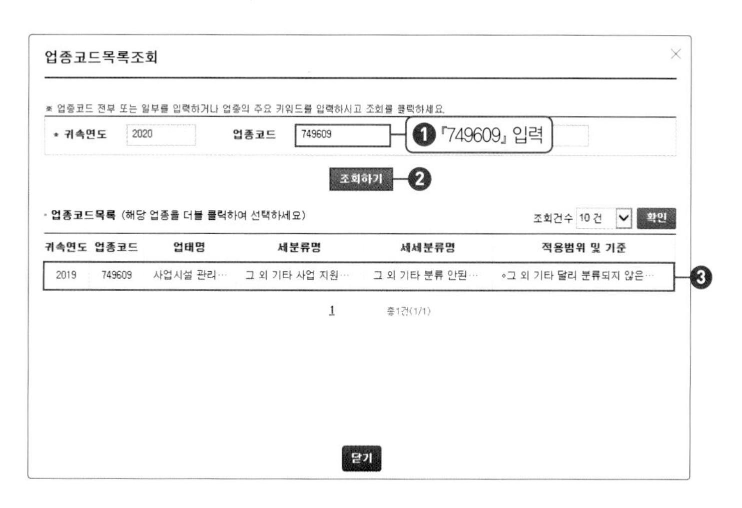

10 빈칸이 자동으로 채워집니다. 이 내용을 수정해 보겠습니다.

업종 선택 ※업종 목록을 조회하거나 등록하는 화면입니다. 『업종찾기 및 등록방법』은 ①업종코드의 [검색]를 클릭하여 "업종코드" 팝업창에서 업종 찾기(※찾은 업태명과 종목명은 사업에 맞게 편집가능) → ②[등록하기] 클릭 → ③목록에서 주(부)업종 확인 후 [업종 등록]를 클릭합니다.

업종구분	○ 주업종 ◉ 부업종	업종코드	749609 검색
업태명	사업시설 관리, 사업지원 및	종목명	그 외 기타 분류 안된 사업 지
산업분류코드	75999	산업분류명	전시, 컨벤션 및 행사 대행업

초기화 등록하기

선택내용 삭제

선택	구분	업종코드	업태명	업종명	산업분류코드	
□	주	525101	도매 및 소매업	전자상거래 소매업	(47912) 전자상거래 소매업	수정

업종 등록 닫기

11 '업종구분'은 [부업종], '업태명'은 『서비스』, '종목명'은 『해외구매대행』으로 수정하고 [등록하기]를 클릭하세요.

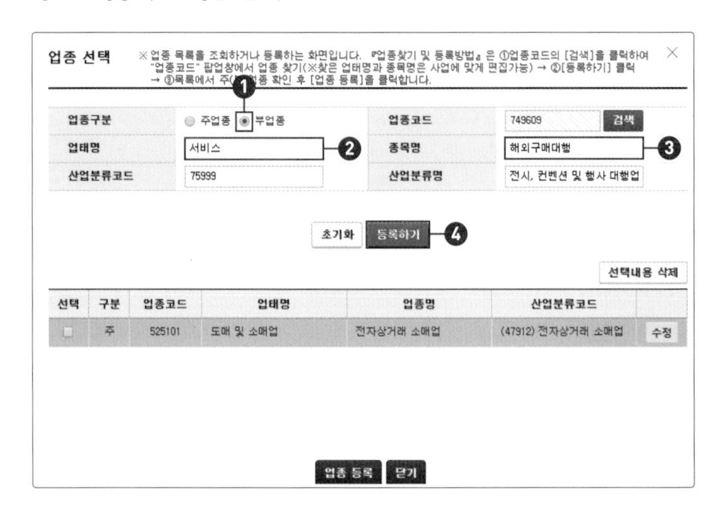

12 총 2개의 업종이 등록됐습니다. [업종 등록]을 클릭해 창을 닫습니다.

'주업종'과 '부업종'으로 구분돼 있기는 하지만 큰 차이는 없고, 업종이 늘어날 경우 부업종으로 구분됩니다.

13 '사업장 정보입력'에서 '개업 일자'에 작성일을 입력하고 '종업원 수', '자금' 등을 입력합니다. 없거나 모르겠다면 빈칸으로 둬도 됩니다. '임대차내역 입력'에서 사업장이 자신의 소유인 경우 [본인 소유], 타인 소유인 경우 [타인 소유]에 체크합니다.

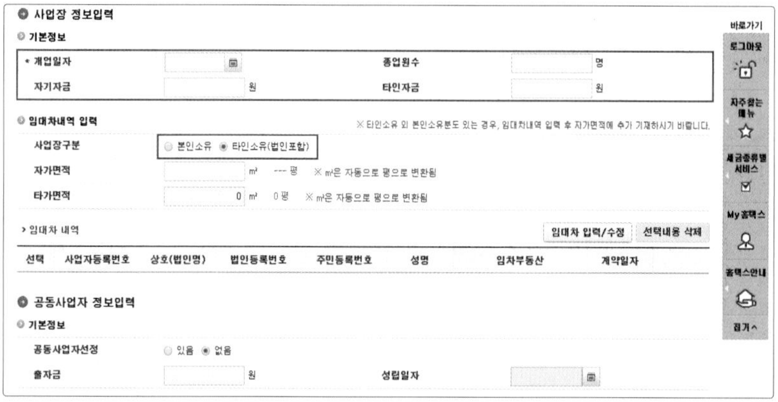

14 [타인 소유]를 선택하면 [임대차 내역 입력] 창이 나타납니다. '임대인 정보'의 빈칸에 사업장 소유주의 사업자등록번호, 주민등록번호 등을 입력하고 '임대차 부동산'에 사업장의 주소를 입력한 후 [등록하기]를 클릭하세요.

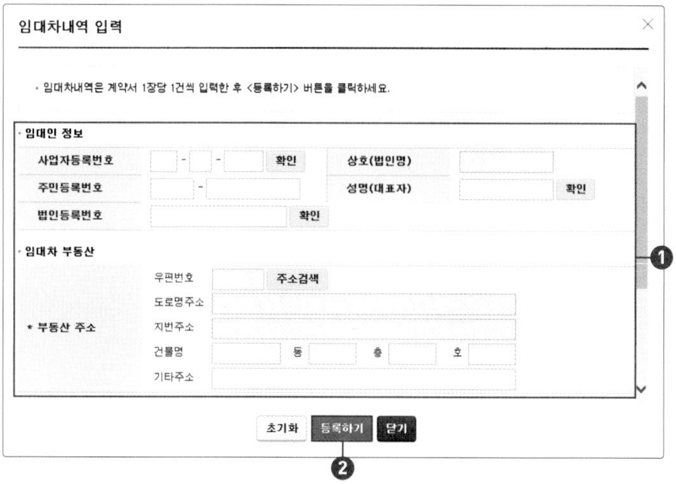

공동사업자가 있다면 '공동사업자 정보입력'의 빈칸을 채워 주세요. '사업자 유형'의 경우 [일반과세자], [간이과세자] 중에서 고르면 됩니다.

쇼핑몰을 작은 규모로 운영할 예정이라면 [간이과세자]를 선택하는 것을 추천합니다.

간이과세자가 될 수 없는 경우
- 이미 일반과세자의 사업장을 보유하고 있는 경우
- 연간 공급 대가가 4,800만 원 이상이 될 것으로 예상되는 경우
- 부가세법 시행령에 따라 간이가 배제되는 업종 및 지역인 경우

공동사업자 정보입력

기본정보

공동사업자선정 ○ 있음 ◉ 없음

출자금 원 성립일자

사업자 유형 선택

* 사업자 유형 ○ 일반 ○ 간이 ○ 면세 ○ 법인아닌 종교단체 ○ 종교단체이외의 비사업자

선택사항

사업자 유형 (선택사항) ※ 아래 내용은 기재할 수 있는 부분만 기재하셔도 됩니다.

창업자 멘토링 서비스 신청여부 ○ 여 ◉ 부

인허가사업여부 ○ 여 ◉ 부

의제주류면허신청 ◉ 없음 ○ 의제판매업(일반소매) ○ 의제판매업(유흥음식점)

개별소비세해당여부 검색

유흥업소내역(선택사항)

허가관청 허가구분 ◉ 해당없음 ○ 유흥 ○ 단란

허가번호 허가면적 ㎡ --- 평

※ ㎡은 자동으로 평으로 변환됨

사이버몰(선택사항) 사이버몰 입력/수정 선택내용 삭제

선택	일련번호	사이버몰 명칭	사이버몰 도메인

중기/화물운송 사업자(선택사항) 중기/화물운송 사업자 입력/수정 선택내용 삭제

선택	일련번호	차량번호	차대번호

서류 송달장소(사업장소와 다를 경우 입력)

송달장소 우편번호 주소검색 / 도로명주소 / 지번주소 / 건물명 동 층 호 / 기타주소

저장후다음

16 '선택 사항'에는 입력할 수 있는 부분만 입력하면 됩니다. [저장 후 다음]을 누릅니다.

'창업자 멘토링'은 국세청에서 신규 창업한 개인사업자에게 제공하는 세무 도우미 서비스입니다. 멘토링을 신청한 신규 창업자에게 각종 서류와 세금 제도를 안내해 줍니다. 멘토 지정일부터 창업한 과세연도의 종합소득세 확정신고(다음년도 5월)을 마칠 때까지 최장 1년 5개월 동안 진행되며 멘티가 멘토링 중단을 원하거나 폐업할 경우 멘토링을 종료할 수 있습니다.

선택사항

사업자 유형 (선택사항) ※ 아래 내용은 기재할 수 있는 부분만 기재하셔도 됩니다.

창업자 멘토링 서비스 신청여부	○ 여 ◉ 부
인허가사업여부	○ 여 ◉ 부
의제주류면허신청	◉ 없음 ○ 의제판매업(일반소매) ○ 의제판매업(유흥음식점)
개별소비세해당여부	[검색]

유흥업소내역(선택사항)

허가관청		허가구분	◉ 해당없음 ○ 유흥 ○ 단란
허가번호		허가면적	m² --- 평 ※ m²은 자동으로 평으로 변환됨

사이버몰(선택사항) [사이버몰 입력/수정] [선택내용 삭제]

선택	일련번호	사이버몰 명칭	사이버몰 도메인

중기/화물운송 사업자(선택사항) [중기/화물운송 사업자 입력/수정] [선택내용 삭제]

선택	일련번호	차량번호	차대번호

서류 송달장소(사업장소와 다를 경우 입력)

송달장소
- 우편번호 [주소검색]
- 도로명주소
- 지번주소
- 건물명 동 층 호
- 기타주소

[저장후다음]

17 '제출 서류 선택' 창이 나타납니다. 나에게 해당하는 부분의 [파일 찾기]를 클릭해 파일을 첨부합니다.

임대차계약서 사본의 경우 사업장의 임대차 계약서를 첨부하면 되는데, 계약서를 갖고 있지 않다면 신분증 사진을 첨부해도 됩니다.

제출서류 선택 제출서류예시

※ 첨부가능 파일형식 : PDF 파일, 이미지 파일(JPG, PNG, GIF, TIF, BMP)
※ 관련서식(HWP)을 내려받은 후 PDF로 변환하여 첨부서류에 추가할 수 있습니다.
* 한글 파일(HWP)의 PDF 변환은 한글프로그램에서 파일-인쇄-PDF인쇄 기능을 이용
※ 첨부한 제출서류는 다음화면의 '제출서류 확인하기'를 통해 확인 가능합니다.
* 첨부한 내용이 육안으로 식별 불가능한 경우, 업무처리가 지연될 수 있습니다.

· **첨부서류**
- 대상 파일선택

서식명	파일찾기
[공통]임대차계약서 사본(사업장을 임차한 경우에 한함)	파일찾기
[공통]등록이나 허가업종 영위시 그 허가(신고증) 사본 또는 사업계획서	파일찾기
[공통]동업계약서(공동사업자인 경우)	파일찾기
[공통]자금출처 소명서(금지금 도/소매업, 과세유흥장소에서의 영업)	파일찾기
[재외국인]재외국민등록증 또는 등록부등본 또는 여권사본, 납세관리인설정신고	파일찾기
[개인으로보는단체]정관,협약 등 조직과 운영등에 관한 규정	파일찾기

· **제출파일목록** [파일 삭제]

□	NO	제출파일명	파일크기

※ 동일한 파일은 한 번만 첨부됩니다

18 사업자등록 신청 유의사항을 확인한 후 체크박스를 선택하고 [제출서류 확인하기]를 클릭해 빠뜨린 서류가 없는지 확인합니다. 그런 다음 [신청서 제출하기]를 클릭합니다.

신청서 제출까지 마치면, 1~2일 사이에 사업자등록증이 발급됩니다. 혹시 놓친 부분이나 수정 사항이 있을 경우 국세청에서 전화가 오는데, 이때 해당 부분을 수정하면 됩니다.

무작정 따라하기 02 > 통신판매업 신고증 발급받기

01 통신판매업 신고증을 발급받기 위해서는 '구매안전서비스 이용 확인증'이 필요합니다. 앞서 발급받은 사업자등록증 번호를 이용해 쿠팡 또는 기타 오픈마켓, 스마트스토어에 가입하면 '구매안전서비스 이용 확인증'이 발급됩니다. 65쪽에서 설명하는 입점 신청을 완료한 후 이 과정을 따라 하세요. 쿠팡 마켓 플레이스 사이트에 로그인하면 구매안전서비스 이용 확인증을 다운로드할 수 있습니다.

사업자등록을 먼저 한 후 쿠팡에서 사업자등록번호를 입력해야 이 화면을 볼 수 있습니다.

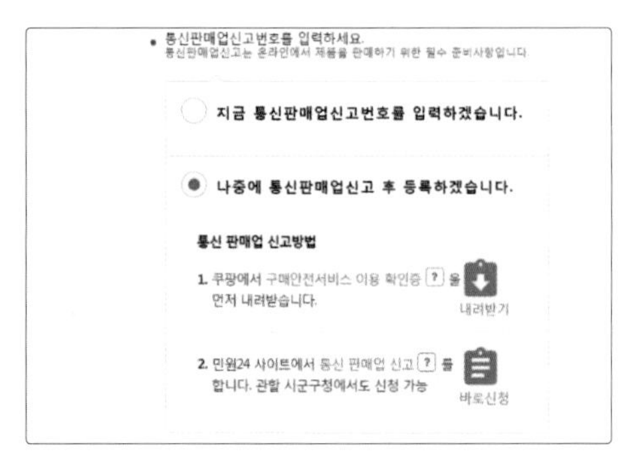

 구매안전서비스 이용 확인증을 이미지로 저장합니다.

구매안전서비스 이용 확인증

발행번호

1. 상호 : 단아쌤
2. 소재지 :
3. 대표자의 성명 :
4. 사업자등록번호 :

위의 사업자가「전자상거래 등에서의 소비자보호에 관한 법률」제13조제2항제10호에 따른 결제대금예치 서비스 이용계약을 체결하였음을 다음과 같이 증명합니다.

1. 서비스 제공자 : 쿠팡 주식회사
2. 서비스 이용기간 : 2020년 2월 26일 ~ 판매자격 정지시까지
3. 서비스 제공조건 : 당사의 구매안전서비스는 당사가 운영하는 아이템 마켓(www.coupang.com)을 통하여 이루어진 전자상거래에 한하여 제공되며, 판매자가 이용약관에 근거하여 탈퇴하거나 이용정지의 제재를 받은 경우에는 더 이상 제공되지 않습니다.
4. 서비스 등록번호 : 결제대금예치업 02-006-00032
5. 서비스 이용 확인 연락처 : 1577-7011

〈주의사항〉

1. 본 확인증은 당사가 운영하는 아이템 마켓(www.coupang.com)에서 통신판매업자가 통신판매업을 영위하기 위하여「전자상거래 등에서의 소비자보호에 관한 법률」제12조제1항에 따라 통신판매업 신고를 하는 경우에 제출하여야 하는 결제대금예치서비스 이용계약 체결에 대한 증빙서류로 사용하도록 발급되는 것입니다.
2. 본 확인증은 위 1.항과 다른 용도로 또는 위 서비스 제공조건과 달리 사용하는 경우에는 관련 법령에 따라 처벌받을 수 있습니다.
3. 본 확인증은 발행일에 한하여 유효하며, 당사의 인감이 날인되지 않은 확인증은 무효입니다.

2020년 2월 26일

쿠팡 주식회사

03 통신판매업신고를 하기 위해 정부24 사이트에 접속한 후 통합 검색 창에 『통신판매업신고』를 입력하세요.

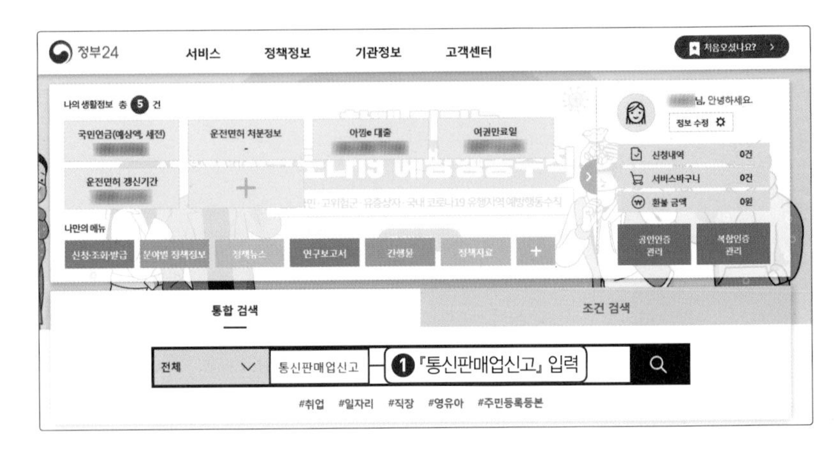

04 검색 결과 중 '신청 서비스'의 [통신판매업 신고-시·군·구]에서 오른쪽에 있는 [신청]을 클릭합니다.

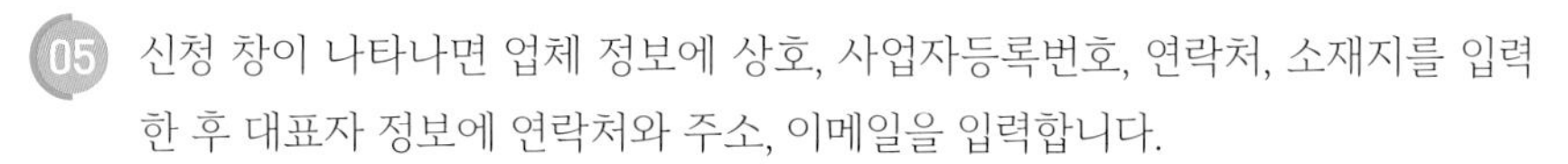

05 신청 창이 나타나면 업체 정보에 상호, 사업자등록번호, 연락처, 소재지를 입력한 후 대표자 정보에 연락처와 주소, 이메일을 입력합니다.

통신판매업 신고

알려드립니다.

- **인터넷 통신판매**의 경우는 인터넷도메인 **개설 후**에 신청하시기 바랍니다.
- 호스트 서버의 소재지가 **해외**인 경우에는 업체 소재지의 시군구청에 **직접 방문**하여 신청하시기 바랍니다.
- 민원처리가 완료되면 업체 소재지의 시군구청에 방문하여 신고증을 수령하시기 바랍니다.
- 신고증 수령 시 **면허세**가 부과되는 민원입니다.

업체 정보를 작성해 주세요.

구분 개인
상호
사업자등록번호 - -
연락처 - -
소재지 주소검색

❶

대표자 정보를 작성해 주세요.

성명
생년월일
연락처 - -
주소 주소검색
이메일 @ 이메일 선택 이메일 선택

❷

06 판매 정보에서는 판매 방식과 취급 품목을 선택하고, 구비 서류에는 과정 02에서 다운로드한 '구매안전서비스 이용 확인증'을 첨부합니다.

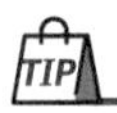

상품을 공급받기 전 대금을 미리 지급하는 형태인 '선지급식 통신 판매'의 경우 '구매안전서비스 이용 확인증' 또는 '결제대금예치 이용 확인증'을 첨부하면 됩니다. 이 서류는 오픈마켓이나 은행에서 발급받을 수 있습니다. '행정정보공동이용'에 사전 동의했을 때는 사업자등록증을 첨부하지 않아도 됩니다.

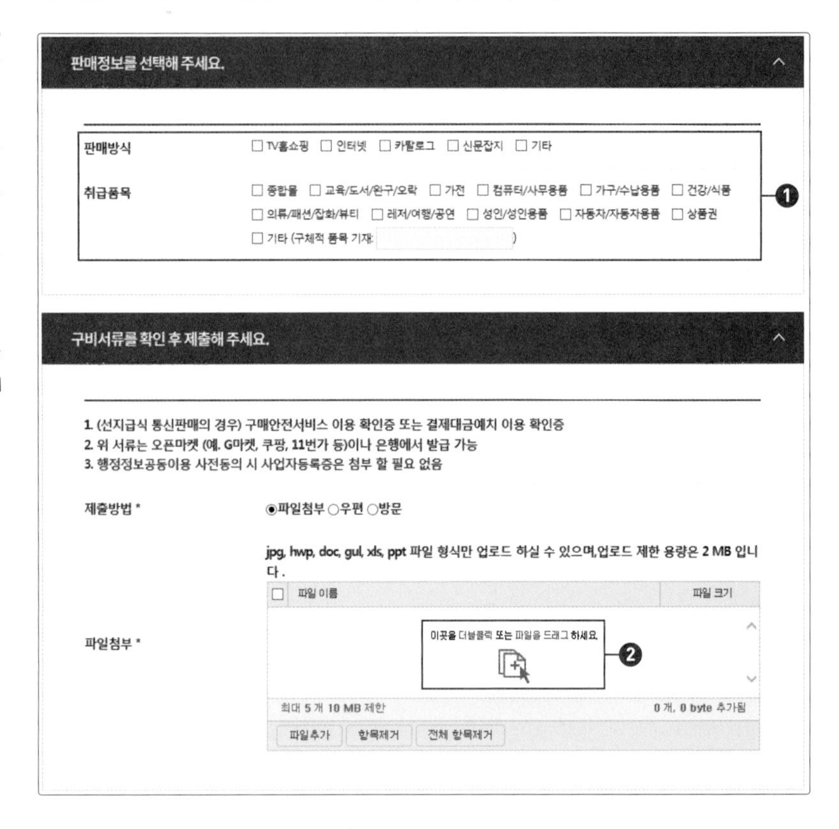

07 [기관 선택]을 클릭해 신고증을 수령할 기관을 선택합니다. '행정정보공동이용 사전동의'에서 [사업자등록증명] 체크 여부를 확인한 후 [민원 신청하기]를 클릭합니다.

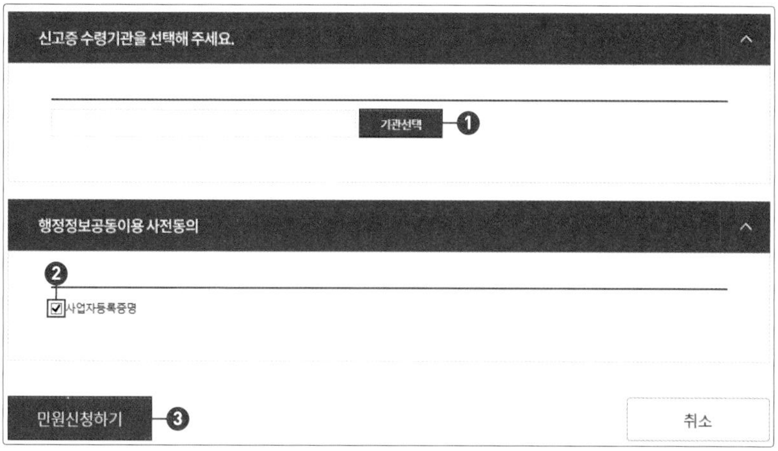

신고증 수령기관을 선택해 주세요.

기관선택 ❶

행정정보공동이용 사전동의

❷ 사업자등록증명

민원신청하기 ❸

취소

08 신청이 완료되고 3~4일 후에 자신이 선택한 신고증 수령 기관에 방문하면 통신판매업신고증을 받을 수 있습니다. 신분증을 제시한 후 서류를 발급받고 등록면허세를 납부하면 됩니다.

서류 준비 완료!

사업자등록증, 통신판매업신고를 마친 후 사업용 계좌와 인감증명서를 준비합니다. 45쪽에서 설명한 것과 같이 계좌는 원하는 은행에서 발급받거나 기존에 소유하고 있던 것을 활용합니다. 인감증명서는 자신이 살고 있는 지역의 주민센터에서 발급받으면 됩니다.

이렇게 사업자등록증, 통신판매업신고증, 정산 계좌 사본, 인감증명서까지 모두 준비됐다면 모든 서류를 이미지 파일로 저장해 잘 보관하세요. 사업을 할 때 자주 사용하는 필수 서류이기 때문에 잘 정리해 두는 것이 좋습니다. 쿠팡 외에 다른 쇼핑몰에 입점할 때도 활용할 수 있습니다.

아래 이미지는 쇼핑몰 사업을 위해 모아 놓은 사업용 서류 폴더입니다. 여러분들도 사업의 첫 단추인 서류를 잘 챙기세요.

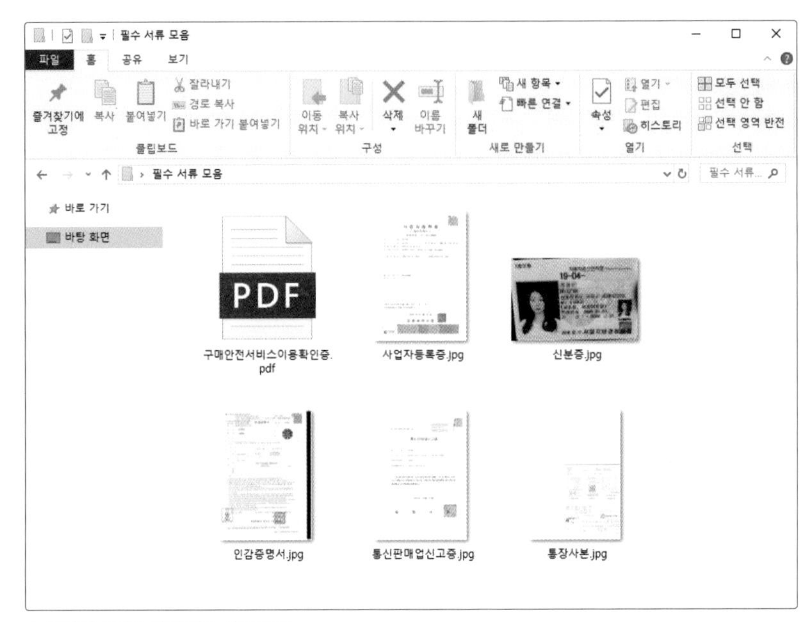

▲ 온라인 쇼핑몰 창업 필수 서류 모음

마켓 플레이스 입점, 어렵지 않아요!

쿠팡 마켓 플레이스는 같은 상품을 여러 판매자가 한 페이지에서 파는 장터입니다. 쿠팡에 등록된 상품이라면 추가 정보만 입력해 상품을 바로 판매할 수 있습니다. 또한 고객 만족도를 높여 판매자 점수를 얻는다면 많은 신뢰를 쌓을 수 있습니다.

마켓 플레이스란?

쿠팡 마켓 플레이스는 지마켓, 11번가 등 다른 오픈마켓 서비스와 비슷하지만 큰 차이점이 있습니다. 그것은 바로 '아이템' 위주의 시스템이라는 것입니다.

샴푸를 사려 한다고 가정해 봅시다. 다른 오픈마켓에서는 검색 창에 『샴푸』를 입력했을 때 다른 판매자의 상품이라면 같은 상품이라도 계속 나열됩니다. 그렇지만 쿠팡 마켓 플레이스에서는 동일 상품 한 가지만 노출됩니다. 같은 상품이라면 하나의 항목으로 묶고, 그중 가장 좋은 조건의 상품이 노출되는 것입니다. 이를 '아이템위너'라고 합니다. 그 상품을 클릭해 상품 페이지로 들어가면 다른 판매자의 동일 상품들이 나타납니다.

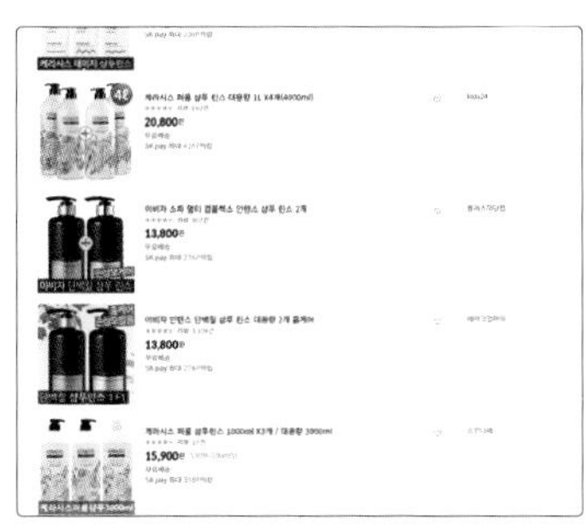

▲ 중복 상품이 전부 노출되는 타 오픈마켓

▲ 동일 품목 중 하나의 상품만 노출되는 쿠팡 마켓 플레이스

또한 동일 상품에 대한 상품평이 한 페이지에 함께 나타납니다. 즉, 다른 판매자가 판매한 건이라도 모두 함께 살펴볼 수 있습니다. '판매자'에 대한 리뷰가 아닌 '판매 아이템'에 대한 리뷰인 것입니다. 아이템위너로 지정되면 이전 판매

자의 판매 건에 대한 상품평을 공유할 수 있습니다.
이런 시스템 덕분에 판매자가 상품을 쉽게 등록할 수 있습니다. 기존에 등록돼 있는 상품이라면 상품의 기본 정보를 입력하지 않아도 되며 상품의 추가 정보만 기입하면 쉽게 등록할 수 있습니다.

쿠팡 마켓 플레이스의 기본적인 수수료는 오픈마켓 중 최저인 5~11%입니다. 이 수수료에는 지식 쇼핑 연동 수수료, 결제 수수료가 포함돼 있습니다. 타 플랫폼에서는 신용카드나 휴대폰 결제 수수료를 따로 부과합니다. 예를 들어, 스마트스토어에서는 3.74%의 카드 결제 수수료와 2%의 지식 쇼핑 연동 수수료를 합해 총 5.74%의 수수료를 부과합니다. 즉, 스마트스토어와 비교했을 때 쿠팡의 수수료가 높게 느껴질 수도 있지만 품목에 따라서는 큰 차이가 없는 경우도 있는 것입니다.
또한 마켓 플레이스 내 스토어 기능을 활용하면 쿠팡 수수료를 0%로 만들 수 있습니다. 고객이 판매자의 SNS 공유 링크를 통해 접속한 후 24시간 내에 구매하면 쿠팡 수수료 없이 약 4%가량의 결제 수수료만 부담하면 됩니다.

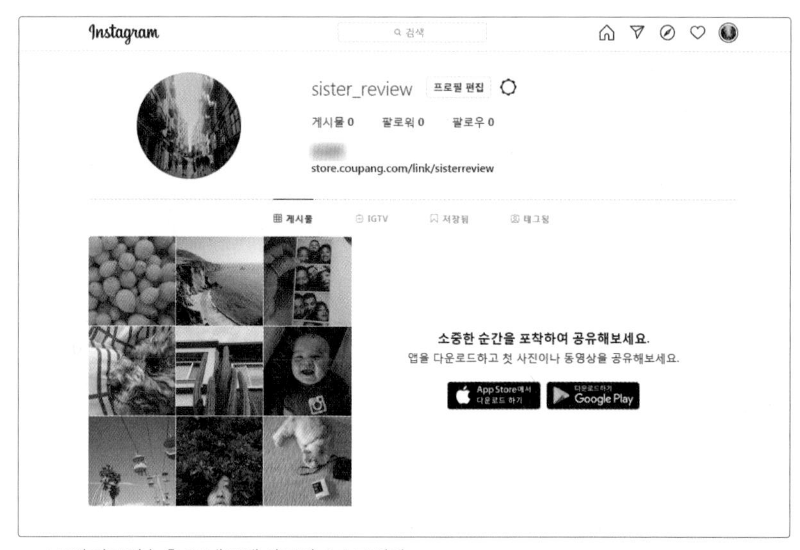

▲ 스토어 링크 접속 후 24 내 구매 시 쿠팡 수수료 면제

무작정 따라하기 03 > 쿠팡 윙에 가입하고 입점 신청하기

01 쿠팡 마켓 플레이스에 입점하기 위해 쿠팡 사이트(https://www.coupang.com/)에 접속한 후 메인 화면에서 [입점신청] - [오픈마켓]을 클릭하세요.

02 쿠팡 마켓 플레이스 메인 화면에서 [지금 입점하기]를 클릭합니다.

03 '판매자 입점 신청' 페이지에서 자신의 사업자등록번호를 입력한 후 [사업자 인증하기]를 클릭합니다.

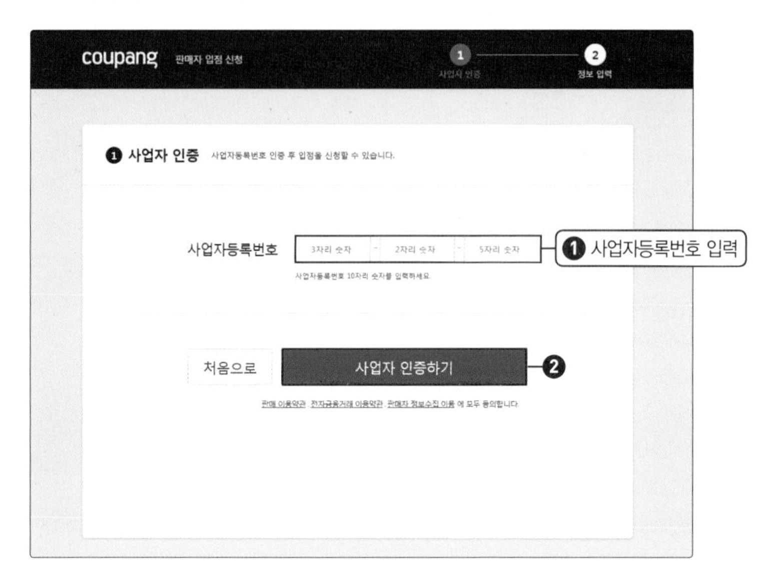

04 '정보 입력' 페이지에서 반드시 채워야 하는 정보를 입력합니다.

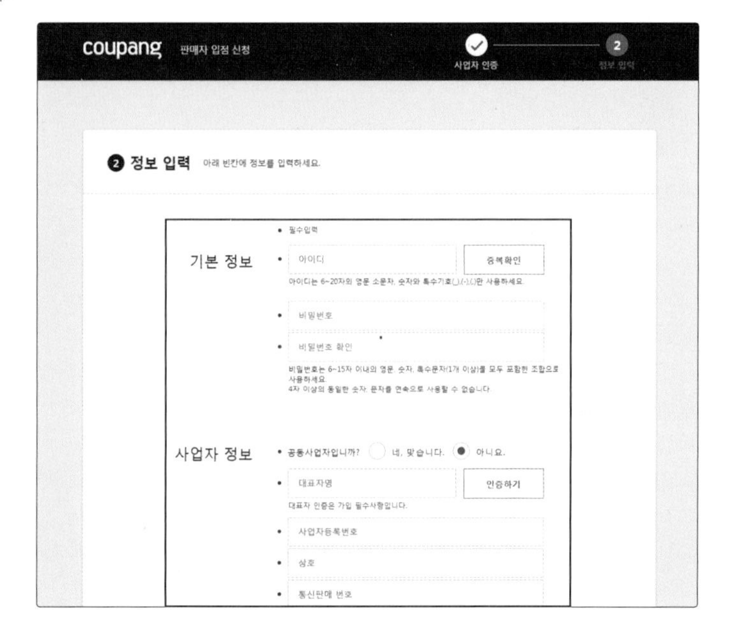

05 사업자 정보를 입력한 후 [인증하기]를 누르고 사업자등록증을 첨부합니다.

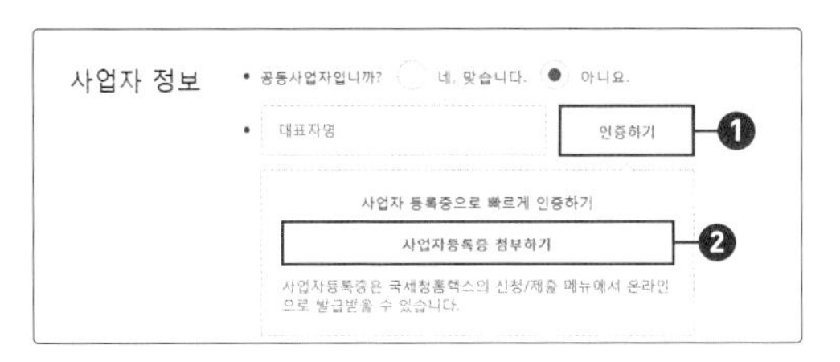

06 페이지 아래의 '연락처 정보'와 '정산 계좌'에 내용을 입력한 후 '쿠팡지원할인 프로그램 참여에 동의합니다'에 체크하고 [입점 신청하기]를 클릭합니다.

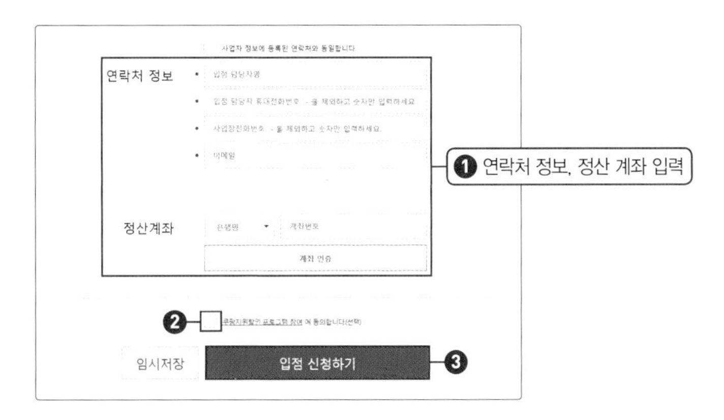

잠깐만요 … '쿠팡지원할인프로그램'은 무엇인가요?

판매자가 구매자에게 제공하는 상품 할인액에 따라 카테고리별 서비스 이용료 범위 내에서 서비스 이용료를 할인해 주는 프로그램입니다. 판매자의 서비스 이용료 부담을 낮추는 동시에 할인을 지원해 구매자가 상품을 더욱 저렴하게 구매할 수 있도록 도와줍니다.
판매자가 쿠팡지원할인 프로그램에 참여해 구매자에게 할인 판매를 하는 경우에는 서비스 이용료가 변경될 수 있습니다.

07 입점이 완료되면 다음과 같은 페이지가 나타납니다. [입점 신청하기]를 클릭해 미리 준비해 둔 서류를 등록하세요.

가입 시 필요한 서류는 통신판매신고증, 대표자/사업자 명의의 통장 사본, 개인/법인 인감증명서, 채권 포기 확약서입니다. 이 중 채권 포기 확약서는 개인 사업자이면서 공동 대표인 경우에만 필요한 서류입니다. 미리 챙겨 두면 쉽게 입점할 수 있습니다.

08 입점이 완료되면 상품을 바로 등록해 판매할 수 있습니다.

 잠깐만요 … **쿠팡의 카테고리별 수수료는 얼마인가요?**

오픈마켓은 판매 품목의 카테고리별로 수수료가 다릅니다. 다음 표를 참고하기 바랍니다.

오픈마켓 최저 수수료 5~11%

2019년 6월 기준 판매수수료입니다. 카테고리별 수수료는 쿠팡 운영 정책에 따라 변경될 수 있습니다.

대분류	중분류	소분류	기준 수수료
가전디지털	기본 수수료	-	7%
	게임	성인용게임(19)	6%
		휴대용게임	6%
		PC게임	6%
		TV/비디오게임	6%
	냉난방가전	냉난방에어컨	5%
	냉방가전	멀티형에어컨	5%
		벽걸이형에어컨	5%
		스탠드형에어컨	5%
		이동식 스탠드형에어컨	5%
	카메라/카메라용품	기타카메라	5%
		디지털카메라	5%
		초소형/히든카메라	5%
		카메라렌즈	5%
		캠코더/비디오카메라	5%
		DSLR/SLR카메라	5%
	태블릿PC/액세서리	태블릿PC	5%
	생활가전	냉장고	5%
		세탁기	5%
	빔/스크린	빔/프로젝터	5%
	영상가전	영상액세서리	5%
		TV	5%
		VTR/DVD플레이어	5%
	컴퓨터/게임	컴퓨터	5%
	컴퓨터주변기기	3D프린터	5%
		기타프린터	5%
		레이져복합기	5%
		레이져프린터	5%
		모니터	4.50%
		복사기	5%
		스캐너	5%
		잉크젯복합기	5%
		잉크젯프린터	5%
		포토프린터	5%
		마우스/키보드	6.50%
		유무선공유기	6.50%
		태블릿/노트북악세사리	6.40%
		기타	6.40%
가구/홈인테리어	기본 수수료	-	10%
도서	기본 수수료	-	10%
음반	기본 수수료	-	10%
문구/사무용품	기본 수수료	-	10%
	문구/팬시용품	광학용품	8%
	사무용지류	포토전용지	7%
출산/유아	기본 수수료	-	10%
	기저귀/물티슈	기저귀크림/파우더	9%
	영유아물티슈	영유아물티슈	8.20%
	영유아식품	-	7%
	분유	유아분유	6.40%
	기저귀	배변훈련팬티	6.40%
		수영장기저귀	6.40%
		일회용기저귀	6.40%
		천기저귀	6.40%
스포츠/레저용품	기본 수수료		10%
	골프용품	골프거리측정기/GPS	7%
		골프클럽	7%
		골프풀세트	7%
	자전거용품	성인용자전거	7%
	아동용자전거	7%	
	스포츠의류	-	10.60%
	스포츠신발	-	10.60%
뷰티	기본 수수료	-	9%

대분류	중분류	소분류	기준 수수료
생활용품	기본 수수료	-	7%
	의료위생/보조용품	금연용품(19)	10%
		기타금연/흡연용품	10%
		환자보조용품	10%
		흡연용품(19)	10%
	공구/철물/DIY	건전지/충전기	10%
		건축/도장재료	10%
	공구/철물	가스부품	10%
		공구세트	10%
		공구함	10%
		기타공구및철물용품	10%
		대공용품	10%
		목장갑	10%
		보호복/작업복	10%
		수공구	10%
		수도부품	10%
		안전용품	10%
		자물쇠/보조키/도어락	10%
		철물용품	10%
		측정용공구	10%
	조명/배선/전기코드류	손전등	10%
		전구	10%
		전선/브라켓	10%
		LED패널	10%
	방향/탈취/살충제	모기퇴치용품	10%
	수납/정리잡화	기타가정용품	10%
		수납/정리용품	10%
		압축팩/커버	10%
		옷걸이/벽걸이	10%
	안전용품	가정/생활안전용품	10%
		안전사고방지용품	10%
	청소/세탁/욕실용품	-	10%
	해충퇴치용품	살충/방충용품	10%
	성인용품(19)	-	9%
	의료위생/보조용품	전자담배(19)	8%
식품	기본 수수료	-	10%
	영양제	유아건강식품	7%
	채소류	감자/고구마	7%
	신선식품	쌀/잡곡류	5%
	라면	-	10.90%
완구/취미	기본 수수료	-	10%
	RC완구	RC드론/쿼드콥터	7%
자동차용품	기본 수수료	-	10%
	차량정비용품	타이어용품	9%
		휠/휠악세서리	9%
	차량용전자기기	경보기/스마트키	7%
		스마트기기용품	7%
		차량용음향기기	7%
		후방카메라/감지기	7%
	오토바이용품	-	7%
	방향제/디퓨저	차량용방향제	7%
	공기청정/방향/탈취	세정제/세정티슈	7%
		탈취제/세정제	7%
	차량가전용품	내비게이션	6%
		블랙박스	6%
		하이패스	6%
주방용품	기본 수수료	-	10%
	조리보조도구	제면기	7%
패션	기본 수수료	-	10%
	쥬얼리	순금/골드바/돌반지	4%
	패션의류	-	10.50%
	패션잡화	-	10.50%
반려/애완용품	기본 수수료	-	10%

3

▲ 출처: 쿠팡 퀵 스타트 매뉴얼

마켓 플레이스 메뉴 한눈에 살펴보자

쿠팡의 오픈마켓 플랫폼인 마켓 플레이스에는 여러 가지 메뉴가 있습니다. 각각의 메뉴를 클릭하면 나타나는 가이드를 참고하면 금세 익숙해질 수 있습니다. 우선 메인 화면에 나타나는 메뉴에 대해 알아보겠습니다.

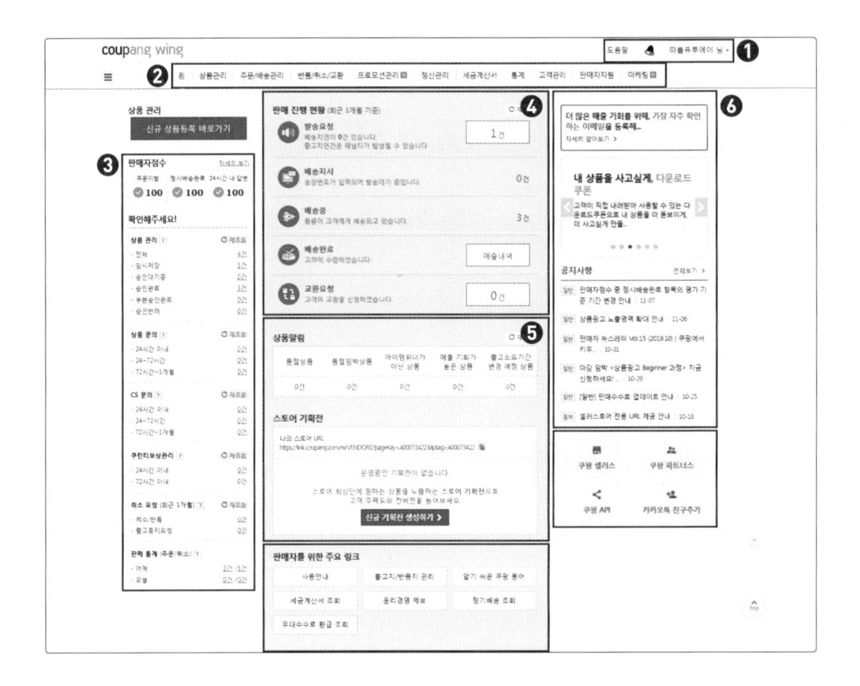

❶ 톱 메뉴

- 도움말: 판매 매뉴얼이나 자주하는 질문을 모은 메뉴입니다.
- 알림: 판매자 긴급 알림을 표시합니다.
- 회사명: 자신의 회사명이 나타납니다. 입점 계약 관리, 계약 관리, 정보 수정이 가능합니다.

❷ 메뉴

- 상품관리: 신규 상품을 등록하고, 등록된 상품을 조회 및 수정할 수 있는 메뉴입니다. 출고지와 반품지의 주소도 이곳에서 관리할 수 있습니다.
- 주문/배송관리: 고객의 주문 내역 및 배송 상황을 살펴볼 수 있습니다. 고객 CS 시 이 메뉴를 확인해 응대하면 됩니다.
- 반품/취소/교환: 고객이 주문한 상품을 반품 및 취소하는 메뉴입니다.
- 프로모션관리: 할인 쿠폰을 발급해 이벤트를 기획할 수도 있고 '스토어'를 만든 후 스토어 기획전을 진행해 노출 기회를 높일 수도 있습니다. 스토어 기획전에 대한 자세한 내용은 106쪽을 참고하세요.
- 정산관리: 매출과 부가세를 확인할 수 있는 메뉴입니다.
- 세금계산서: 세금계산서에는 두 가지 종류가 있습니다. 첫째, 쿠팡이 매입한 항목에 대한 영수증으로, 쿠팡에서 판매한 물품에 대한 서비스 이용료, 즉 수수료를 확인할 수 있습니다. 둘째, 고객의 요청으로 발행한 매출(위수탁) 세금계산서를 확인할 수 있습니다.
- 통계: 지금까지 판매한 상품의 수와 매출액, 아이템위너 상품을 비교해 관리할 수 있는 메뉴입니다. 특정 키워드로 검색했을 때 첫 페이지에 노출되는 등 경쟁력 높은 상품에 대한 매출이 나타납니다. 따라서 상품 등록 및 마케팅 관리가 매출에 어떤 영향을 끼치는지 그래프로 확인할 수 있습니다.

아이템위너 | 한 아이템을 여러 판매자가 판매하는 경우, 그중 1위에 해당하는 상품을 말합니다. 가격이 낮고 고객 리뷰가 좋은 판매자의 상품이 아이템위너로 선정돼 아이템 페이지에 대표로 노출됩니다.

- 고객관리: 배송, CS, 상품평을 관리할 수 있는 메뉴입니다.
- 판매자지원: 쿠팡 판매자 고객센터에 질문하거나 쿠팡 직원의 부당 행위를 신고할 수 있는 메뉴입니다. 'OPEN API' 문서는 다른 프로그램을 통해 쿠팡 상품을 송·수신, 연동할 때 프로그래머가 활용할 수 있는 공개 문서를 뜻합니다.
- 마케팅: 쿠팡에서는 CPC(click per cost, 광고 클릭당 비용) 광고를 진행할 수 있습니다. 입찰가 기준으로는 최저 250원, 일 예산 기준으로는 1만 원부터 집행할 수 있습니다. 광고 대행사 없이 직접 운영하기 쉬운 구조입니다. 추후 개발 메뉴로는 디스플레이 광고 등이 생길 예정이니 참고하세요.

❸ 상품 관리 및 문의

- 판매자 점수: 주문 이행, 정시 배송 완료, 24시간 내 답변 여부에 따라 점수가 매겨집니다.
  - 주문 이행: 주문이 취소되지 않고 잘 이행됐는지를 나타냅니다.
  - 정시 배송 완료: 고객에게 약속한 날짜 이내에 배송 완료된 주문의 비율을 의미합니다.

- 24시간 내 답변: 주말/공휴일을 제외하고 24시간 이내에 답변 완료된 문의의 비율을 나타냅니다.

- 상품 관리: 승인 상태별로 등록된 상품의 수가 나타납니다. 승인 진행 정도를 확인할 수 있습니다.
- 상품 문의: 고객의 상품 문의 건수가 나타납니다. 답변의 신속도와 정확도가 판매자의 점수에 영향을 미칩니다.
- CS 문의: 쿠팡 고객센터를 통한 고객문의 건수가 나타납니다. 오래된 문의부터 신속하게 답변하는 것이 좋습니다.
- 취소 요청: 최근 1개월 간의 취소/반품 요청 건수를 확인할 수 있습니다.
- 판매 통계: 매출 현황과 함께 매출 기회가 있는 상품을 확인할 수 있습니다.

❹ 판매 진행 현황

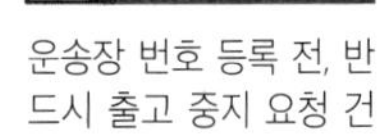

운송장 번호 등록 전, 반드시 출고 중지 요청 건을 확인해 주세요! '출고 중지'란, 배송 시작 전에 환불 접수된 상태를 말합니다.

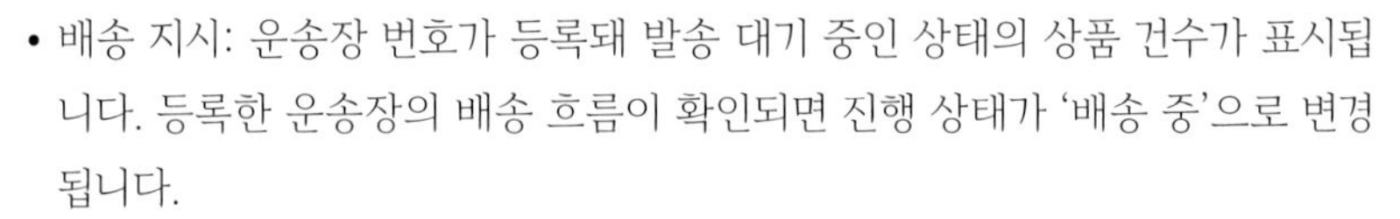

- 발송 요청: 고객이 상품을 주문한 상품 건수를 말합니다.
- 배송 지시: 운송장 번호가 등록돼 발송 대기 중인 상태의 상품 건수가 표시됩니다. 등록한 운송장의 배송 흐름이 확인되면 진행 상태가 '배송 중'으로 변경됩니다.
- 배송 중: 주문된 상품이 운송사를 통해 고객에게 배송되고 있는 상태입니다.
- 배송 완료: 상품이 고객에게 도착된 상태입니다.
- 교환 요청: 고객이 해당 상품의 교환을 신청한 경우를 말합니다.

잠깐만요 … **스마트 타겟팅은 무엇인가요?**

'스마트 타겟팅'은 선택된 상품의 정보를 분석해, 구매 가능성이 높은 잠재 고객에게 키워드가 자동 매칭되는 기능입니다. 이 기능을 이용하면 광고를 손쉽게 진행할 수 있습니다. 자동 매칭된 키워드는 매일 업데이트됩니다. 물론 광고주가 키워드를 직접 선택할 수도 있습니다. 상품 가격이 높거나 주력 상품의 경우 수동으로 직접 관리하는 것을 추천합니다.

잠깐만요 … **상품은 어떻게 관리해야 하나요?**

페이지 상단의 '윙이 제안하는 매출 기회 높은 상품 BEST 5'를 수시로 확인하고 상품을 관리하는 것을 추천합니다. 상품별 아이템위너 여부와 품절 여부를 틈틈이 체크해 매출 손실을 막고 매출 현황에 맞는 전략을 수립해 보세요!

❺ 스토어 기획전

기획전을 시작하고 관리할 수 있는 곳입니다. 기획전은 스토어의 최상단에서 주목도가 가장 높은 영역에 판매자가 직접 원하는 상품을 지정할 수 있는 기능입니다. 쿠팡 랭킹에 상관없이 최대 20개까지 노출할 수 있습니다. 단, 스토어당 노출 가능한 기획전은 1개입니다.

❻ 기획전 및 공지사항

- 기획전 배너: 달마다 진행되는 무료 특별 기획전이 안내됩니다. 제시된 신청 조건에 맞춰 참여 신청을 할 수 있습니다.
- 공지 사항: 변경 사항이나 중요 공지를 확인할 수 있으며 '신청서 내려받기' 등과 같이 정보를 찾아볼 수도 있습니다.

coupang

04 상품 신규 등록, 이렇게 하면 매출이 오른다

판매의 시작은 고객이 노출된 판매자의 상품을 찾을 수 있도록 등록하는 것입니다. 고객에게 쉽게 노출될 수 있도록 하려면 어떻게 해야 하는지 알아보겠습니다.

쿠팡의 상품 등록 시스템

쿠팡에 상품을 등록하는 방법은 크게 '신규 등록', '등록된 동일 브랜드 상품을 불러와서 등록', '엑셀 대량 등록'으로 나뉩니다. 이 중 우리가 알아볼 내용은 '신규 등록'으로, 쿠팡에 등록되지 않은 새로운 상품을 업로드할 때 사용합니다.

'등록된 동일 브랜드 상품을 불러와서 등록'은 쿠팡에 이미 동일한 브랜드 상품이 올라와 있는 경우에 사용할 수 있습니다. 상품을 검색한 후 금액, 상품 페이지, 키워드, 발송지 주소만 기입하면 옵션, 브랜드, 모델명 등이 자동으로 입력됩니다. 추가 내용을 따로 등록하지 않아도 되므로 매우 편리합니다. 하지만 이 기능은 이미 등록된 상품이 있는 경우에만 사용할 수 있기 때문에 브랜드 상품을 취급하지 않는 대부분의 신규 판매자는 상품을 '신규 등록'을 이용해 등록해야 합니다.

'엑셀 대량 등록'은 도매 회사, 제조사, 위탁 도매 DB 정보가 있을 때 활용하는 메뉴입니다(주로 한꺼번에 많은 상품을 등록할 때 사용합니다). 엑셀 파일로 등록하는 것이 낯설다면 다소 번거롭더라도 신규 등록 메뉴를 이용해야 합니다.

상품 등록, 이것만은 꼭!

상품을 등록하고자 할 때 중요하게 생각해야 할 여섯 가지 항목은 다음과 같습니다.

우선, 상품에 적합한 카테고리를 설정해야 합니다. 키워드를 검색해 보고, 1등 판매자의 카테고리를 참고합니다. 대표 이미지는 검색했을 때 나타나는 이미지입니다. 흰색 배경에서 찍은 상품 사진을 등록하는 것이 가장 좋습니다.

상품명은 고객이 인지하기 쉽도록 입력합니다. **'브랜드명+모델명+옵션 값'**으로 조합해 작성하는 것이 바람직합니다. 쿠팡 사이트 내부에서는 상품명보다 검색어가 중요하지만 네이버쇼핑에서는 상품명으로 검색되므로 키워드를 적절히 포함해 작성해 주세요.

또 상품 등록 시 중요하게 생각해야 할 것이 '검색어'입니다. 쿠팡은 다른 플랫폼과 달리 검색어가 상품명보다 중요합니다. **검색어로 등록한 키워드 40개가 쿠팡 내 검색어로 적용됩니다.** 고객이 내 상품을 잘 찾을 수 있도록 영문, 타겟 고객, 카테고리, 세부 키워드를 정확히 기입합니다. 오타가 없도록 주의하세요.

상세 설명은 상품 상세 페이지에 접속했을 때, 상품의 정보를 제공하는 이미지입니다. 하나의 긴 이미지를 사용하기보다는 로딩 속도를 줄이기 위해 이미지를 여러 개로 잘라 업로드하는 것이 좋습니다. 텍스트를 적절히 배치해 소비자가 상품 정보를 쉽게 알아볼 수 있도록 해 주세요.

마지막으로, **구매/검색 옵션**을 정해 줘야 합니다. 쿠팡은 카테고리마다 지정된 옵션 내용이 있습니다. 만약 상품 등록 시 옵션 입력 영역이 없다면 상품을 따로 등록해야 합니다. 구매 옵션은 사이즈, 색상, 수량 등 고객이 상품을 구매할 때 선택하는 옵션을 말하며, 각각의 구매 옵션 값에 맞는 대표 이미지도 함께 넣어 줘야 합니다.

구매 옵션은 검색 필터 조건으로 이용돼 상품을 찾는 데 도움이 되기도 합니다. 검색 옵션은 고객이 상품을 검색할 때 화면 왼쪽에 나타나 필터로 활용되는 정보입니다. 상품 상세 페이지에서도 노출되므로 빠짐없이, 자세하게 적는 것이 좋습니다.

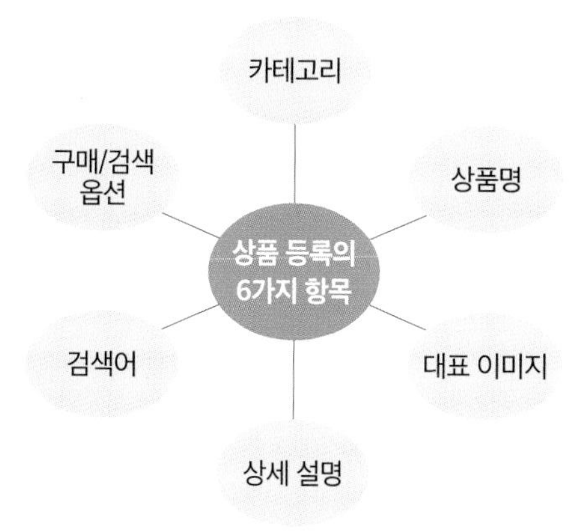

무작정 따라하기 04 > 상품을 마켓 플레이스에 신규 등록하기

01 쿠팡 윙 메인 화면에서 [상품 관리]-[상품 등록] 메뉴를 클릭한 후 '상품 개별 등록' 영역 아래의 [신규 상품 등록]을 클릭합니다.

02 카테고리명 검색 창에 『스티커』를 입력하면 나타나는 검색 결과에서 [문구/오피스]-[문구/학용품]-[포장/파티 용품]-[선물/포장 용품]-[포장데코스티커] 카테고리를 선택한 후 [다음 단계]를 클릭합니다.

상품 등록 이후에는 카테고리 변경이 불가하므로 주의해야 합니다. 상품과 등록 카테고리가 일치하지 않는 경우 다른 카테고리로 이동되거나 판매가 제한돼 노출되지 않을 수 있으므로 등록 전에 한 번 더 체크하세요.

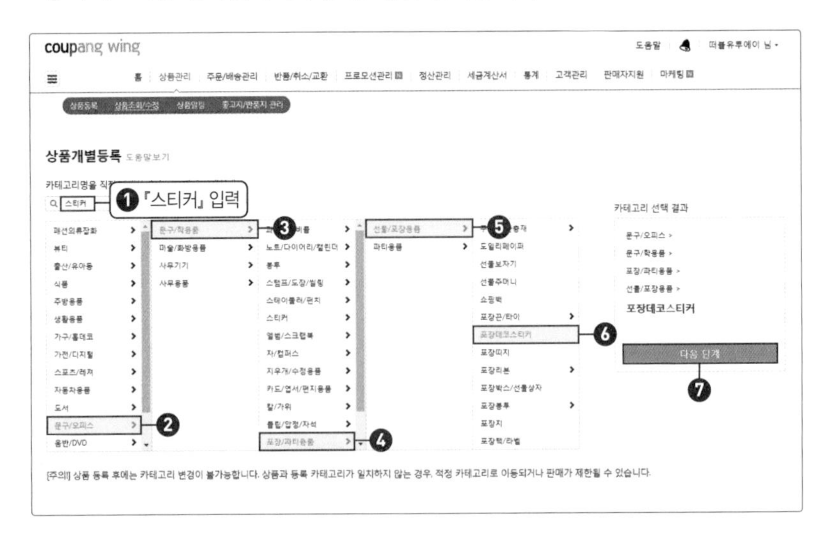

03 브랜드와 제품명, 제조사 등 상품의 상세 정보를 입력합니다. '등록상품명'은 네이버 쇼핑 검색에도 노출됩니다. 따라서 네이버에서 비슷한 상품을 검색해 본 후 세부 키워드를 참고해 작성하는 것이 좋습니다.

TIP 판매 상품에 따라 '브랜드명'과 '제품명'이 별도로 없는 경우 회사의 고유명을 만들어 활용해도 좋습니다.

잠깐만요 … 상품명은 어떻게 작성하는 것이 좋은가요?

'상품명'의 경우 쿠팡 검색뿐 아니라 네이버 쇼핑 검색 결과에도 반영됩니다. 네이버 쇼핑 검색 결과에 잘 노출되도록 하려면 어떻게 해야 하는지 알아봅시다.

네이버 쇼핑에서 『세계지도』를 검색해 가장 위에 노출되는 상품을 예시로 살펴보겠습니다. 상품명에 '세계지도 한글 포스터-인테리어 대형 코팅'과 같이 세부 검색어가 포함돼 있습니다. 이처럼 상품명에 키워드를 포함하는 것이 네이버 쇼핑 노출 기회를 높이는 팁입니다.

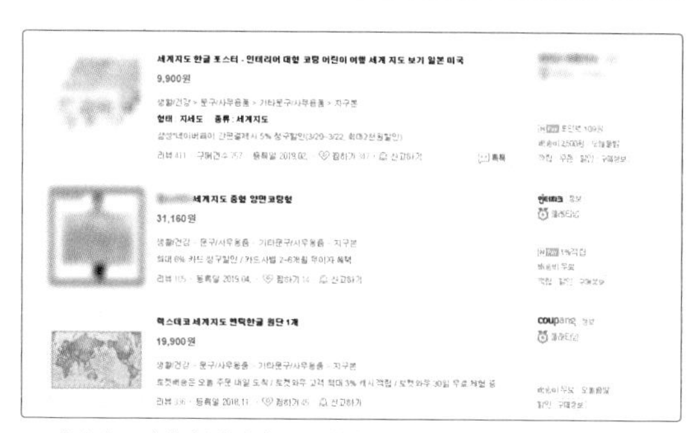

▲ 네이버 쇼핑에서 '세계지도'를 검색한 결과

따라서 비슷한 상품을 검색해 본 후 네이버 쇼핑의 상위에 노출된 상품명을 참고해 작성하는 것이 좋습니다. 쿠팡 자체 검색에서는 '검색 키워드'가 중요하기 때문에 상품명이 길지 않아도 되지만, 네이버 쇼핑 노출을 위해서는 상품명을 자세히 적는 것을 추천합니다.

04 구매 옵션 사용 여부를 [예. 구매 옵션이 있습니다]로 선택한 후 '색상'과 '수량'을 예시와 같이 입력하고 [옵션 구성하기]를 클릭합니다.

- 색상: 연핑크, 연노랑, 연민트, 연블루, 퍼플, 옐로우, 민트, 블루, 형광블루, 레드 입력 후 [추가] 클릭
- 수량: '1000' 입력, 단위를 '매'로 변경한 후 [추가] 클릭

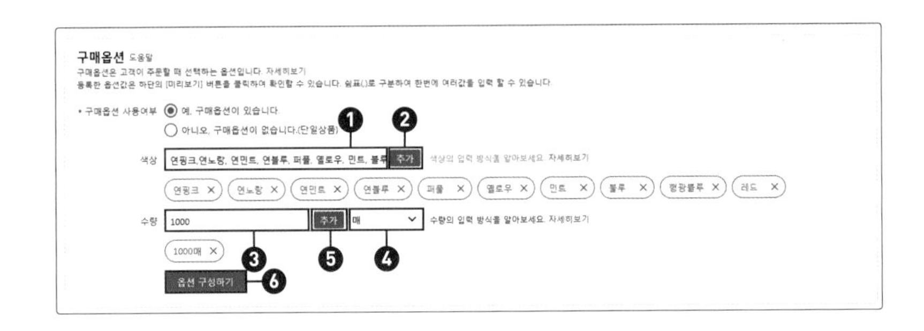

05 옵션이 입력된 결과를 확인할 수 있습니다.

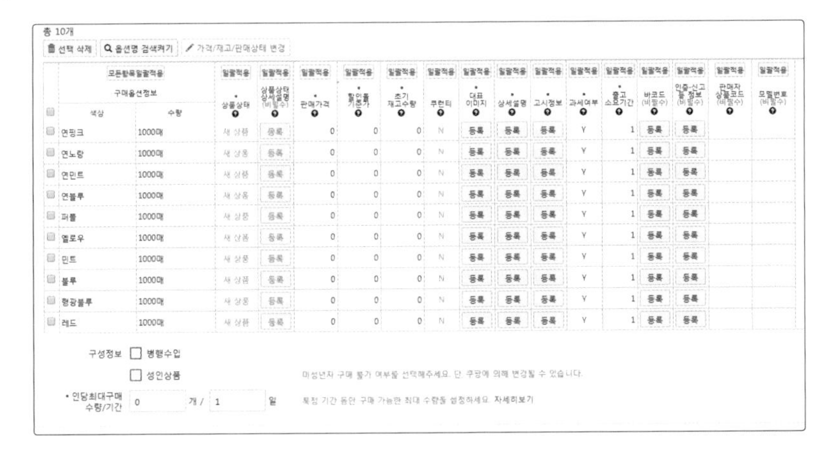

총 10개

선택 삭제 | 옵션명 검색켜기 | 가격/재고/판매상태 변경

색상	수량	상품상태	상품상태 상세설명 (비필수)	판매가격	할인율 기준가	초기 재고수량	쿠런티	대표 이미지	상세설명	고시정보	과세여부	출고 소요기간	바코드 (비필수)	인증·신고 등 정보 (비필수)	판매자 상품코드 (비필수)	모델번호 (비필수)
연핑크	1000매	새 상품	등록	0	0	0	N	등록	등록	등록	Y	1	등록	등록		
연노랑	1000매	새 상품	등록	0	0	0	N	등록	등록	등록	Y	1	등록	등록		
연민트	1000매	새 상품	등록	0	0	0	N	등록	등록	등록	Y	1	등록	등록		
연블루	1000매	새 상품	등록	0	0	0	N	등록	등록	등록	Y	1	등록	등록		
퍼플	1000매	새 상품	등록	0	0	0	N	등록	등록	등록	Y	1	등록	등록		
옐로우	1000매	새 상품	등록	0	0	0	N	등록	등록	등록	Y	1	등록	등록		
민트	1000매	새 상품	등록	0	0	0	N	등록	등록	등록	Y	1	등록	등록		
블루	1000매	새 상품	등록	0	0	0	N	등록	등록	등록	Y	1	등록	등록		
형광블루	1000매	새 상품	등록	0	0	0	N	등록	등록	등록	Y	1	등록	등록		
레드	1000매	새 상품	등록	0	0	0	N	등록	등록	등록	Y	1	등록	등록		

구성정보: 병행수입 / 성인상품 — 미성년자 구매 불가 여부를 선택해주세요. 단, 쿠팡에 의해 변경될 수 있습니다.

• 인당최대구매 수량/기간: 0 개 / 1 일 — 특정 기간 동안 구매 가능한 최대 수량을 설정하세요. 자세히보기

06 연핑크의 판매가격은 『13,000』, 할인율기준가는 『15,000』, 초기재고수량은 『1,000』을 입력합니다. 세 가지 항목을 기입한 후 [일괄적용]을 클릭합니다.

• 판매가격: 고객이 실제로 결제하는 금액입니다.
• 할인율기준가: 원래의 상품 가격입니다. 할인 중인 상품이라면 판매 가격보다 높게 입력해 할인하고 있다는 사실을 고객에게 알려 주세요.
• 초기재고수량: 판매자가 갖고 있는 재고량을 입력합니다.

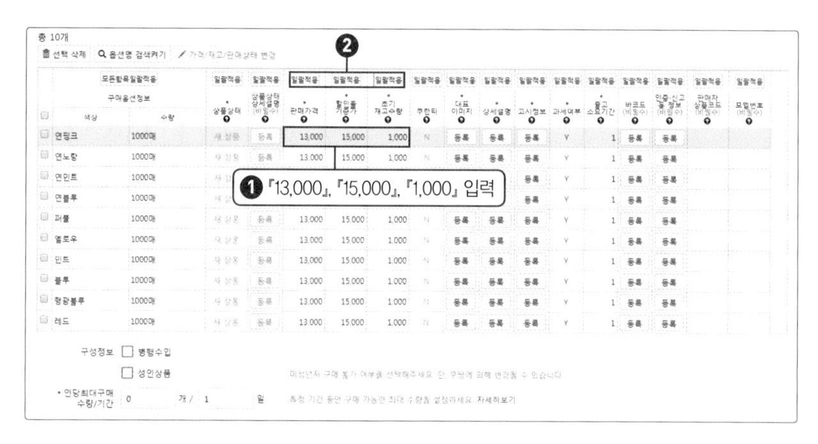

07 [대표 이미지 등록]을 클릭합니다. 상품 검색 결과 페이지에 노출될 대문 이미지를 선택하세요. 흰색 배경에서 찍은 이미지가 좋으며 '1000 × 1000px' 사이즈가 적합합니다. jpg 또는 png 파일 형식으로 업로드해야 합니다. 추가 이미지는 9개까지 등록할 수 있습니다.

URL 주소를 이용해 별도로 이미지 호스팅을 사용하는 경우 [이미지 URL 주소로 등록하기]를 클릭하세요.

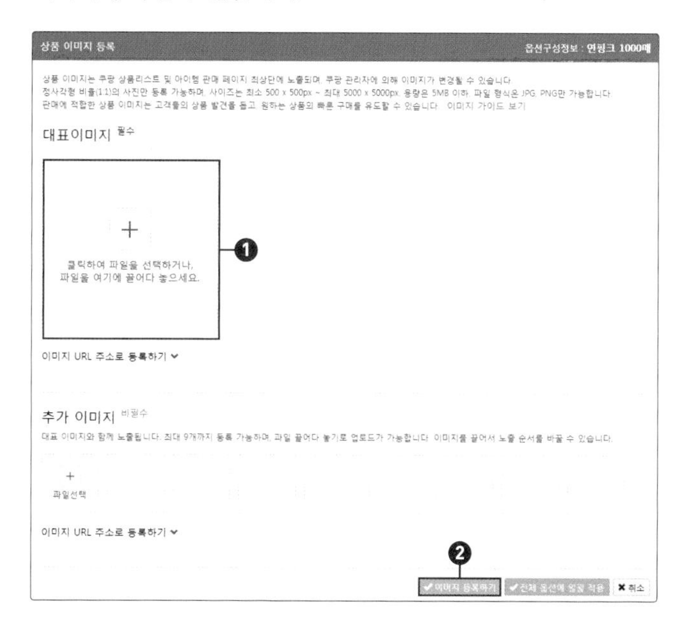

08 이미지를 삽입한 후 각각의 옵션에 동일한 대표 이미지를 사용할 경우 [전체 옵션에 일괄 적용], 옵션별로 다른 이미지를 등록할 경우 [이미지 등록하기]를 클릭합니다. 여기서는 [전체 옵션에 일괄 적용]을 클릭하겠습니다.

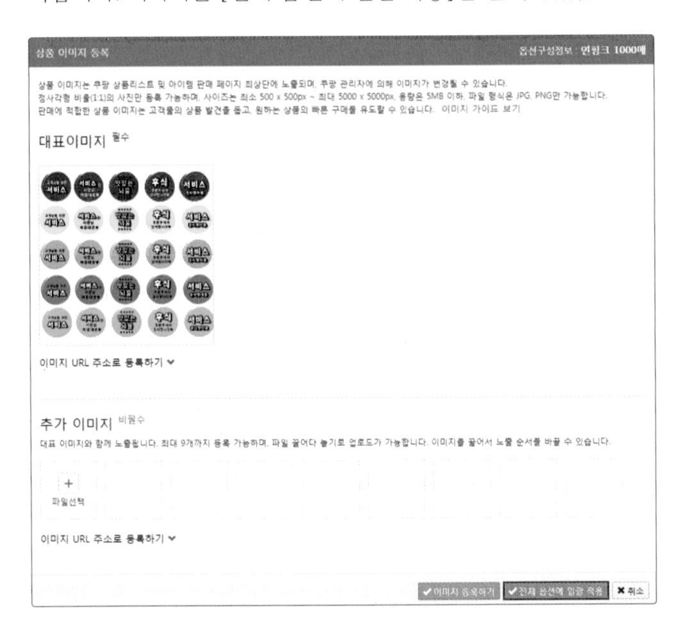

09 상품의 상세 페이지를 업로드하기 위해 '상세 설명'에서 [등록]을 클릭합니다.

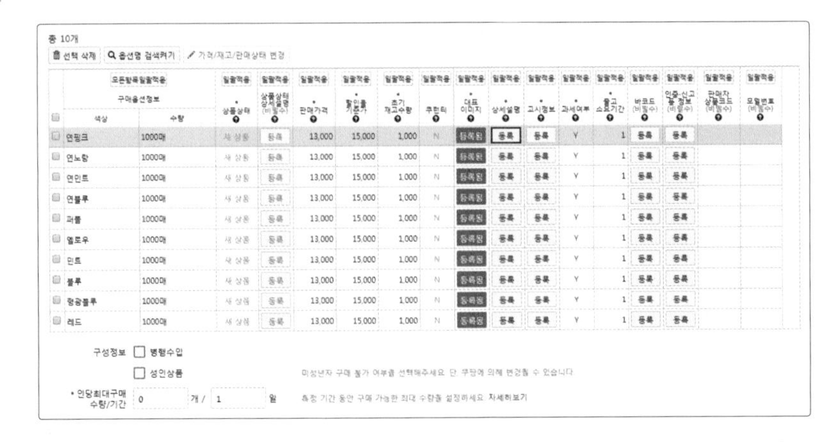

10 상품 상세 설명 이미지는 너비 '780px'을 기준으로 하며, 세로는 최대 '30,000px' 사이즈까지 지원합니다. 이미지 업로드의 [파일 선택]을 클릭해 여러 개의 이미지를 한 번에 등록할 수도 있습니다. 미리 준비한 이미지를 업로드하겠습니다.

'상세 설명 타입'에 따라 원하는 레이아웃으로 작성할 수 있습니다. 이미지 호스팅을 활용하는 경우에는 텍스트 html 영역을 추가할 수 있으며 글씨도 입력할 수 있습니다.

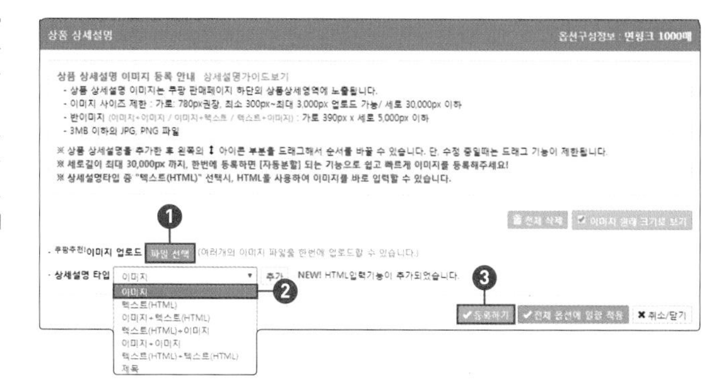

11 이미지를 업로드한 후 [전체 옵션에 일괄 적용]을 클릭해 전체 옵션에 같은 상세 페이지를 등록합니다. 옵션에 따라 상세 설명이 달라진다면 옵션별로 따로 등록해야 합니다.

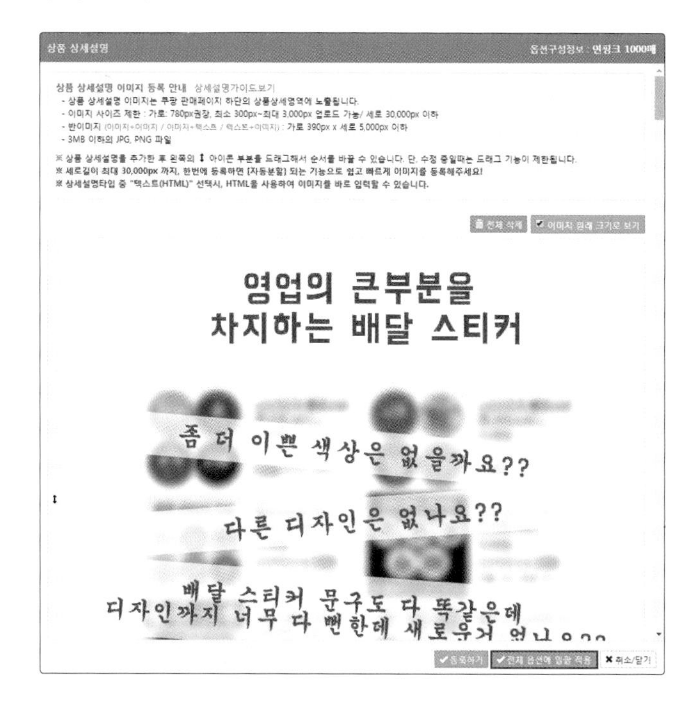

12 '고시정보'에서 [등록]을 클릭한 후 해당 상품에 적합한 카테고리를 선택합니다.

13 상품의 고시정보를 입력하겠습니다. 상품 페이지에 설명돼 있다면 『상세 페이지 참조』라고 입력해도 되지만, 없다면 꼼꼼하게 관련 내용을 입력합니다. 내용을 기입했다면 [전체 옵션에 일괄 적용]을 클릭합니다.

상품 고시정보 옵션구성정보 : 연핑크 1000매

해당 아이템의 카테고리를 선택하세요.

기타 재화

아이템의 고시정보를 입력하세요.

고시정보 명	내용
품명 및 모델명	언니의 리뷰 배달 스티커
인증사항	별도 없음
제조국(원산지)	국산
제조자(수입자)	떠블유투에이
소비자상담 관련 전화번호	0507-0047-3374

※ [전체 아이템에 일괄 적용] 버튼을 클릭하면 위 체크박스에 체크돼있는 항목만 적용됩니다.

등록하기 전체 옵션에 일괄 적용 취소/닫기

14 출고 소요 기간을 정확하게 기입해 주세요. 입력 사항을 위반하면 패널티가 적용됩니다. 예제에서는 3일로 입력해 고객이 주문 후 3일 후까지 배송하겠다는 내용으로 기입하겠습니다. 『3』을 입력한 후 [일괄적용]을 클릭합니다.

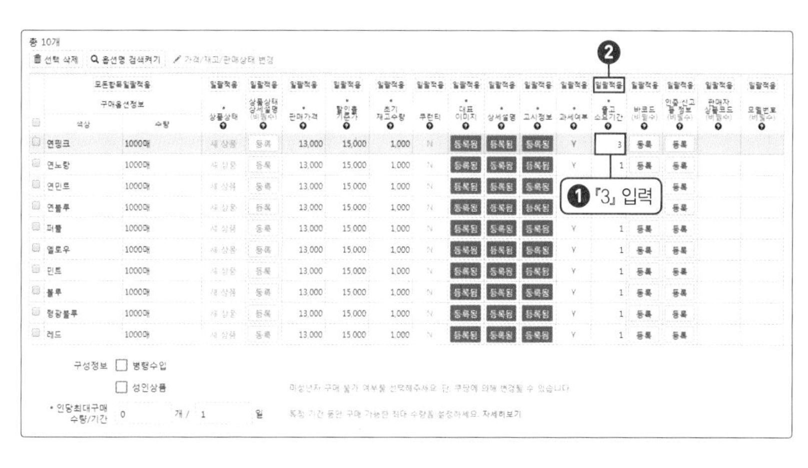
총 10개

선택 삭제 | 옵션명 검색켜기 | 가격/재고/판매상태 변경

색상	수량	상품상태	상품상태 상세설명(비필수)	판매가격	할인율 기준가	초기 재고수량	쿠런티	대표 이미지	상세설명	고시정보	과세여부	출고 소요기간	바코드(비필수)	인증·신고 등 정보(비필수)	판매자 상품코드(비필수)	모델번호(비필수)
모든항목일괄적용		일괄적용	일괄적용	일괄적용	일괄적용	일괄적용	일괄적용	일괄적용	일괄적용	일괄적용	일괄적용	일괄적용	일괄적용	일괄적용	일괄적용	일괄적용
연핑크	1000매	새 상품	등록	13,000	15,000	1,000	N	등록됨	등록됨	등록됨	Y	3	등록	등록		
연노랑	1000매	새 상품	등록	13,000	15,000	1,000	N	등록됨	등록됨	등록됨	Y	1	등록	등록		
연민트	1000매	새 상품	등록	13,000	15,000	1,000	N	등록됨	등록됨	등록됨				등록		
연블루	1000매	새 상품	등록	13,000	15,000	1,000	N	등록됨	등록됨	등록됨				등록		
퍼플	1000매	새 상품	등록	13,000	15,000	1,000	N	등록됨	등록됨	등록됨	Y	1	등록	등록		
옐로우	1000매	새 상품	등록	13,000	15,000	1,000	N	등록됨	등록됨	등록됨	Y	1	등록	등록		
민트	1000매	새 상품	등록	13,000	15,000	1,000	N	등록됨	등록됨	등록됨	Y	1	등록	등록		
블루	1000매	새 상품	등록	13,000	15,000	1,000	N	등록됨	등록됨	등록됨	Y	1	등록	등록		
형광블루	1000매	새 상품	등록	13,000	15,000	1,000	N	등록됨	등록됨	등록됨	Y	1	등록	등록		
레드	1000매	새 상품	등록	13,000	15,000	1,000	N	등록됨	등록됨	등록됨	Y	1	등록	등록		

구성정보 ☐ 병행수입
☐ 성인상품 미성년자 구매 불가 여부를 선택해주세요. 단, 쿠팡에 의해 변경될 수 있습니다.
• 인당최대구매 수량/기간 0 개 / 1 일 특정 기간 동안 구매 가능한 최대 수량을 설정하세요. 자세히보기

잠깐만요 ··· 병행 수입이나 성인 상품은 어떻게 등록하나요?

병행 수입이나 성인 상품과 같은 경우에는 상품 등록 전 한 가지 단계를 더 거쳐야 합니다. 해외구매대행 상품이나 병행 수입 상품인 경우 '구성 정보'에서 [병행수입]에 체크해야 합니다. 이런 경우, 구비 서류 영역에 서류를 첨부해야 상품을 등록할 수 있습니다.
콘돔 등 성인 상품인 경우에는 '구성 정보'의 [성인 상품]에 체크합니다. 로그인 후 성인 인증을 받은 고객만 상품을 볼 수 있습니다.

coupang wing 도움말

블루	10000매	13,000	15,000	1,000	등록됨	등록됨	등록됨	Y	3	등록	등록
형광블루	10000매	13,000	15,000	1,000	등록됨	등록됨	등록됨	Y	3	등록	등록
레드	10000매	13,000	15,000	1,000	등록됨	등록됨	등록됨	Y	3	등록	등록

구성정보 ☑ 병행수입
☐ 성인상품
• 인당최대구매 수량/기간 0 개 / 1 일

검색어
입력정보 없음 - 고객이 검색어에 대해 검색할수 있도록 검색어를 추가하십시오

검색옵션
고객이 검색어에 대해 검색할수 있도록 검색옵션을 추가하십시오

배송 및 반품
[미국hnh] 9648 9th Ave, Ste#5, Hesperia, CA 92345 -
구매대행 우체국 묶음배송 가능, 도서산간배송 가능
[연하외치사] (CJ 대한통운) 서울특별시 관악구 국회단지22길 12 (봉천동) 수지빌 5층
무료배송, 초도반품비(편도) 25,000원, 반품배송비(편도) 25,000원, 선불
해외구매대행 상품은 A/S 불가합니다. (A/S전화번호: 050700792412)

구비서류 도움말
5MB 이하 파일을 업로드하세요. (PDF, HWP, DOC, DOCX, TXT, PNG, JPG, JPEG 파일 형식만 가능)
기타인증서류 파일 선택
• 수입신고필증(병행수입 선택시) 파일 선택
• 인보이스영수증(해외구매대행 선택시) 파일 선택

15 이번에는 검색어를 등록할 차례입니다. 각각의 키워드 사이에 『,』를 입력해 분리한 후 [추가]를 클릭합니다. 최대 40개까지 입력할 수 있습니다.

검색어 비필수 도움말
검색어는 검색어 또는 검색 필터로 사용되는 정보입니다.
타 브랜드명을 비롯해 상품과 관계없는 검색어는 쿠팡 관리자에 의해 삭제/변경될 수 있습니다. 자세히보기
검색어 | 배달스티커,배달스티커제작,감사스티커,배달용스티커,봉인스티커,땡큐스티커,감사카드,스티커제작 | 추가

잠깐만요 … 상품 노출 기회를 높이는 데는 어떤 방법이 있나요?

쿠팡은 3~5개의 키워드만 등록할 수 있는 다른 플랫폼과 달리, 최대 40개의 키워드를 설정할 수 있습니다. 키워드를 적절하게 입력하면 검색 시 상단에 노출될 확률이 높아집니다. 고객의 니즈를 파악한 후 쿠팡에서 유사 상품을 검색해 보고 연관 키워드를 입력하는 것이 노출에 유리합니다.

16 '검색 옵션'은 검색 필터에 반영됩니다. 사이즈나 색상 등에 따라 필터링해 상품 결과를 자세히 검색해야 하는 상품인 경우, 반드시 입력해야 하고 그 이외에는 생략해도 됩니다.

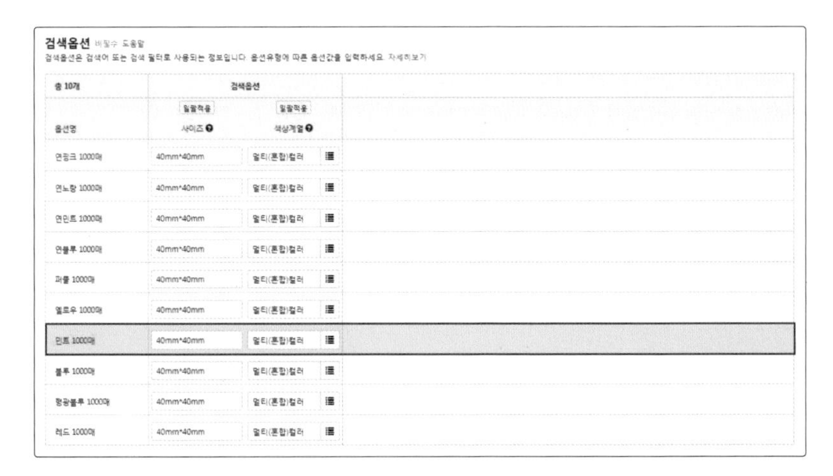

총 10개	검색옵션	
	일괄적용	일괄적용
옵션명	사이즈	색상계열
연핑크 1000매	40mm*40mm	멀티(혼합)컬러
연노랑 1000매	40mm*40mm	멀티(혼합)컬러
연민트 1000매	40mm*40mm	멀티(혼합)컬러
연블루 1000매	40mm*40mm	멀티(혼합)컬러
퍼플 1000매	40mm*40mm	멀티(혼합)컬러
옐로우 1000매	40mm*40mm	멀티(혼합)컬러
민트 1000매	40mm*40mm	멀티(혼합)컬러
블루 1000매	40mm*40mm	멀티(혼합)컬러
형광블루 1000매	40mm*40mm	멀티(혼합)컬러
레드 1000매	40mm*40mm	멀티(혼합)컬러

17 배송 및 반품 메뉴에서 출고지 주소, 배송방법, 묶음배송여부, 도서산간배송가능여부, 반품, 배송비 내용을 입력합니다. 배송 방법에 따라 선택 옵션 내용이 달라집니다. 또한 출고지가 같은 상품끼리 묶음배송이 가능합니다.

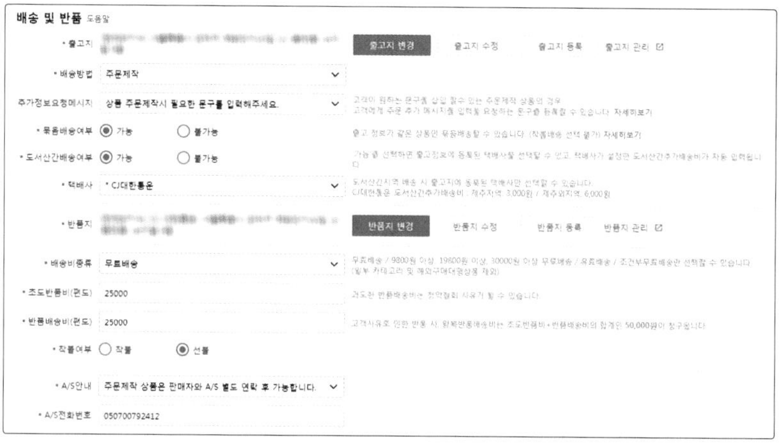

배송 및 반품 도움말
• 출고지 | 출고지 변경 | 출고지 수정 | 출고지 등록 | 출고지 관리
• 배송방법 | 주문제작
추가정보요청메시지 | 상품 주문제작시 필요한 문구를 입력해주세요.
고객이 원하는 문구를 삽입 할수 있는 주문제작 상품의 경우 고객에게 주문 추가 메시지를 입력을 요청하는 문구를 등록할 수 있습니다 자세히보기
• 묶음배송여부 | 가능 | 불가능
출고 정보가 같은 상품만 묶음배송할 수 있습니다. (착불배송 선택 불가) 자세히보기
• 도서산간배송여부 | 가능 | 불가능
가능을 선택하면 출고정보에 등록된 택배사를 선택할 수 있고, 택배사가 설정한 도서산간추가배송비가 자동 입력됩니다.
• 택배사 | * CJ대한통운
도서산간지역 배송 시 출고지에 등록된 택배사만 선택할 수 있습니다.
CJ대한통운 도서산간추가배송비 : 제주지역 3,000원 / 제주외지역 6,000원
• 반품지 | 반품지 변경 | 반품지 수정 | 반품지 등록 | 반품지 관리
• 배송비종류 | 무료배송
무료배송 / 9800원 이상, 19800원 이상, 30000원 이상 무료배송 / 유료배송 / 조건부무료배송만 선택할 수 있습니다 (일부 카테고리 및 해외구매대행상품 제외)
• 초도반품비(편도) | 25000
과도한 반품배송비는 청약철회 사유가 될 수 있습니다.
• 반품배송비(편도) | 25000
고객사유로 인한 반품 시, 왕복반품배송비는 초도반품비+반품배송비의 합계인 50,000원이 청구됩니다.
• 착불여부 | 착불 | 선불
• A/S안내 | 주문제작 상품은 판매자와 A/S 별도 연락 후 가능합니다.
• A/S전화번호 | 050700792412

18 준비해야 하는 구비 서류가 없다면 [판매요청하기]를 클릭해 승인을 받습니다. 짧게는 30분, 길게는 1일이 소요되며, 승인 불가 판정을 받은 경우 사유를 확인해 재등록해야 합니다.

TIP

해외 구매 대행 상품을 등록할 때는 배송 방법을 [구매대행]으로 선택해야 하고 개인통관고유번호를 수집해야 하므로 '개인통관부호입력'에 [사용]을 체크해야 합니다. 또한 해외 상품을 등록하는 경우에는 '인보이스 영수증'을 첨부해야 합니다. 인보이스 영수증이란, 해외에서 구입하는 상품의 결제 영수증을 말합니다.

coupang wing
도움말 떠블유투에이 님
배송 및 반품 도움말
• 출고지 | 출고지 변경 | 출고지 수정 | 출고지 등록 | 출고지 관리
• 배송방법 | 구매대행
구매대행의 경우 업체정보변경 > 판매정보에서 해외상품배송여부를 '유'로 선택한 경우에만 선택할 수 있습니다.
개인통관부호입력 | 사용 | 사용안함
고객이 직접 개인통관부호를 입력해야 할 때 사용을 선택하세요
• 묶음배송여부 | 가능 | 불가능
출고 정보가 같은 상품만 묶음배송할 수 있습니다. (착불배송 선택 불가) 자세히보기
• 도서산간배송여부 | 가능 | 불가능
'가능'을 선택하면 출고정보에 등록된 택배사를 선택할 수 있고, 택배사가 설정한 도서산간추가배송비가 자동 입력됩니다.
• 택배사 | * CJ대한통운
도서산간지역 배송 시 출고지에 등록된 택배사만 선택할 수 있습니다
CJ대한통운 도서산간추가배송비 : 제주지역 3,000원 / 제주외지역 6,000원
• 반품지 | 반품지 변경 | 반품지 수정 | 반품지 등록 | 반품지 관리
• 배송비종류 | 19800이상 무료배송
무료배송 / 9800원 이상, 19800원 이상, 30000원 이상 무료배송 / 유료배송 / 조건부무료배송만 선택할 수 있습니다. (일부 카테고리 및 해외구매대행상품 제외)
• 기본배송비 | 2500
• 반품배송비(편도) | 2500
• 착불여부 | 착불 | 선불
• A/S안내 | 주문제작 상품은 판매자와 A/S 별도 연락 후 가능합니다.
• A/S전화번호 | 050700792412

구비서류 도움말
5MB 이하 파일를 업로드하세요. (PDF, HWP, DOC, DOCX, TXT, PNG, JPG, JPEG 파일 형식만 가능)
기타인증서류 | 파일 선택
• 수입신고필증(병행수입 선택시) | 파일 선택 | 수입신고필증: 갑지, 을지 전부 첨부 필수이며, 마킹 불가(단가만 마킹가능)
• 인보이스영수증(해외구매대행 선택시) | 파일 선택 | 인보이스영수증: 마킹불가(단가만 마킹가능)
취소 | 미리보기 | 저장하기 | 판매요청하기

coupang

05 주문 접수에서 상품 발송까지!

주문이 들어왔다면 당황하지 마세요. 쿠팡은 매출이 높은 플랫폼이에요. 이제 매일 주문이 들어올 테니 주문이 들어온 화면부터 처리 과정을 정리해 보여드리겠습니다.

쿠팡의 주문·배송 단계

쿠팡에 주문이 접수되면 먼저 쿠팡 윙 사이트(wing.coupang.com)에 신규 주문 숫자가 카운팅됩니다. 메인 화면에서 바로 확인할 수 있으며 [주문/배송 관리] - [배송 관리] 메뉴에서도 접수된 주문 정보를 확인할 수 있습니다. [결제 완료] - [상품 준비 중] - [배송 지시] - [배송 중] - [배송 완료] 순으로 진행됩니다.

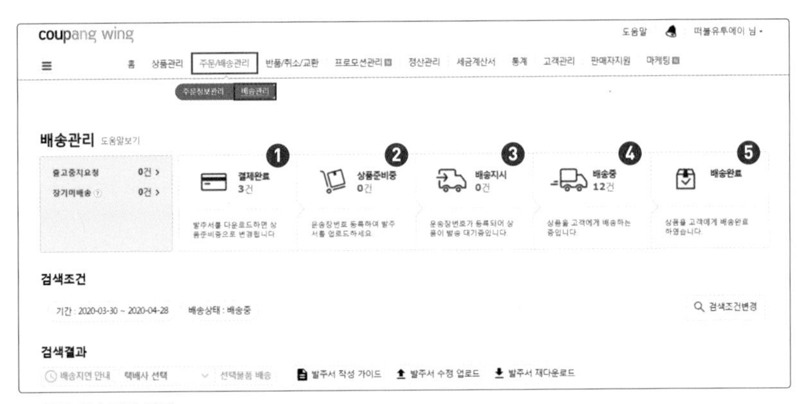

▲ 쿠팡 배송관리 화면

❶ 결제완료: 고객이 주문을 완료한 상태로, 고객이 취소할 수도 있는 단계입니다.

❷ 상품준비중: 결제 완료 단계에서 판매자가 발주서를 다운로드하면 [상품 준비 중] 상태로 자동 변경됩니다.

❸ 배송지시: 발주서에 운송장 번호를 입력한 후 엑셀 파일을 업로드하면 송장 번호가 등록되며 [배송 지시] 상태로 변경됩니다. 고객 화면에서는 [배송중]으로 나타나며 예상 도착일이 표시됩니다.

❹ 배송중: 상품이 실제로 움직이기 시작하면 [배송중] 상태로 전환됩니다.

❺ 배송완료: 국내 배송인 경우 대부분 1~2일 내에 [배송완료]로 자동 전환되며, 고객이 구매를 확정하거나 상품평을 쓰면 '정산 예정 목록'으로 표시돼 [정산 관리] 메뉴에서 상품의 정산 여부를 확인할 수 있습니다.

잠깐만요 … 단계별 주문 취소 처리 방법을 알려 주세요

[배송 지시] 중 반품/취소 요청이 접수됐거나 운송장 번호를 입력했지만 상품이 실제로는 움직이지 않은 경우, 고객에게는 [배송 중] 상태로 나타나지만 상품이 출발하기 전이므로 주문을 바로 취소할 수 있습니다. 그렇지만 상품이 이미 출발했다면 고객이 수령한 후 반품으로 처리해야 합니다. 이와 같은 내용을 안내하고 취소를 거부해야 합니다.

무작정 따라하기 05 > 접수된 주문 상품 발송하기

01 쿠팡 윙에 접속한 후 메인 화면에서 주문을 확인합니다. '발송 요청'의 [주문건]을 클릭합니다.

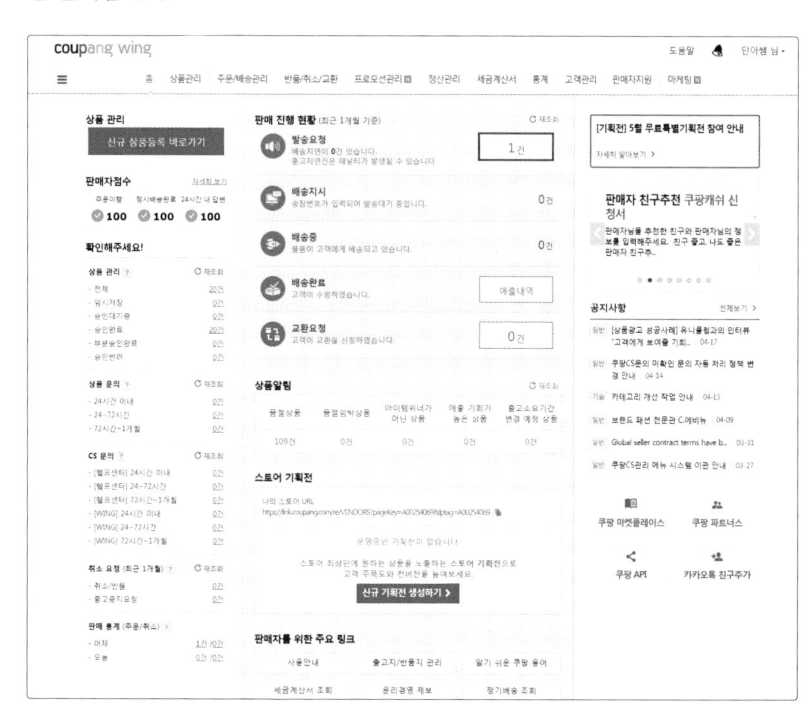

02 [주문/배송 관리] - [배송 관리] 메뉴에서 결제 완료건을 확인할 수 있습니다. 주문 목록을 체크한 후 [발주서 다운로드]를 클릭합니다.

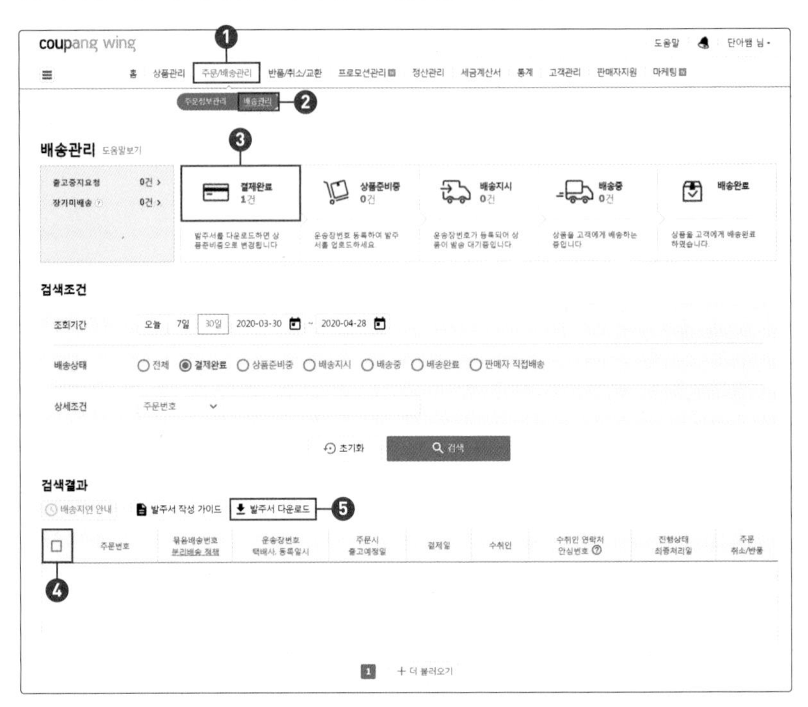

03 [발주서 다운로드]를 클릭해 배송사를 선택하세요. 배송사를 선택하면 해당 택배사에 해당하는 양식의 엑셀 파일을 다운로드할 수 있습니다. [다운로드]를 클릭합니다.

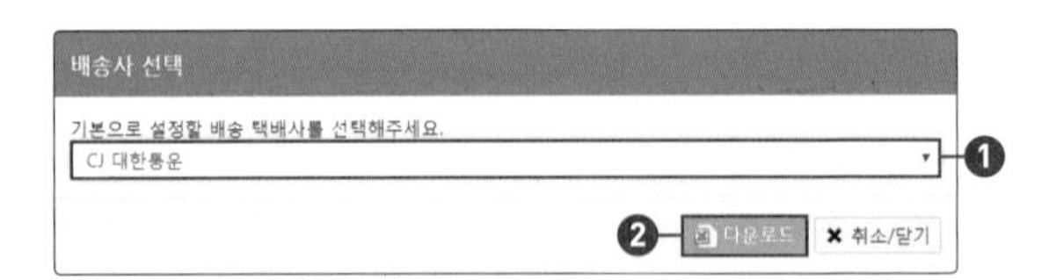

04 발주서를 다운로드하면 상품이 자동으로 [상품준비중] 단계로 변경됩니다. 운송장 번호 입력 대기 상태입니다.

05 다운로드한 발주서 엑셀 파일을 연 후 운송장 번호를 입력합니다.

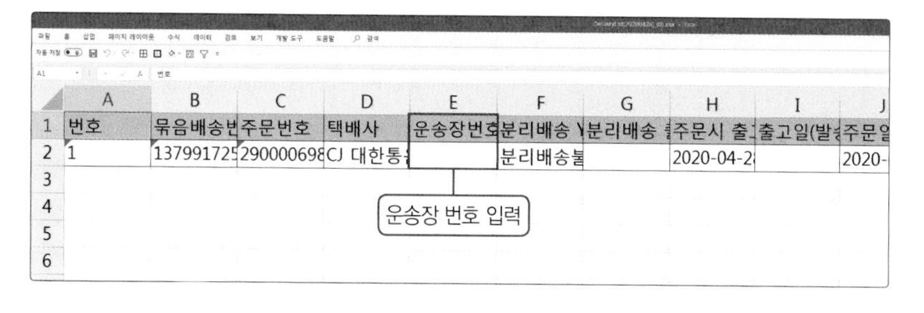

06 엑셀 파일을 저장한 후 쿠팡 윙 사이트로 돌아가 [발주서 업로드]를 클릭합니다.

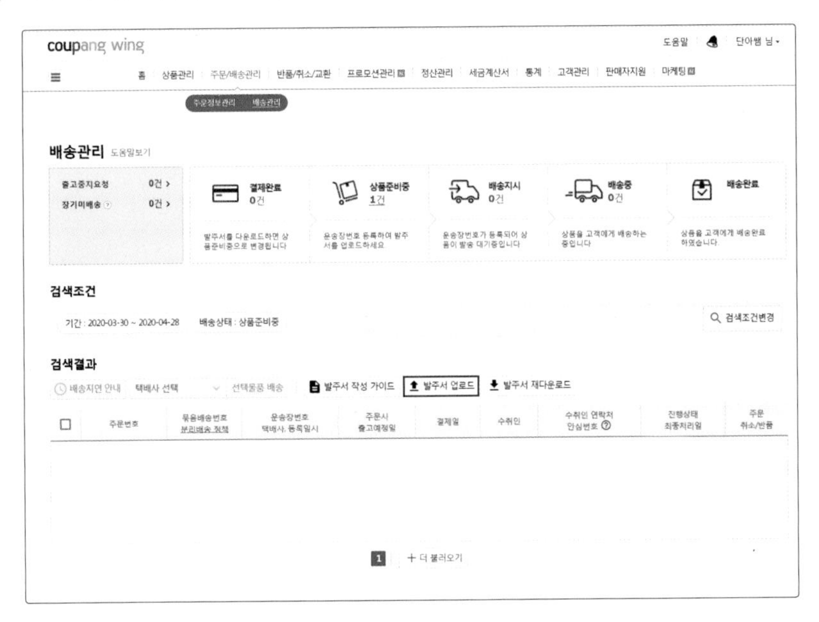

07 발주서를 업로드하는 창이 나타나면 [파일 선택]을 눌러 엑셀 파일을 선택한 후 [등록]을 클릭합니다.

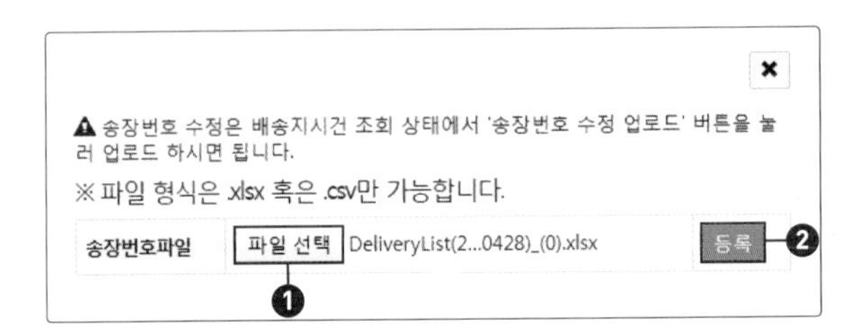

08 발주서가 등록되면 주문이 [배송지시] 단계로 변경됩니다.

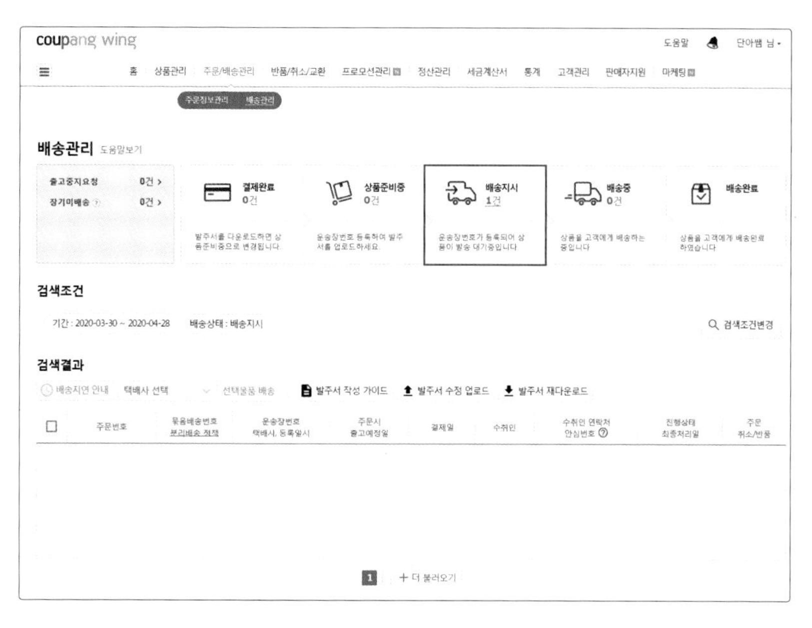

09 택배 기사님이 상품을 실제로 수거하고 상품이 이동하기 시작하면 쿠팡 시스템에서 자동으로 내역을 확인해 주문이 [배송중] 단계로 전환됩니다.

취소·반품 신청, 이렇게 처리하자!

주문 접수부터 상품 배송에 이르기까지 문제 없이 진행되는 것이 가장 좋지만, 고객이 주문을 취소하거나 반품을 접수하는 상황이 발생하기 마련입니다. 이에 대응하는 방법을 알아보겠습니다.

무작정 따라하기 06 > 접수된 주문 취소하기

01 고객의 주문 상세 내역을 조회하고, 취소/반품을 접수할 수 있는 주문 정보 관리 메뉴를 알아보겠습니다. 쿠팡 윙 사이트에 접속해 [주문/배송 관리] - [주문정보관리]를 클릭합니다.

02 '주문정보관리' 창에서 '고객 정보로 검색'하는 방법과 '주문번호로 검색'하는 두 가지 방법이 있습니다. 여기서는 주문번호로 검색하겠습니다. 주문번호 칸에 해당하는 주문번호를 입력한 후 [검색]을 클릭합니다.

고객 정보로 검색하려면 주문 접수일과 고객의 전화번호와 고객명을 이용하면 됩니다. 고객명만으로도 조회할 수 있습니다.

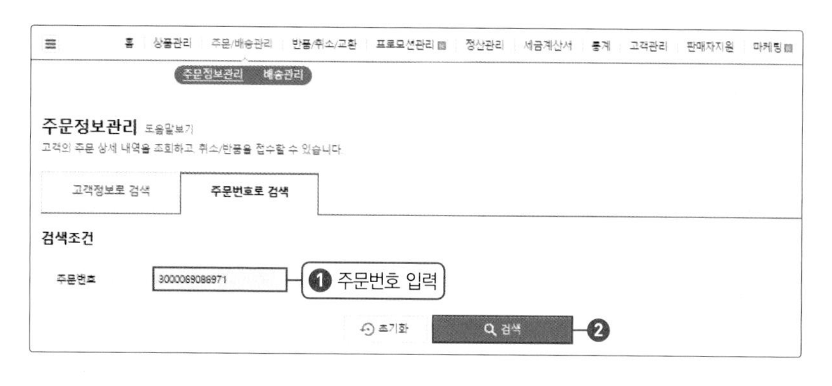

03 해당 주문 정보와 일치하는 리스트가 나타납니다. 리스트의 주문번호를 클릭합니다.

검색 조건 수정을 원할 경우 [검색 조건 변경]을 클릭해 변경할 수 있습니다.

홈 | 상품관리 | 주문/배송관리 | 반품/취소/교환 | 프로모션관리 | 정산관리 | 세금계산서 | 통계 | 고객관리 | 판매자지원 | 마케팅

주문정보관리 배송관리

주문정보관리 도움말보기

고객의 주문 상세 내역을 조회하고, 취소/반품을 접수할 수 있습니다.

고객정보로 검색 | 주문번호로 검색

검색조건

주문번호 : 3000069086971 검색조건변경

주문 정보 목록 총 1건

주문번호	주문일	주문대표상품	결제금액	고객ID	고객명	고객전화번호
3000069086971	2020-04-16	세이프티 유라야놀자 도로테이프 미니카 어린이 장난감 자동차 트랙 40M 세트(1자선+2자선)	10,000	put****@na	이지원	010-****-****

1

04 [주문 상세 정보] - [접수]에서 주문 취소를 진행해 보겠습니다. [취소/반품 접수]를 클릭합니다.

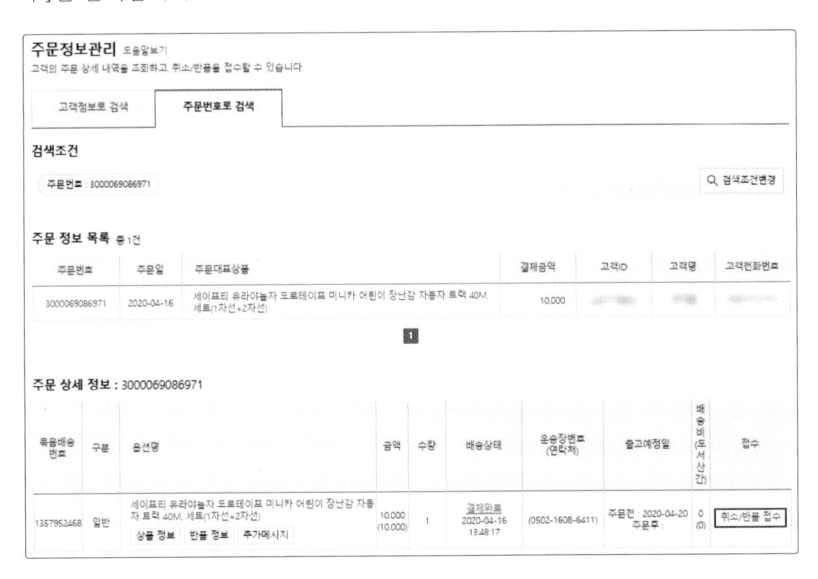

05 '취소 접수' 창이 나타나면 각 항목의 내용을 확인하고 배송비 부담 주체와 취소 사유를 선택합니다. 수량에 『1』을 입력한 후 [접수]를 클릭합니다.
고객이 상품 옵션을 잘못 선택한 경우를 예로 들어 보겠습니다. 이 경우 '배송비 부담 주체'는 [고객], 취소 사유는 [고객 사유] - [잘못 주문]을 선택하면 됩니다.

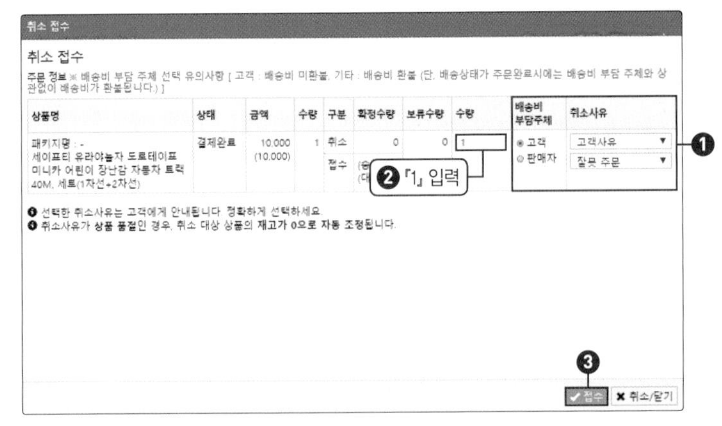

06 취소 접수를 완료했다는 안내 창이 나타나면 [확인]을 클릭합니다.

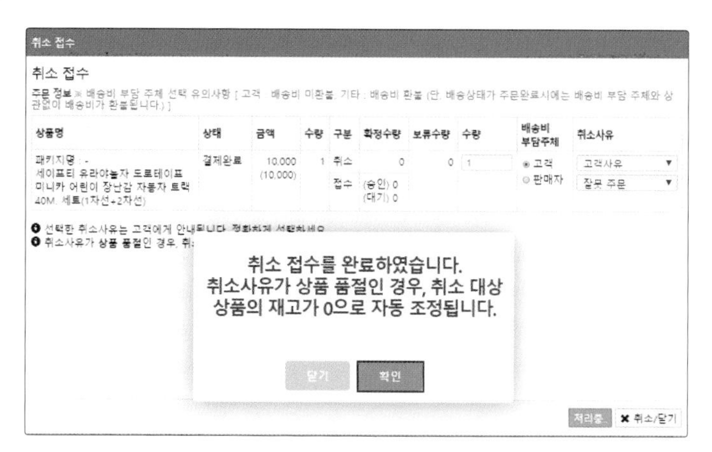

잠깐만요 … 취소 사유의 종류에는 어떤 것이 있나요?

취소 사유는 [판매자 사유]와 [고객 사유] 중에서 선택할 수 있습니다.
[판매자 사유]에는 상품 오출고, 상품 누락, 배송 지연, 택배사 미발송, 상품 파손, 상품 불량, 상품 품절, 잘못된 가격 기재, 잘못된 상품명 기재, 잘못된 상품정보 기재 등이 있으며, [고객 사유]에는 단순 변심, 잘못 주문, 배송 일정 불만, 상품 불만, 가격 불만 등이 있습니다.
취소 사유에 따라 배송비의 부담 주체가 달라지며 이 내용은 고객에게 전달되므로 주의해서 입력합니다.

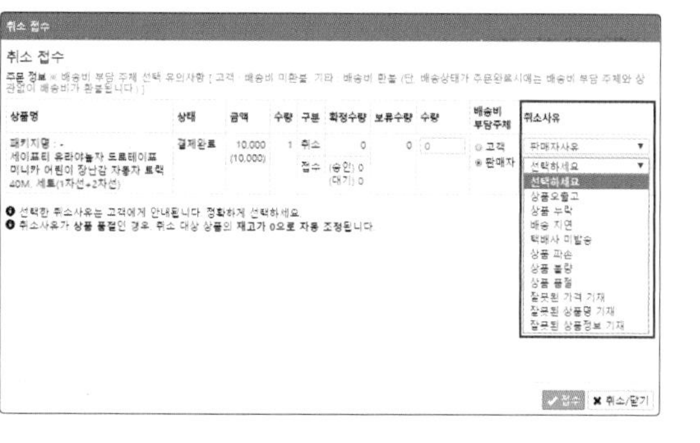

07 주문 상세 정보에 '취소 완료'라는 문구와 함께 취소 시간이 등록됩니다. 취소 정보에는 처리 상태와 취소 사유 등이 입력됩니다.

주문 정보 목록 총 1건

주문번호	주문일	주문대표상품	결제금액	고객ID	고객명	고객전화번호
3000069086971	2020-04-16	세이프티 유라야놀자 도로테이프 미니카 어린이 장난감 자동차 트랙 40M, 세트(1차선+2차선)	10,000			

1

주문 상세 정보 : 3000069086971

묶음배송번호	구분	옵션명	금액	수량	배송상태	운송장번호(연락처)	출고예정일	배송비(도서산간)	접수
1357952468	일반	세이프티 유라야놀자 도로테이프 미니카 어린이 장난감 자동차 트랙 40M, 세트(1차선+2차선) 상품 정보 반품 정보 추가메시지	10,000 (10,000)	1	결제완료 2020-04-16 13:48:17		주문전 : 2020-04-20 주문후 :	0 (0)	취소/반품 접수
			10,000 (10,000)	1	(취소)취소 완료 2020-04-16 14:56:48				

1.취소 정보

접수번호	접수일시	번호	옵션명	금액(단가)	수량	처리상태	취소/교환 카테고리	배송비 부담주체	승인/철회
217662798	2020-04-16 14:56:48	1	세이프티 유라야놀자 도로테이프 미니카 어린이 장난감 자동차 트랙 40M, 세트(1차선+2차선)	10,000 (10,000)	1	취소 완료 2020-04-16 14:56:48	상품의 옵션 선택을 잘못함	고객 과실	

잠깐만요 … 고객에게는 어떤 알림이 가나요?

취소가 접수되면 고객에게 다음과 같은 문자가 자동으로 발송됩니다. 쿠팡의 환불 규정을 안내하며 취소/환불 페이지로 이동할 수 있는 링크를 제공합니다.

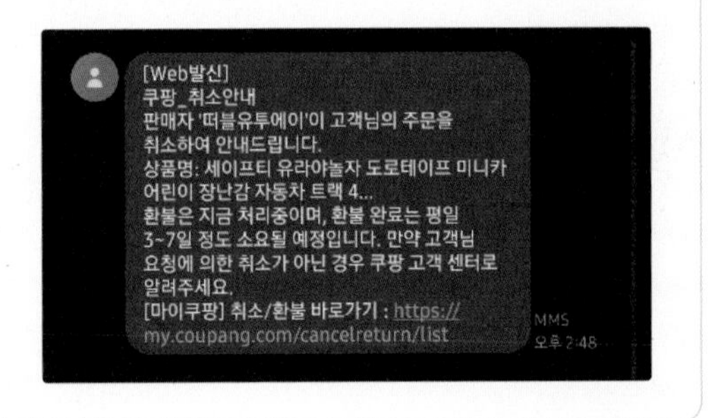

[Web발신]
쿠팡_취소안내
판매자 '떠블유투에이'이 고객님의 주문을
취소하여 안내드립니다.
상품명: 세이프티 유라야놀자 도로테이프 미니카
어린이 장난감 자동차 트랙 4...
환불은 지금 처리중이며, 환불 완료는 평일
3~7일 정도 소요될 예정입니다. 만약 고객님
요청에 의한 취소가 아닌 경우 쿠팡 고객 센터로
알려주세요.
[마이쿠팡] 취소/환불 바로가기 : https://
my.coupang.com/cancelreturn/list
MMS
오후 2:48

무작정 따라하기 07 > 고객의 반품 접수하기

01 이번에는 반품 접수를 진행하겠습니다. 주문 취소를 할 때와 마찬가지로 [주문/배송 관리] - [주문정보관리]에서 반품을 접수하고자 하는 항목을 입력한 후 [검색]을 클릭합니다.

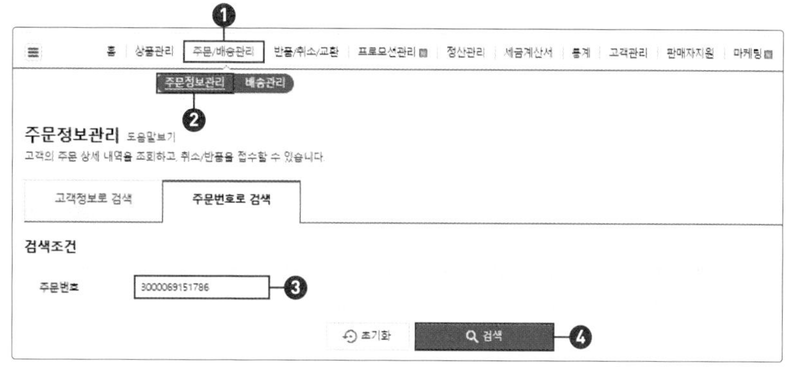

02 '주문 정보 목록'이 나타나면 해당하는 주문번호를 클릭합니다. 아래에 '주문 상세 정보'가 나타나면 '접수'에서 [취소/반품 접수]를 클릭합니다.

주문정보관리 도움말보기

고객의 주문 상세 내역을 조회하고, 취소/반품을 접수할 수 있습니다.

고객정보로 검색 | 주문번호로 검색

검색조건

주문번호 : 3000069151786   검색조건변경

주문 정보 목록 총 1건

주문번호	주문일	주문대표상품	결제금액	고객ID	고객명	고객전화번호
3000069151786	2020-04-17	세이프티 유라야놀자 도로테이프 미니카 어린이 장난감 자동차 트랙 40M, 세트(1차선+2차선)	10,000			

1

주문 상세 정보 : 3000069151786

묶음배송번호	구분	옵션명	금액	수량	배송상태	운송장번호(연락처)	출고예정일	배송비(도서산간)	접수
1359541109	일반	세이프티 유라야놀자 도로테이프 미니카 어린이 장난감 자동차 트랙 40M, 세트(1차선+2차선) 상품 정보 반품 정보 추가메시지	10,000 (10,000)	1	배송중 2020-04-17 18:32:00		주문전 : 2020-04-21 주문후 :	0 (0)	취소/반품 접수

1.배송 정보(주문자/수취인 정보)

03 '반품 접수' 창이 나타나면 '수량'과 '배송비 부담 주체', '반품 사유'를 입력합니다. '택배 정보'도 해당하는 항목에 체크하고 [접수]를 클릭합니다.

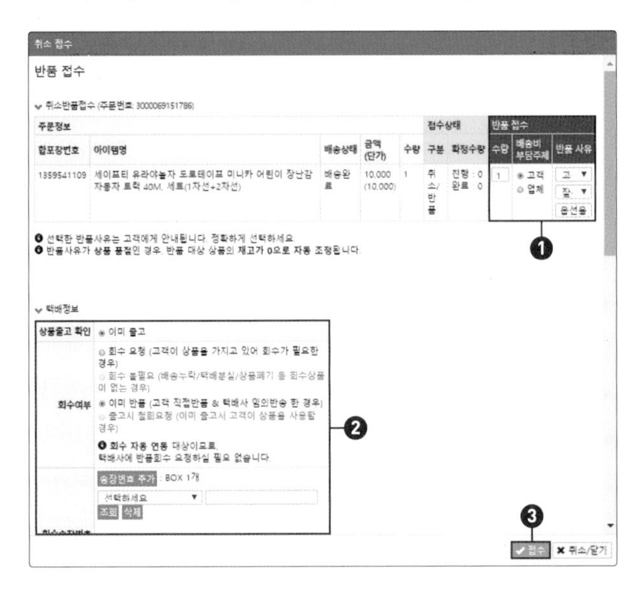

04 [환불 예정 금액 조회하기]를 클릭해 고객이 받을 환불 금액을 조회합니다.

취소 접수

배송주소

배송 Memo

환불정보

환불 예정 금액 조회하기

총 주문 금액	10,000
기존 환불 진행 금액	
기존 환불 완료 금액	
현재 접수될 상품 금액	-10,000
남은 금액	

무료 배송 상품입니다. 반품 배송비 : 3,000 원

현재 접수 수량	1
상품 취소 금액	10,000
환불 차감 금액	-3,000
환불 예정 금액	7,000
회수 BOX 수량	1

환불 차감 금액은 고객이 물거나 받아야 하는 배송비용을 환불 금액에서 차감한 금액입니다.
동봉비용은 고객이 반품시 택배박스에 함께 동봉해야될 금액입니다.
업체 반품 정보를 확인하여 정확한 금액인지 확인해주세요.

접수 취소/닫기

05 반품 접수를 완료했다는 안내 창이 나타납니다. [반품/취소/교환] - [반품 관리]에서 [반품 승인]을 눌러야 환불이 완료됩니다. 우선 [닫기]를 클릭해 해당 페이지를 좀 더 살펴보겠습니다.

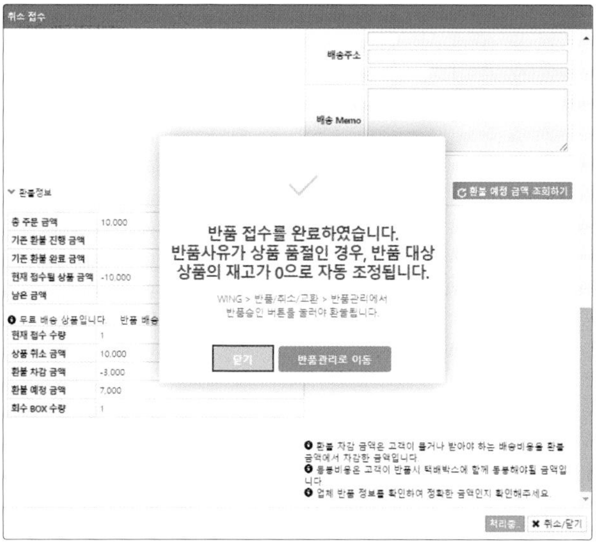

취소 접수

배송주소

배송 Memo

▾ 환불정보

C 환불 예정 금액 조회하기

총 주문 금액	10,000
기존 환불 진행 금액	
기존 환불 완료 금액	
현재 접수될 상품 금액	-10,000
남은 금액	

❶ 무료 배송 상품입니다. 반품 배송

현재 접수 수량	1
상품 취소 금액	10,000
환불 차감 금액	-3,000
환불 예정 금액	7,000
회수 BOX 수량	1

반품 접수를 완료하였습니다.
반품사유가 상품 품절인 경우, 반품 대상 상품의 재고가 0으로 자동 조정됩니다.

WING > 반품/취소/교환 > 반품관리에서
반품승인 버튼을 눌러야 환불됩니다.

닫기 반품관리로 이동

❶ 환불 차감 금액은 고객이 물거나 받아야 하는 배송비용을 환불금액에서 차감한 금액입니다.
❶ 동봉비용은 고객이 반품시 택배박스에 함께 동봉해야될 금액입니다.
❶ 업체 반품 정보를 확인하여 정확한 금액인지 확인해주세요.

처리중.. ✖ 취소/닫기

06 '주문 상세 정보'의 '배송 상태'에 [(반품)반품 접수]가 생성됐습니다. '반품 정보'에는 이전에 입력한 배송비 부담, 접수 여부, 접수 사유가 나타납니다.

주문 정보 목록 총 1건

주문번호	주문일	주문대표상품	결제금액	고객ID	고객명	고객전화번호
3000069151786	2020-04-17	세이프티 유라야놀자 도로테이프 미니카 어린이 장난감 자동차 트랙 40M, 세트(1차선+2차선)	10,000			

1

주문 상세 정보 : 3000069151786

묶음배송번호	구분	옵션명	금액	수량	배송상태	운송장번호 (연락처)	출고예정일	배송비(도서산간)	접수
1359541109	일반	세이프티 유라야놀자 도로테이프 미니카 어린이 장난감 자동차 트랙 40M, 세트(1차선+2차선) 상품 정보 반품 정보 추가메시지	10,000 (10,000)	1	배송완료 2020-04-18 12:38:00		주문전 : 2020-04-21 주문후 :	0 (0)	취소/반품 접수
			10,000 (10,000)	1	(반품)반품 접수 2020-04-18 13:46:53				

1.반품 정보

접수번호	접수일시	배송비 부담	회수				업체확인상태
			접수여부 (회수종류)	상태	완료일시	택배사 운송장번호	
218177901	2020-04-18 13:46:53	고객	이미회수 (회수안함)				미확인
	옵션명 / 수량 / 금액(단가)	세이프티 유라야놀자 도로테이프 미니카 어린이 장난감 자동차 트랙 40M, 세트(1차선+2차선) / **1개** / 10000원(10000 원)					
	접수사유	상품의 옵션 선택을 잘못함 > 옵션을 잘못 주문했습니다.					

 잠깐만요 ··· **반품 접수 창이 궁금해요**

❶ 반품 사유

- 판매자 사유: 상품 오출고, 상품 누락, 배송 지연, 택배사 미발송, 상품 파손, 상품 불량, 상품 품절, 잘못된 가격 기재, 잘못된 상품명 기재, 잘못된 상품 정보 기재
- 고객 사유: 단순 변심, 잘못 주문, 배송 일정 불만, 상품 불만, 가격 불만

❷ 배송비 부담 주체

- 고객: 반품 배송비는 상품 가격에서 차감 후 환불되며 차감된 금액은 정산 시 지급합니다.
- 판매자: 반품 배송비는 정산 시 차감되며 환불 완료일에 배송비 정산이 인식됩니다.

❸ 택배 정보

- 이미 출고: 상품 출고가 진행된 상태입니다.
- 회수 요청: 고객이 반품을 신청하고 상품을 아직 보내지 않은 상태입니다. 회수 운송장 번호는 공란으로 둡니다.
- 이미 반품 : 고객이 택배사를 통해 반품한 상태입니다. 편도 배송비만 정산 시 차감됩니다. 회수 운송장 번호를 입력하세요.
- 출고가 되지 않은 경우 [이미 출고/미반품] 선택 후 배송비 부담 주체를 판매자로 선택하면 됩니다.
- 출고 중지 요청 : 쿠팡 측에서만 처리할 수 있는 항목입니다. 판매자가 윙에서 처리할 수 없습니다.

❹ 회수지 정보 입력

회수지 변경이 필요한 고객은 회수지 정보를 수정합니다. 반품 접수 후 반드시 [반품/취소/교환] – [반품 관리] 메뉴에서 [취소 승인]을 해야 합니다. 반품 입고 후 직접 반품 접수하는 경우 택배사에 연락해 회수 접수 취소를 요청해야 합니다(반품 프로세스 적용 상품).

반품 승인 완료하기

01 고객에게 상품을 전달받고 나면 입고 완료 처리를 한 후 반품을 승인해야 합니다. [반품/취소/교환] - [반품관리]를 클릭합니다. 검색 조건을 설정한 후 [검색]을 클릭합니다.

홈 | 상품관리 | 주문/배송관리 | 반품/취소/교환 ❶ | 프로모션관리 | 정산관리 | 세금계산서 | 통계 | 고객관리 | 판매자지원 | 마케팅

출고중지요청 | 반품관리 ❷ | 교환관리

반품관리 도움말보기

- [취소승인] 고객이 요청한 반품건에 대한 승인을 진행하는 기능입니다. 취소승인 시 고객에게 금액이 환불됩니다.
- [입고(회수)완료] 회수 완료 이전에 반품를 승인해야 하거나, 판매자에게 직접 반송되어 입고(회수)해야 하는 경우 사용하는 기능입니다.
- [쿠팡확인요청] 반품 회수한 상품에 문제가 있을 경우 판매자가 받은 날짜 기준 72시간(영업일 기준) 안에만 접수할 수 있습니다.
- 승인 완료된 쿠팡확인요청 보상금액은 매월 말일 또는 익월 15일에 WING > 정산관리 > 추가지급 메뉴에서 확인할 수 있습니다.
- 반품이 접수되면 회수 지연에 따른 고객 불편이 발생하지 않도록 택배사 회수 현황와 고객 회수 여부를 확인해주세요.

검색조건 ❸

접수일	오늘 / 7일 / 30일 / 2020-04-12 ~ 2020-04-18
처리상태	◉ 전체 ○ 반품접수 ○ 반품진행 ○ 반품완료
쿠팡확인요청 상태	◉ 전체 ○ 보상접수 ○ 보상검토중 ○ 보상승인 ○ 보상반려
상세조건	주문번호

초기화 | 검색 ❹

02 '검색결과' 리스트가 나타나면 해당 항목의 '처리상태'에서 [입고(회수)완료]를 클릭하세요. 입고 완료 처리를 하려면 알림 창에서 [확인]을 클릭합니다.

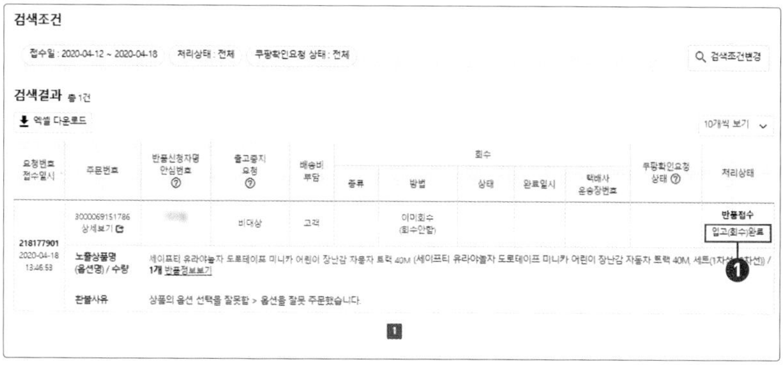

검색조건

접수일 : 2020-04-12 ~ 2020-04-18 | 처리상태 : 전체 | 쿠팡확인요청 상태 : 전체 | 검색조건변경

검색결과 총 1건

엑셀 다운로드 | 10개씩 보기

요청번호 접수일시	주문번호	반품신청자명 안심번호	출고중지 요청	배송비 부담	회수 종류	회수 방법	회수 상태	회수 완료일시	회수 택배사 운송장번호	쿠팡확인요청 상태	처리상태
218177901 2020-04-18 13:46:53	3000069151786 상세보기		비대상	고객		이미회수 (회수안함)					반품접수 입고(회수)완료 ❶
	노출상품명 (옵션명) / 수량	세이프티 유라야놀자 도로테이프 미니카 어린이 장난감 자동차 트랙 40M (세이프티 유라야놀자 도로테이프 미니카 어린이 장난감 자동차 트랙 40M, 세트(1차선 2차선)) / 1개 반품정보보기									
	환불사유	상품의 옵션 선택을 잘못함 > 옵션을 잘못 주문했습니다.									

1

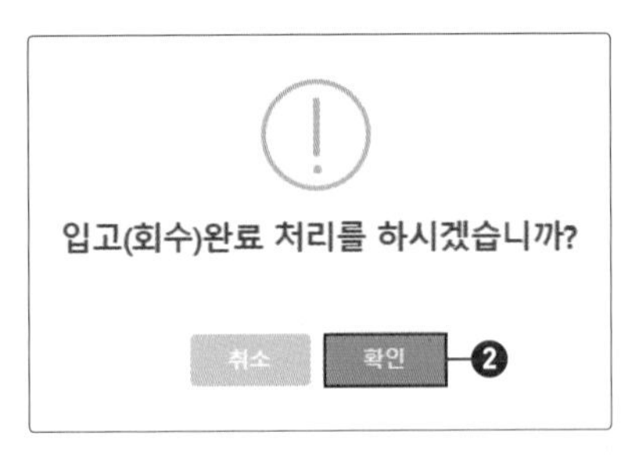

03 회수된 상품을 확인하고 이상이 없을 경우에만 [취소승인]을 클릭합니다.

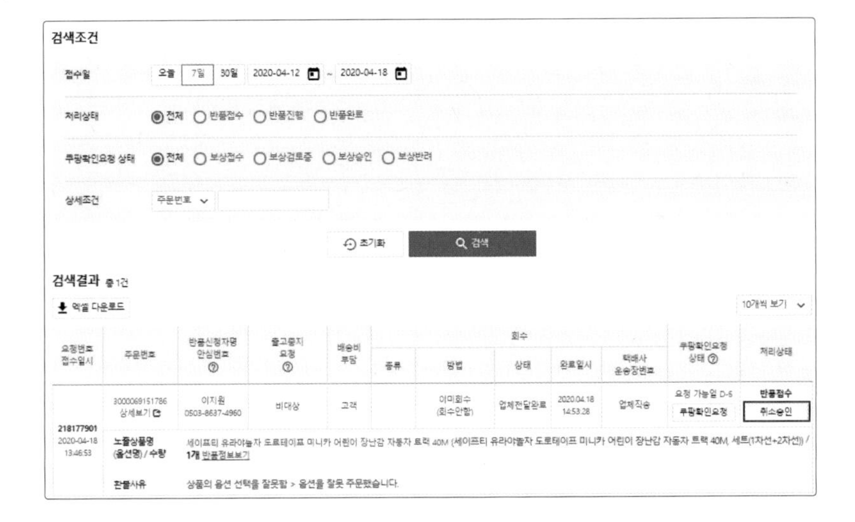

잠깐만요 … **회수된 상품에 이상이 있다면 어떻게 해야 하나요?**

회수한 상품에 문제가 있거나 고객에게 추가로 배송비를 받아야 하는 경우 판매자가 상품을 회수받은 시점을 기준으로 72시간(영업일 기준) 내에 [쿠팡 확인 요청]을 신청할 수 있습니다. 요청 가능일을 확인하고 [쿠팡 확인 요청]을 눌러 접수하세요.

04 취소 승인 확인 안내 창이 나타나면 [확인]을 클릭합니다.

05 고객에게 환불 안내 메시지가 발송되고, 3~7일 내로 환불이 진행됩니다.

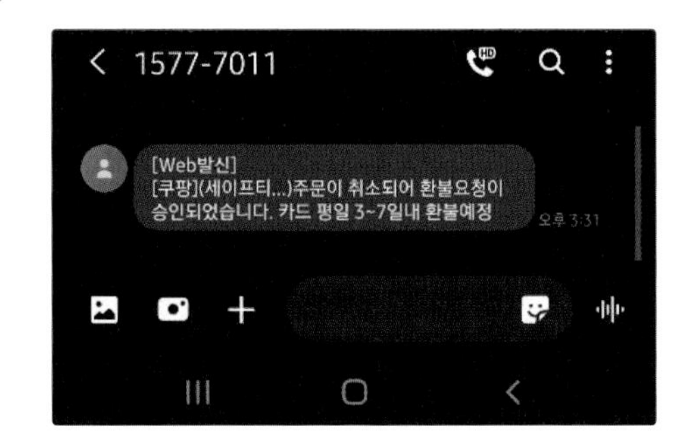

06 '처리 상태'가 '반품완료'로 변경됐습니다.

[엑셀 다운로드]를 클릭하면 해당 리스트를 엑셀로 다운로드할 수도 있습니다.

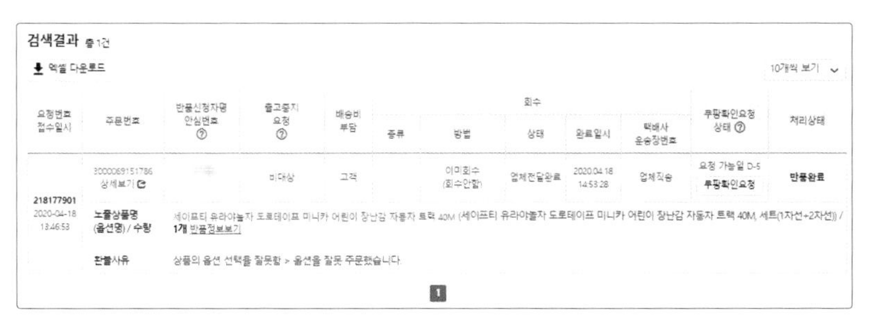

매출을 높이는
마켓 플레이스 운영 방법

쿠팡 마켓 플레이스에 입점해 주문을 접수하고, 상품을 발송하는데까지 성공했나요? 축하합니다. 이제 초보 판매자에서 한 단계 업그레이드할 차례입니다. 할인 쿠폰 발급, 광고 등 다양한 프로모션을 활용하면 매출을 한층 높일 수 있습니다. 3부에서는 고객의 평가를 바탕으로 매출을 관리하는 방법에 대해 알아보겠습니다.

part 03

coupang

01

스토어 기획전으로 상품 홍보 기회를 잡아라!

기획전은 쿠팡에서 판매자가 진행할 수 있는 일종의 홍보 활동입니다. 판매자의 스토어 내에 기획전을 만든 후 고객에게 할인 이벤트를 노출시키면 판매를 촉진할 수 있습니다.

노출 기회 상승! 스토어와 기획전

'스토어'는 특정 판매자가 쿠팡에서 판매하는 상품을 모아 볼 수 있는 기능으로, 개인 쇼핑몰의 형태와 비슷합니다. 판매 상품에서 판매자명을 클릭하면 해당 스토어로 이동할 수 있습니다.

쿠팡에 상품을 여러 개 올린 후 스토어의 링크를 공유하면 나의 스토어로 연결됩니다. 인스타그램, 유튜브, 블로그 등의 SNS에 '내 쿠팡 쇼핑몰의 전체 상품 보여 주기' 링크를 노출해 판매를 유도한 경우 3.5%(부가세 별도)의 결제 수수료만 지급하고 쿠팡 수수료는 면제받을 수 있으므로 유용하게 활용해 보세요!

인스타그램과 블로그를 이용해 상품을 판매하는 경우 결제 수단으로 스마트스토어를 이용하는 경우가 많아서 이에 대응하기 위해 생긴 기능입니다. 이를 활용하는 판매자들이 차츰 늘어날 것이라 예상되므로 이 기능을 잘 알아 두는 것이 좋습니다.

▲ 쿠팡 앱에서의 내 스토어 메인 화면

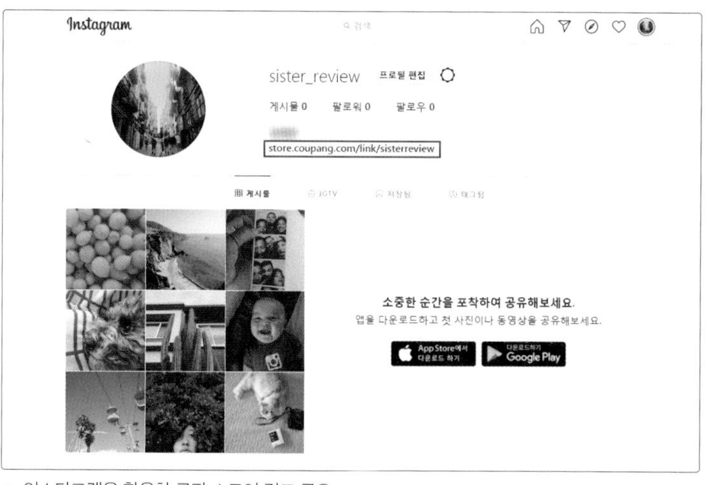

▲ 인스타그램을 활용한 쿠팡 스토어 링크 공유

'스토어 기획전'이란, 스토어 내에서 기획전을 진행하는 것으로, 내 스토어에 인기 상품, 추천 상품, 특가 상품 등의 진열 영역을 생성해 고객에게 홍보하는 형태로 운영됩니다.

예를 들어, '판매자 인기 상품' 기획전을 진행하는 경우 판매자가 선택한 상품들이 스토어 메인 화면의 '판매자 인기 상품' 영역에 나타납니다. 노출을 늘리고자 하는 상품을 진열하면 됩니다. 기획전 기간은 메인 화면에 진열될 것을 고려해 설정하는 것이 좋습니다.

▲ 쿠팡 스토어 메인 화면

스토어 기획전은 네이버 스마트스토어의 메인 진열 레이아웃 부분과 비슷한 기능입니다. 시즌이나 유행에 따라 상단에 노출할 상품을 정해 보세요. 고객의 시선을 한 번 더 붙잡아 판매를 촉진할 수 있습니다. 쿠팡 스토어의 경우, 판매자의 상품을 모아 보는 기능에 집중돼 있고 스마트스토어와는 달리, 아직 꾸미기 기능이 활성화돼 있지 않습니다.

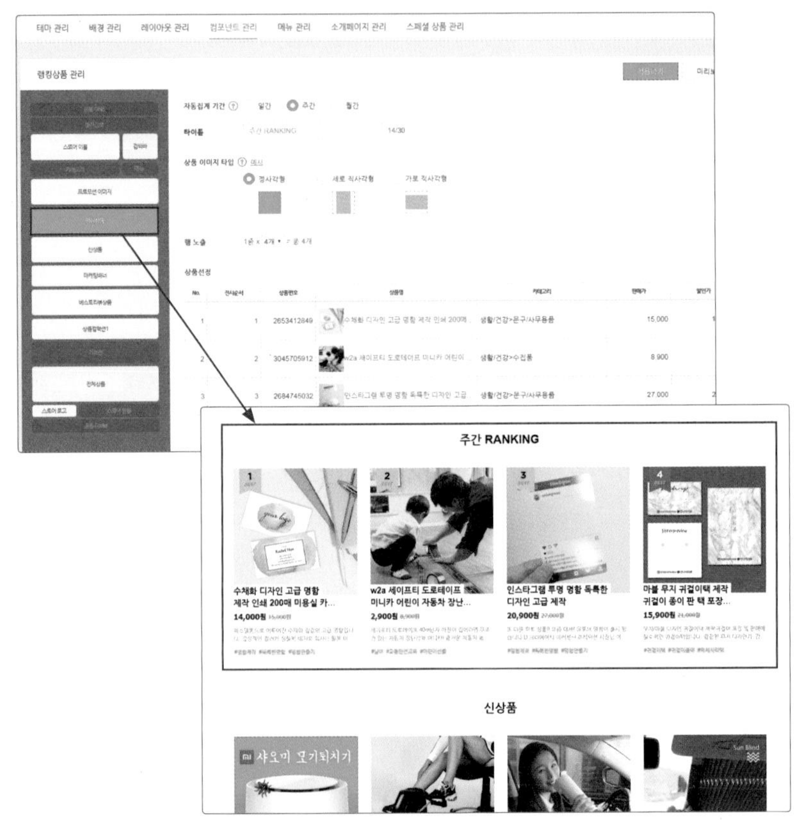

▲ 스마트스토어 메인 진열 레이아웃

무작정 따라하기 09 > 스토어 설정하기

01 [프로모션관리] - [스토어 관리] 메뉴를 클릭합니다.

02 '스토어 관리' 페이지의 '스토어 소개'에 나의 스토어를 잘 알릴 수 있는 소개 글을 입력하고 '상단 이미지'를 제작해 업로드합니다. '980 × 650px' 이상의 해상도로 제작해야 하며 비율은 '3:2'가 적합합니다. 업로드할 수 있는 파일 형식은 jpg이고 용량은 3MB를 넘지 않아야 합니다.

'스토어 URL'은 내 쿠팡 아이템 마켓의 주소입니다. 스토어 URL을 클릭하면 내가 판매하고 있는 상품을 모두 확인할 수 있습니다.

03 소개 글과 상단 이미지를 등록했으면 [승인 요청]을 클릭합니다. 승인까지 1~2일이 소요된다는 메시지 창이 나타나면 [확인]을 클릭하세요.

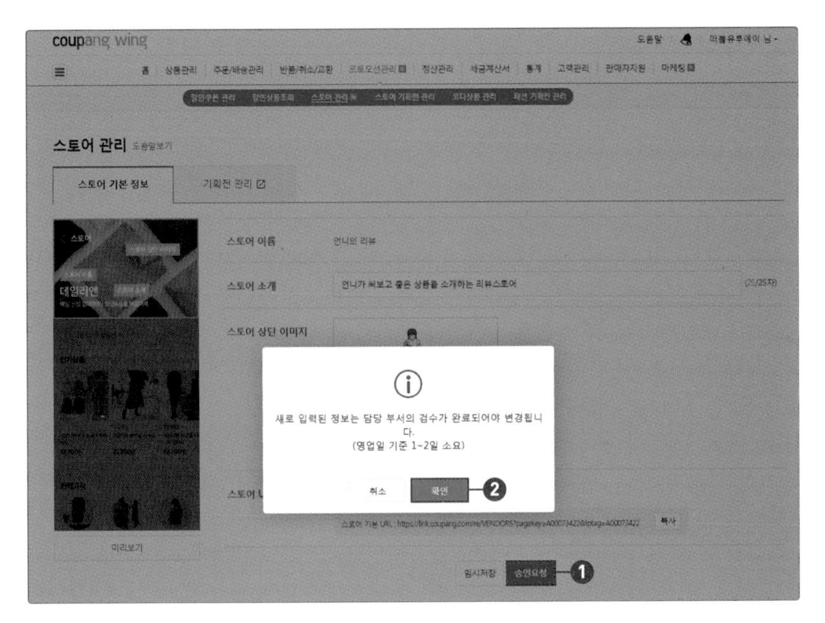

04 상단 부분의 디자인이 변경된 것을 확인할 수 있습니다.

무작정 따라하기 10 > 스토어 기획전 만들기

01 [프로모션관리] - [스토어 기획전 관리]를 클릭합니다.

coupang wing
도움말 떠블유투에이 님
홈 상품관리 주문/배송관리 반품/취소/교환 ❶ 프로모션관리 정산관리 세금계산서 통계 고객관리 판매자지원 마케팅
할인쿠폰 관리 할인상품조회 스토어 관리 ❷ 스토어 기획전 관리 코디상품 관리 패션 기획전 관리
상품 관리
신규 상품등록 바로가기
판매자점수 자세히 보기
주문이행 정시배송완료 24시간 내 답변
100 98.0 100
확인해주세요!
상품 관리 재조회
- 전체 24건
- 임시저장 1건
- 승인대기중 0건
- 승인완료 23건
- 부분승인완료 0건
- 승인반려 0건
상품 문의 재조회
- 24시간 이내 0건
- 24~72시간 0건
- 72시간~1개월 0건
CS 문의 재조회
- 24시간 이내 0건
- 24~72시간 0건
- 72시간~1개월 0건
발송요청
배송지연이 0건 있습니다.
출고지연건은 패널티가 발생될 수 있습니다 3건
배송지시
송장번호가 입력되어 발송대기 중입니다. 3건
배송중
물품이 고객에게 배송되고 있습니다. 5건
배송완료
고객이 수령하였습니다. 매출내역
교환요청
고객이 교환을 신청하였습니다 0건
상품알림 재조회

품절상품	품절임박상품	아이템위너가 아닌 상품	매출 기회가 높은 상품	출고소요기간 변경 예정 상품
0건	0건	0건	0건	0건

스토어 기획전 재조회
나의 스토어 URL
[기획전] 4월 무료특별기획전 참여 안내
자세히 알아보기 >
내 상품을 사고싶게, 다운로드 쿠폰
고객이 직접 내려받아 사용할 수 있는 다운로드쿠폰으로 내 상품을 더 돋보이게, 더 사고싶게 만들..
공지사항 전체보기 >
일반 판매자 친구추천 프로젝트 쿠팡캐쉬 신청서 03-09
일반 International Cancellation/Return P... 03-03
기능 [패션의류] 타 스토어 URL로 쿠팡에 간편 상품등록 가능 02-20
일반 상품광고 스마트타겟팅 선정방식 변경 02-10
일반 광주 우편집중국 임시 폐쇄로 인한 배송 관리 안내 02-07
일반 상품광고 이미지 가이드 02-07

02 '기획전 타입'을 [판매자 인기 상품]으로 선택하고 운영 기간은 '1개월'로 지정해 보겠습니다. 그런 다음 [상품 추가]를 클릭하세요.

기획전 타입에는 '판매자 추천 상품', '판매자 시즌 상품', '판매자 인기 상품', '판매자 신규 상품', '판매자 특가 상품'이 있습니다. 이 중 내가 진행하는 기획전의 성격을 잘 드러낼 수 있는 타입을 선택하면 됩니다.

coupang wing
도움말 떠블유투에이 님
홈 상품관리 주문/배송관리 반품/취소/교환 프로모션관리 정산관리 세금계산서 통계 고객관리 판매자지원 마케팅
할인쿠폰 관리 할인상품조회 스토어 관리 스토어 기획전 관리 코디상품 관리 패션 기획전 관리
스토어 기획전 생성하기 도움말보기
스토어 최상단에 노출되는 '기획전' 운영을 통해 더 많은 상품을 고객에게 노출해보세요!
모바일 노출 예시보기
기획전 타입 ❶ 판매자 인기상품 기획전 가이드보기
기획전 운영 기간 2020-02-23 00:00 ~ 2020-03-24 00:00 ❷
상품 추가 ❸ + 상품추가 상품을 검색하여 추가하면 상품이 노출됩니다. 20개까지 상품이 노출되며 10개를 대기상품으로 추가할 수 있습니다
임시저장 운영하기
coupang 쿠팡(주) | 대표이사 : 김범석,고명주,박대준 | 사업자 등록번호 : 120-88-00767 | 통신판매업신고 : 2013-서울강남-02121 | 판매자콜센터 : 1600-9879 (월-금 9:00-19:00) | 서울시 송파구 송파대로 570 | © Coupang Corp. Ltd. All rights reserved
★ 페이지 평점을 주세요!

03 내 스토어에 있는 상품을 검색해 보겠습니다. 상품명을 입력한 후 [검색]을 클릭하면 검색 결과에 상품이 노출됩니다. 원하는 상품 항목의 [추가]를 클릭하세요.

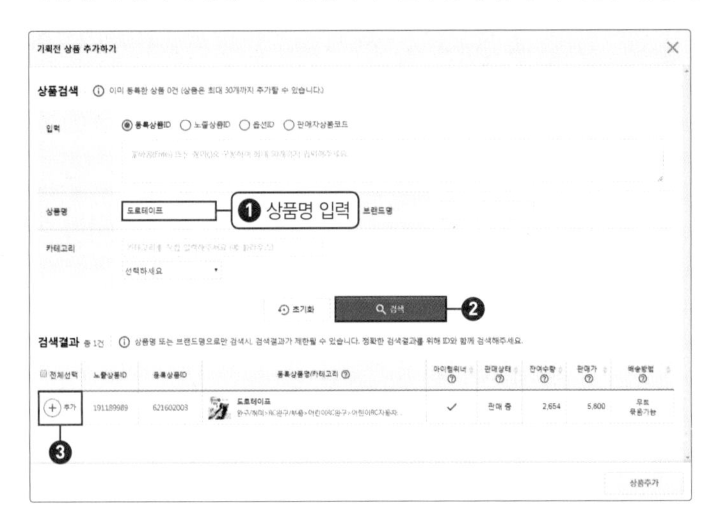

04 기획전의 성격에 맞는 상품을 더 추가합니다.

05 상품 구성이 완료됐으면 [운영하기]를 클릭합니다. 대화상자가 나타나면 [확인]을 클릭해 기획전을 시작합니다.

순서	노출상품ID	판매상태	잔여수량	판매가	배송방법
1	1247299190	판매 중	10,000	13,000	조건부(19,800원) 묶음불가
2	1064133561	판매 중	948	5,800	조건부(30,000원) 묶음가능
3	1080751658	판매 중	984	6,800	조건부(30,000원) 묶음가능
4	1097189499	판매 중	176	9,900	조건부(30,000원) 묶음가능
5	191189389	판매 중	2,654	5,800	무료 묶음가능

06 [프로모션 관리] - [스토어 기획전 관리]의 '스토어 관리'에서 운영 중인 기획전을 확인할 수 있습니다.

기획전 ID	노출상태	기획전 타입		노출기간
118006	노출중	판매자 추천상품	수정하기 통계보기 복사하기 삭제하기	2020.02.09 0:00 ~ 2020.03.10 0:00
124651	노출예정	판매자 인기상품	수정하기 통계보기 복사하기 삭제하기	2020.02.23 0:00 ~ 2020.03.24 0:00

나의 스토어에 접속해 기획전이 잘 노출되는지 확인합니다. 기획전은 스토어의 상단에 나타납니다.

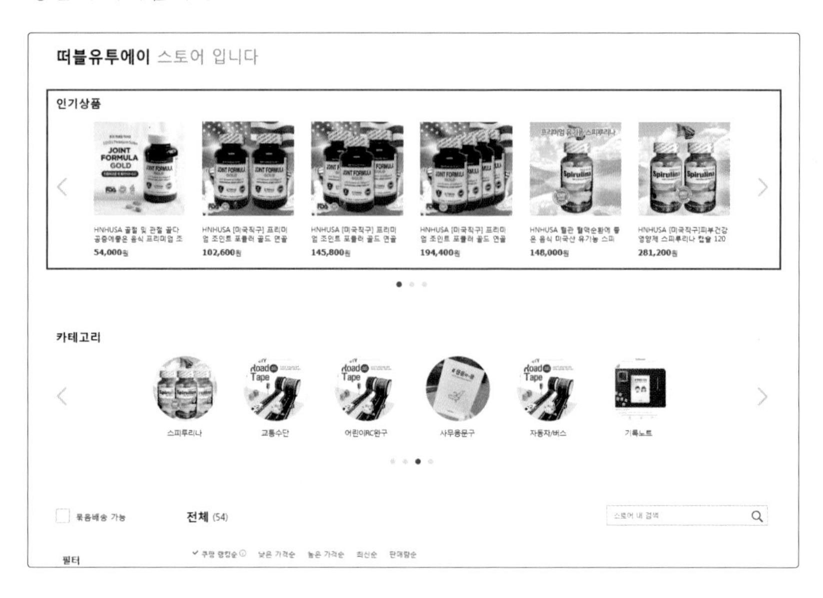

잠깐만요 ··· **내 기획전을 쿠팡 메인에 노출하려면 어떻게 해야 하나요?**

쿠팡은 시즌에 맞는 특별 기획전을 진행합니다. 예를 들어, 봄에는 '봄 시즌 상품 기획전', '미세먼지 관련 상품 기획전' 등이 진행됩니다. 이 기획전은 쿠팡 메인 화면에 노출됩니다. 메인 화면에 노출되면 매출을 높일 수 있겠죠? 무료로 참여할 수 있으므로 매달 공지사항을 잘 살펴보세요. 기획전의 내용과 관련 있는 상품을 제안해 노출의 기회를 가져 봅시다!

참여 대상으로 선정되면 쿠팡 메인 화면 기획전에 무료로 노출돼 상품을 판매할 수 있습니다. 월별로 진행되는 기획전을 놓치지 마세요. 선정되는 것이 쉽지 않지만, [참여 신청]을 클릭하는 것은 무료! 선정된다면 매출을 높일 수 있는 기회를 가질 수 있습니다.

■ 신청 방법
[참여 신청하기] 버튼을 클릭하고 양식에 맞게 제출해주세요.

참여 신청하기

■ 신청 조건
- 무료배송 및 최저가(혹은 특별 할인가)를 제안할 수 있는 상품(참여 개수 제한 없음)
- 최소 기획전 시작 2주 전까지는 상품 가격 및 재고 등을 신청 양식에 입력하신 것과 동일하게 맞춰 주셔야 선정됩니다.

<참고해주세요!>
- 1회 신청 시 10개 상품까지 입력 가능합니다. 10개 이상의 상품을 제안하시려면 새로운 양식으로 제안해주시면 됩니다.
- 신청 시 작성해주신 이메일 주소 및 연락처로 선정 안내드립니다. 꼼꼼히 확인해주시기 바랍니다.
- 선정된 상품이라도 신청내역과 다르게 노출되거나 기획전 조건에 부합하지 않으면 참여 제외됩니다.

coupang

02

할인 쿠폰으로 가격 경쟁력을 갖춰라!

쿠폰, 기획전 등 프로모션을 잘 활용하면 고객의 관심을 한층 더 끌어 모을 수 있습니다. 상품에 할인 쿠폰 혜택을 적용할 수 있도록 하는 할인 쿠폰 관리 메뉴에 대해 알아보겠습니다.

클릭을 부르는 할인 쿠폰

할인 쿠폰을 발행해 고객의 구매를 촉진하는 것은 어떨까요? 쿠폰은 '즉시 할인 쿠폰'과 '다운로드 쿠폰'으로 구분됩니다.

즉시 할인 쿠폰은 판매자가 원하는 상품에 할인액 또는 할인율을 직접 적용할 수 있으며 상품이 고객에게 '즉시할인가'로 제공되기 때문에 매출을 높일 수 있습니다. 다운로드 쿠폰은 고객이 쿠폰을 다운로드해 사용하는 것으로, 쿠폰을 적용할 수 있는 상품의 총 주문액이 일정 금액을 충족할 경우에 사용할 수 있습니다. '3만 원 이상 구매 시 10% 할인'이나 '2만 원 이상 구매 시 1,000원 할인'과 같은 방식으로 발행됩니다.

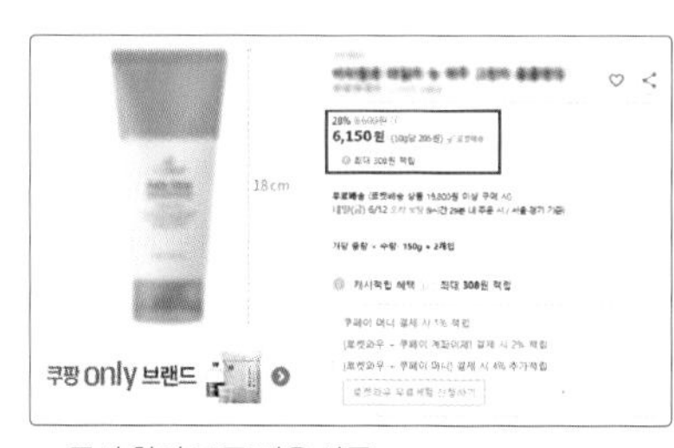

▲ 즉시 할인 쿠폰 적용 상품

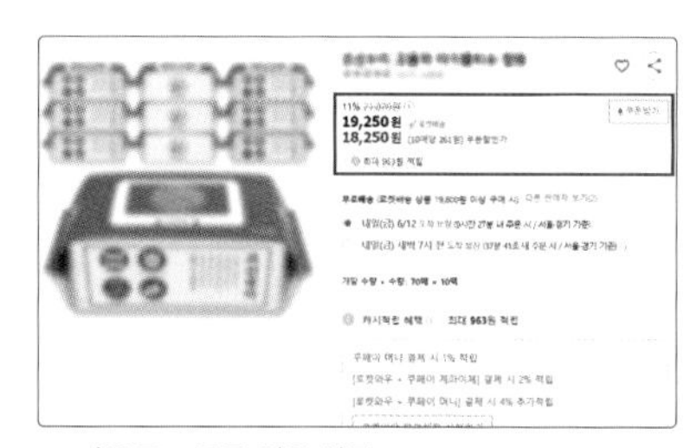

▲ 다운로드 쿠폰 적용 상품

쿠폰은 상품의 노출을 높인다는 장점도 있습니다. 검색 창에 상품을 입력하면 여러 상품이 나타날 것입니다. 쿠폰이 발행된 상품의 경우 검색 결과 페이지에 '쿠폰 할인'이라는 문구가 표시되기 때문에 구매 확률을 높일 수 있습니다. 또한 상품 상세 페이지에서 쿠폰 할인이 적용된 상품을 모아 볼 수 있는 배너가 생성됩니다. 다운로드 쿠폰의 경우 일정 금액 이상 구매하면 할인을 받을 수 있다는 점 때문에 고객의 구매 확률이 더욱 높아집니다.

또한 다른 오픈마켓은 쿠폰 발행 주체가 판매자이든, 오픈마켓이든 쿠폰 할인 전 판매가에 수수료를 부과합니다. 반면 쿠팡에서는 쿠폰 할인이 적용된 후의 가격으로 수수료를 계산하므로 할인을 진행해도 판매자의 부담이 적다는 장점이 있습니다. 효과적인 할인 전략으로 매출 상승의 기회를 높여 보세요! 두 쿠폰을 함께 활용하면 효과가 더 좋습니다.

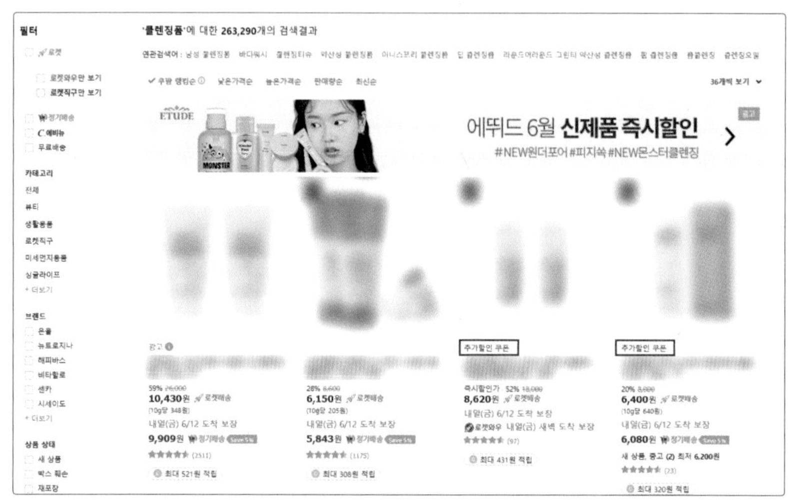

▲ 검색 결과에 노출되는 '추가할인 쿠폰' 문구

▲ 이벤트/쿠폰 페이지

무작정 따라하기 11 > 할인 쿠폰 발행하기

01 쿠폰을 발행하기에 앞서 쿠폰의 월별 예산을 정해 줍니다. 쿠팡 윙 사이트에 접속한 후 [프로모션관리] - [할인쿠폰관리]의 [월별 예산 설정]을 클릭합니다.

 잠깐만요 … **예산은 어떻게 활용하는 것이 좋은가요?**

설정한 예산은 매월 동일하게 적용되며 예산은 언제든지 변경할 수 있습니다. 또한 당월 사용액이 예산의 90%가 넘으면 쿠폰이 자동으로 중지되므로 예산을 넉넉하게 설정해 주세요. 예산을 줄일 경우 당월 사용액의 25%에 해당하는 금액만큼만 줄일 수 있습니다.

예 월별 예산 200만 원 / 당월 사용액 100만 원일 경우, 줄일 수 있는 금액은 25만 원(100만 원 X 25%)이므로 예산을 175만 원(200만 원 – 25만 원)까지 줄일 수 있습니다.

02 월별 예산 설정 창이 나타나면 예산을 입력한 후 [저장하기]를 클릭합니다.

03 이제 즉시 할인 쿠폰을 생성해 보겠습니다. [할인 쿠폰 만들기]를 클릭합니다.

04 새 창이 나타나면 우선 STEP 1 '쿠폰 정보 입력'을 기입해야 하는데, 즉시 할인 쿠폰과 다운로드 쿠폰의 입력 방식이 조금 다릅니다. 우선 즉시 할인 쿠폰의 경우를 알아보겠습니다. '쿠폰 종류' 항목을 [즉시 할인 쿠폰]으로 선택하고 쿠폰명과 유효 기간, 할인 방식을 입력합니다. STEP1에 해당하는 항목은 쿠폰 생성 후 수정할 수 없으므로 주의하세요.

- **쿠폰명**: 내가 관리하기 편한 이름으로 설정하세요. 고객에게는 노출되지 않습니다.
- **쿠폰 유효 기간**: 고객이 쿠폰을 사용할 수 있는 기간을 설정하세요.
- **할인 방식**: 정률, 수량별 정액, 정액 할인 중 원하는 할인 방식을 선택하세요.

- 정률: 고객이 구매한 총 금액에 설정한 할인율을 적용하는 방식입니다.
- 수량별 정액: 고객이 구매하는 수량마다 할인액을 적용하는 방식입니다(수량 제한 없음).
- 정액: 주문 건당 총 구매 금액에서 설정한 할인 금액을 한 번만 차감하는 방식입니다.

05 이번엔 다운로드 쿠폰의 Step 1 '쿠폰 정보 입력' 기입 항목을 살펴보겠습니다.

- **쿠폰명**: 다운로드 쿠폰의 경우 상품 상세 페이지에 쿠폰명이 노출됩니다. 고객이 혜택을 정확히 파악할 수 있는 이름으로 설정합니다.
- **쿠폰 유효 기간**: 고객이 쿠폰을 사용할 수 있는 기간을 설정합니다.
- **할인 방식**: 정률 또는 정액 할인 중 원하는 할인 방식을 선택합니다. [+ 추가]를 누르면 할인 구간을 최대 3개까지 등록할 수 있습니다(예 10,000원 구매 시 1,000원 할인, 20,000원 구매 시 3,000원 할인, 30,000원 구매 시 3,000원 할인 등).
- **최대 발급 개수**: 고객 한 명이 하루에 발급받을 수 있는 쿠폰의 수를 설정합니다.

06 STEP 2 '쿠폰 적용 상품 추가'에서 쿠폰을 적용할 상품을 정합니다. 상품의 옵션 ID를 직접 입력하거나 상품 리스트를 엑셀 파일로 업로드할 수 있습니다. 상품의 옵션 ID를 직접 입력해 쿠폰을 적용할 상품을 추가해 봅시다. [상품 조회] 메뉴의 상품 리스트에서 확인한 옵션 ID를 입력하고 줄 바꿈이나 반점(,)으로 구분해 한 번에 최대 300개까지 입력할 수 있습니다. 모두 입력했다면 [할인 쿠폰 적용]을 클릭합니다.

엑셀 파일로 업로드하려면 [엑셀 양식 다운로드]를 클릭해 양식을 다운로드한 후 양식 안에 상품의 옵션 ID를 입력합니다. 그런 다음 [파일 선택]을 눌러 해당 파일을 업로드하면 됩니다. 엑셀 파일로 추가하는 방법을 선택한 경우, 다운로드 쿠폰은 최대 1,000개까지 추가할 수 있으며 즉시 할인 쿠폰은 제한이 없습니다.

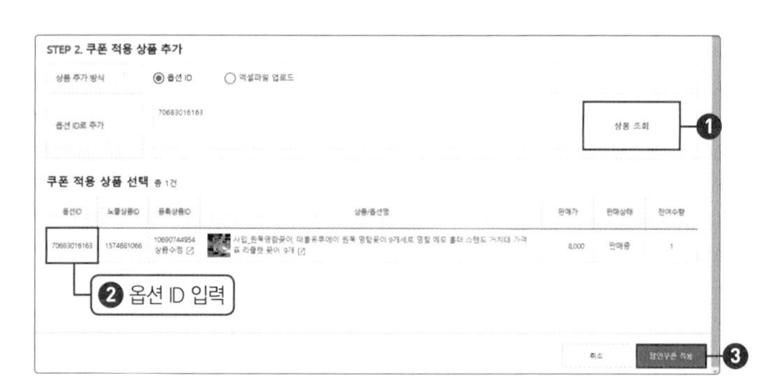

07 쿠폰 생성 요청에 성공했다는 안내 창이 나타나면 [확인]을 클릭합니다.

08 '할인 쿠폰 관리' 페이지로 돌아와 [요청 목록] 메뉴에서 쿠폰 생성 결과를 확인합니다. 여기서 총 건수, 성공 건수, 실패 건수를 확인할 수 있는데, 만약 쿠폰 적용에 실패한 상품이 있는 경우에는 실패 사유를 점검한 후 쿠폰을 다시 생성해야 합니다.

할인쿠폰 관리 도움말보기

+ 할인쿠폰 만들기

할인쿠폰 월별 예산 10,000원 월별 예산 설정 ⓘ 설정한 예산의 90%가 소진되면 쿠폰이 자동으로 중지됩니다. 당월 사용액 0원

할인쿠폰 목록(전체) | 요청 목록

ⓘ 지난 14일간 요청한 쿠폰에 대한 요청 사항 및 결과가 노출됩니다.

쿠폰ID	쿠폰명	요청일시	요청사항	요청상태	요청결과
23499971	즉시할인 백문백답 1주차 2번째	2020-04-02 19:53	쿠폰적용(상품추가)	완료	총 1건 성공 1건

1

09 [할인 쿠폰 목록(전체)] 메뉴를 클릭하면 새로운 쿠폰이 생성된 것을 확인할 수 있습니다.

+ 할인쿠폰 만들기 | 모바일 노출 예시보기 (다운로드쿠폰) | 모바일 노출 예시보기 (즉시할인쿠폰)

할인쿠폰 월별 예산 10,000원 월별 예산 설정 ⓘ 설정한 예산의 90%가 소진되면 쿠폰이 자동으로 중지됩니다. 당월 사용액 0원

할인쿠폰 목록(전체) | 요청 목록 | ⓘ 다운로드 쿠폰 운영시, 꼭 확인하세요!

검색조건

쿠폰 종류 ◉ 전체 ○ 즉시할인쿠폰 ○ 다운로드쿠폰

쿠폰 상태 ◉ 전체 ○ 사용전/중 ○ 사용종료 ○ 발행중지

쿠폰 ID 쿠폰ID를 입력해주세요 쿠폰명 쿠폰명을 입력해주세요

등록일시 오늘 7일 30일 ~

초기화 검색

검색 결과 총 1건

삭제 사용중지

	쿠폰ID	쿠폰명/적용상품	상품(옵션)수	쿠폰상태	쿠폰사용기간	사용액	할인방식	요청일시
☐	23499971	즉시할인 백문백답 1주차 2번째 쿠폰상세 상품수정	1	사용전	2020-04-02 19:56 ~ 2020-04-03 23:59	0원	5 % (정률) 최대 500원까지	2020-04-02

1

10 [프로모션 관리] - [할인 상품 조회]로 이동하면 할인 쿠폰 적용 상품을 카테고리별로 조회할 수도 있습니다.

패션 아이템이라면? '코디 상품'과 '패션 기획전' 활용하기

패션 아이템의 판매를 높일 수 있는 '코디 상품'과 '패션 기획전' 기능을 알아보겠습니다. [프로모션 관리] 메뉴 중 [코디 상품 관리]와 [패션 기획전 관리] 메뉴에 접속하면 해당 기능을 이용할 수 있습니다.

'코디 상품'이란, 한 상품의 대표 이미지에 모델이 착용한 다른 상품이 있을 경우 그 상품을 상세 페이지에 함께 노출할 수 있는 기능입니다. 고객이 관심 있어 할 코디 상품을 함께 보여 주기 때문에 추가 매출의 기회를 높일 수 있습니다. '코디 상품'은 '패션의류/잡화' 카테고리 상품 중에서 등록할 수 있습니다.

'패션 기획전'은 판매자가 직접 테마별로 기획전을 생성하고 상품을 등록할 수 있는 기능입니다. 봄 신상품 할인전, 봄 아우터 모음전 등 특정 테마에 따라 상품을 한 번에 노출할 수 있기 때문에 잘 활용하면 매출을 높일 수 있습니다. '패션 의류/잡화' 카테고리와 '스포츠/레저' 카테고리 중 신발, 잡화, 의류를 골라 생성할 수 있습니다.

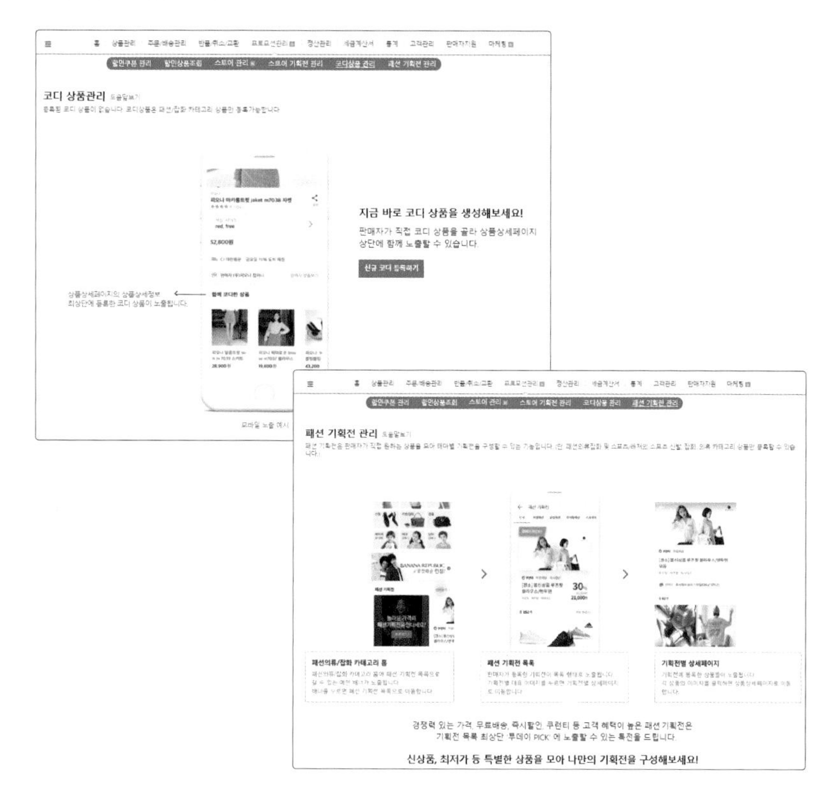

coupang

03 쿠팡 광고, 효율적으로 이용하라!

쿠팡 광고를 이용하면 상품명을 검색했을 때 랭킹 상단에 내 상품이 노출되도록 할 수 있습니다. 검색 결과 랭킹에 1개의 광고만 노출되기 때문에 주목도가 높고 판매자가 직접 광고 기간이나 예산을 자유롭게 설정할 수 있다는 장점이 있습니다.

무작정 따라하기 12 > 광고 페이지 살펴보기

01 쿠팡 윙 사이트에 접속해 [마케팅] - [광고 관리]를 클릭합니다.

02 '집행 광고비', '전체 매출', '광고를 통한 전환 매출'을 수치와 그래프로 각각 확인할 수 있습니다.

- **집행 광고비**: 조회 기간 동안 광고가 클릭돼 발생한 광고비입니다.
- **전체 매출**: 조회 기간 동안 쿠팡에서 판매한 상품의 총 매출입니다.
- **광고 전환 매출**: 고객이 조회 기간 동안 광고를 클릭한 후 14일 이내에 해당 광고 상품을 구매한 금액(직접 전환)과 판매자의 다른 상품을 구매한 금액(간접 전환)의 총합입니다.

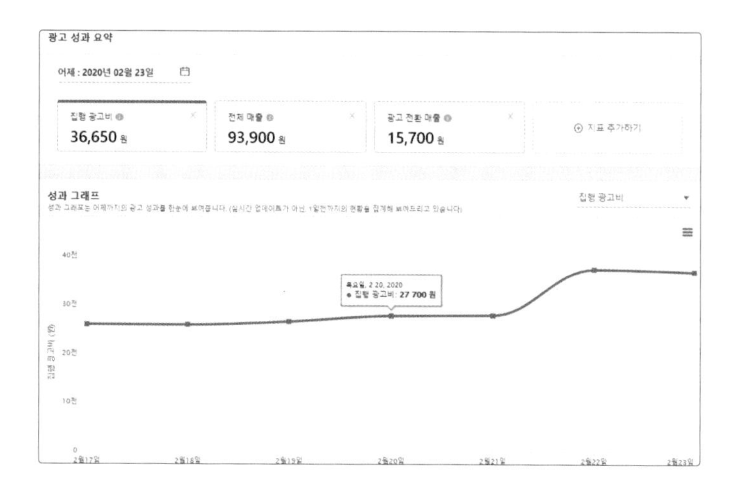

03 [집행 광고비]를 클릭하면 집행 광고비, 전체 매출, 광고 전환 매출 등과 같은 다양한 수치를 그래프로 볼 수 있습니다.

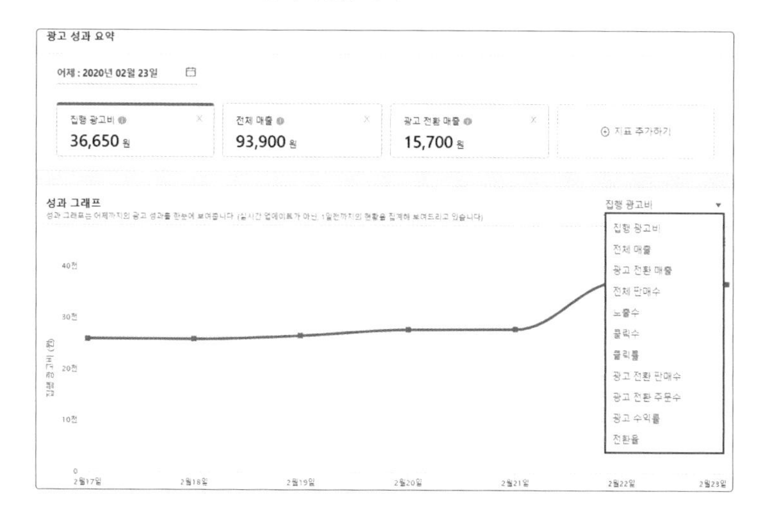

무작정 따라하기 13 > 캠페인 추가하기

01 캠페인이란, 광고의 기간, 예산, 광고할 상품 및 검색어, 클릭당 입찰가를 설정하는 단위를 말합니다. 비슷한 마케팅 포인트를 가진 상품을 하나의 캠페인으로 묶어 전략적으로 광고할 수 있습니다. [마케팅] - [광고 관리] 메뉴에서 모든 캠페인 목록을 확인할 수 있습니다. 오른쪽 위의 [캠페인 추가]를 클릭해 캠페인을 직접 추가해 보겠습니다.

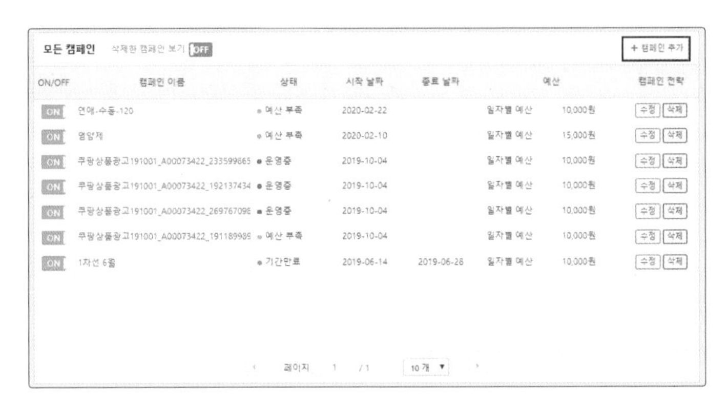

02 새 창이 나타나면 캠페인 정보를 입력합니다. 캠페인명은 한눈에 알아볼 수 있도록 구분하기 쉬운 이름으로 지정합니다. 캠페인 기간은 '오늘부터 종료일 없이' 또는 '특정 기간' 중에서 선택해 진행할 수 있습니다. 예산 종류는 하루에 쓸 예산을 지정하는 '일자별 예산'과 캠페인 기간 내에 쓸 전체 예산을 지정하는 '캠페인 총 예산' 중에서 선택해 금액을 기재하면 됩니다. 예산은 최소 1만 원부터 10억 원까지 입력할 수 있습니다.

캠페인 이름은 작성자만 볼 수 있습니다. 어떤 상품인지, 단가가 얼마인지 알 수 있도록 구분해 입력하는 것이 관리에 용이합니다.
예 연애의 지식-수동-120, 영양제-자동-130

이미 설정된 검색 키워드 또는 추천 검색 키워드 중 일부는 쿠팡의 광고상품 관련 정책, 기타 합리적인 사유에 따라 입찰을 포함한 판매절차에서 사전적, 한시적으로 제외될 수 있습니다.

1
캠페인 이름
test1

2
캠페인 기간
오늘부터 종료일 없이
특정 기간

3
예산 종류
일자별 예산
캠페인 총예산
10000

03 캠페인에 등록할 상품을 선택하기 위해 상품명을 검색한 후 해당 상품 오른쪽의 [선택]을 클릭합니다. 해당 상품의 옵션을 모두 선택할 경우 [모든 옵션 선택]을 클릭합니다.

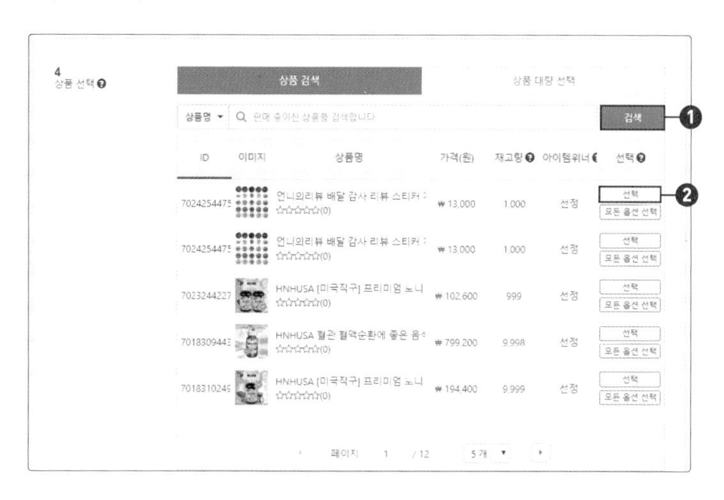

04 다음으로 '키워드 타겟팅'을 설정해 보겠습니다.
[스마트 타겟팅]을 선택하면 광고할 상품과 연관성이 높은 키워드를 최대 500개까지 자동으로 등록해 주기 때문에 편리하게 사용할 수 있습니다. [스마트 타겟팅]을 선택하면 키워드가 자동으로 지정됩니다.

5
키워드 타겟팅
스마트 타겟팅
수동
6
키워드 선택
전체 상품수 (1)
선택된 상품 모두 취소
ID
상품명
가격(원)
키워드
선택 취소
페이지 1 / 1
5 개
7
최대 CPC 입찰가
취소
일단 저장하기
바로 실행하기

05 상품의 가격대가 높거나 메인 키워드 상품과 같이 직접 관리해야 하는 경우 [수동]을 선택하세요. 추천 키워드 중에서 선택해 사용하거나 직접 입력할 수 있습니다. [추천 키워드 중 선택]에서 상품명 오른쪽의 [키워드 보기]를 클릭하면 추천 키워드 중 원하는 항목을 직접 선택할 수도 있습니다.

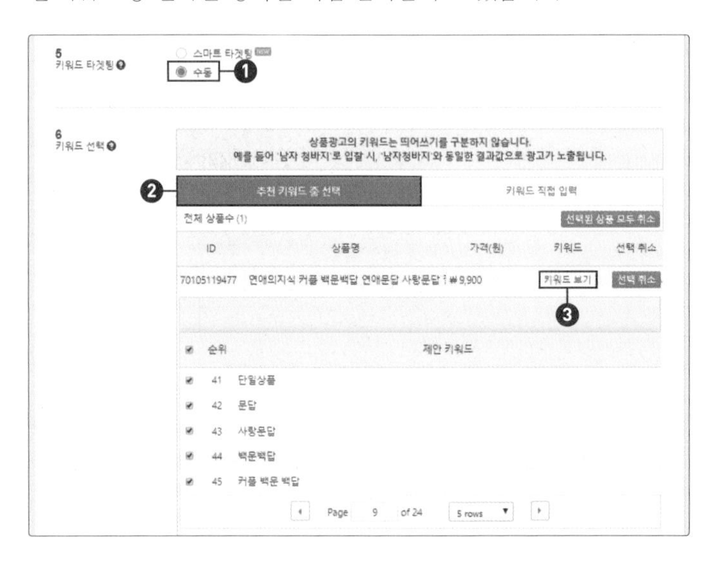

06 [키워드 직접 입력]에서는 최대 500개의 키워드를 등록할 수 있으며 각각의 키워드는 반점(,)으로 구분합니다. 키워드를 모두 추가했다면 [키워드 추가]를 클릭합니다.

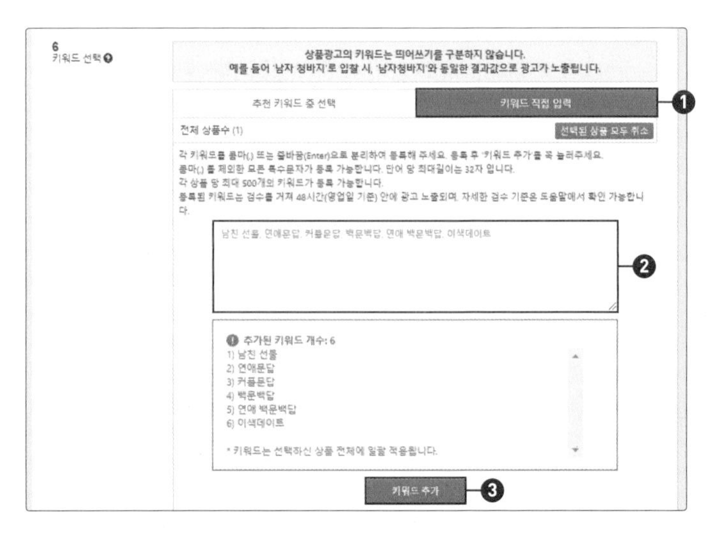

07 마지막으로 '최대 CPC 입찰가'를 입력합니다. [바로 실행하기]를 클릭해 마무리 합니다.

08 [광고 관리] 메뉴로 돌아오면 '모든 캠페인' 목록에서 실행 중인 광고를 확인할 수 있습니다. 수정이나 삭제를 원한다면 [수정] 또는 [삭제]를 클릭하세요.

잠깐만요 … CPC 입찰가는 무엇인가요?

CPC 입찰가란, 클릭당 과금되는 금액을 의미합니다. 실제 과금되는 클릭당 금액은 입찰 금액과 동일하거나 낮게 결정되며 광고주가 설정한 금액을 초과하지 않습니다. 최대 CPC 입찰가는 캠페인 예산보다 낮게 설정해야 합니다. 100원부터 10만 원까지 가능하며 10원 단위로 입력할 수 있습니다.

coupang

04 쿠팡의 정산 시스템을 파헤쳐 보자

쿠팡의 정산 방식은 스마트스토어나 다른 오픈마켓과는 조금 다릅니다. 처음에는 헷갈릴 수 있으니 꼼꼼히 살펴보세요.

쿠팡의 정산 정책

쿠팡은 매출을 고객의 '구매 확정'을 기준으로 계산하며, 매출 금액에서 판매 수수료와 공제 금액을 제외한 나머지 금액이 정산됩니다. '주 정산'과 '월 정산' 중에서 선택할 수 있는데, 상품별 정산 방식을 다르게 할 수는 없습니다.

보류액이란, 상품 교환 및 반품 과정에서 고객과 분쟁이 있어 지급하지 않다가 구매자의 과실이 아니라고 판단돼 지급이 결정된 금액을 말합니다.

주 정산의 경우 해당 주에 구매 확정된 정산 대상액의 70%에 해당하는 금액을 그 주의 일요일로부터 15 영업일 후에 지급받습니다. 이때 정산 대상액은 매출액에서 판매 수수료를 제외한 금액입니다. 또한 보류된 금액이 있는 경우에는 더하고, 공제해야 할 금액이 있는 경우에는 제외합니다. 나머지 30%는 '최종액'이라고도 하며, 이는 고객의 취소 및 환불 문의에 대비한 금액인데, 월 1회, 매월 마지막 날 기준 익익월 1일에 지급됩니다.

정산 지급일이 휴무일인 경우 다음 영업일에 지급됩니다.

월 정산의 경우에는 매출액에서 판매 수수료를 제외한 정산 대상액의 100%가 매달 마지막 날 기준 15 영업일 후에 지급됩니다. 보류된 금액이 있는 경우에는 더하고, 공제해야 할 금액이 있는 경우에는 제외합니다.

쿠팡의 정산은 고객의 구매 확정을 기준으로 하는데, 고객이 직접 [구매 확정]을 누른 경우 바로 확정되지만 그렇지 않은 경우 배송 완료일을 기준으로 주말 및 공휴일을 포함해 7일이 지나면 자동으로 확정됩니다. 또한 고객이 교환을 접수하는 경우 접수 시점에 관계 없이 교환 완료일에서 7일 후 자동으로 구매 확정됩니다. 그러나 자동 구매 확정일 전에 교환이 완료된 경우에는 최초 배송 완료일 기준 7일 후에 자동 구매 확정 처리됩니다.

세금계산서는 매월 1일~말일 매출분(구매 확정)을 기준으로 익월 초에 발행됩니다.

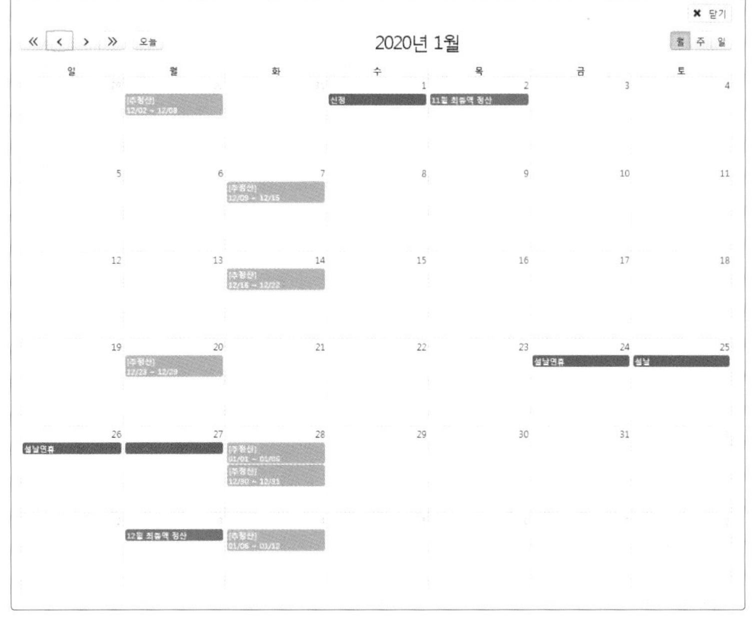

▲ 정산 일정 예시

기본적으로 쿠팡은 주 정산 시스템을 갖고 있으므로 전월에 판매한 금액이 7일 단위로 정산되며 이때 정산금의 70%가 입금됩니다. 나머지 30%는 월 정산으로 익월에 입금됩니다. 예를 들어, 12월 9일~12월 15일 동안 판매한 금액의 70%는 1월 7일에 입금되고 나머지 30%는 12월 전체 판매액의 30%와 함께 2월 3일에 입금받습니다. 정산 시기는 일반 오픈마켓에 비해 늦은 편이지만 타 소셜커머스보다는 빠릅니다.

잠깐만요 … 추가 지급은 무엇인가요?

판매자의 잘못이 아닌, 쿠팡이나 구매자의 귀책 사유로 판매자에게 손해를 입힌 경우 판매자의 요청에 따라 기본 정산 이외에 추가로 정산액이 지급되는데, 이를 '추가 지급'이라 합니다. 다음 항목에 해당하는 경우 추가 지급이 진행됩니다. 이 경우 귀책 사유가 판매자에게 있지 않다는 것을 입증해야 합니다.

❶ 판매자가 회사(쿠팡)에게 불량 및 훼손을 사유로 회수된 건(사이즈 등 정량으로 표시할 수 있는 상품의 불량을 포함)에 대해 확인을 요청하고, 판매자의 요청이 타당하다고 인정되는 경우

❷ 그 밖에 추가 정산이 필요한 경우로서 판매자가 손실 보전 사유가 발생한 날로부터 30일 이내에 회사(쿠팡)에 대해 추가 정산을 요청한 경우

회사(쿠팡)와 판매자의 협의에 따라 산정된 지급가(판매자에 대한 해당 상품 정산가)를 기준으로 합니다.

쉽게 살펴보는 정산 메뉴 살펴보기

[정산관리] - [정산현황]에서는 구매 확정된 항목의 정산 지급 예정일과 예상 금액을 확인할 수 있습니다. 검색 조건에서 기준일과 정산 상태, 정산 유형을 정해 검색할 수 있으며 검색 결과 리스트에서 최종 지급액 항목의 [상세열기]를 클릭하면 상세 내역을 확인할 수 있습니다.

- 정산 지급 예정일: 가장 빠른 지급일을 표시합니다.
- 예상 금액: 가장 빠른 지급 예정일에 받을 수 있는 지급 예정 금액을 표시합니다. 고객 보상, 매출 취소 등의 사유로 정산 차감액이 발생하는 경우 예상 금액은 실제 지급액과 다를 수 있습니다.

[정산관리] - [매출내역]에서는 기간별 매출 내역을 조회할 수 있습니다.

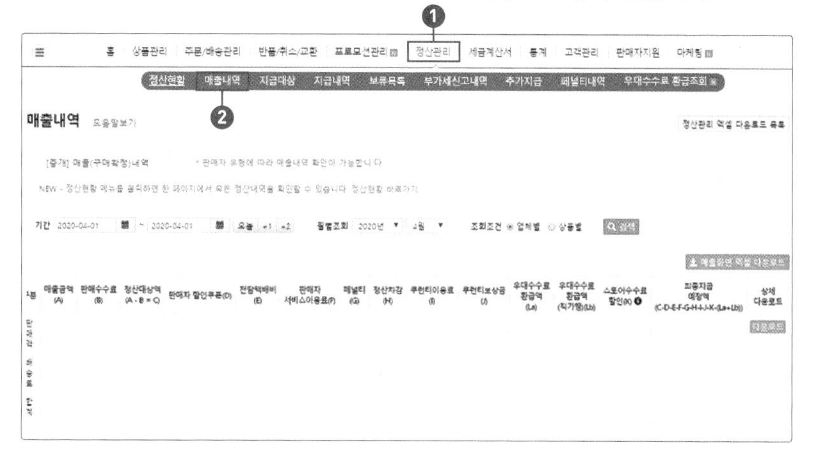

[정산관리] - [지급대상]에서는 구매가 확정된 상품에 대해 지급될 금액을 정산 일자별로 미리 확인하거나 예전 정보를 불러와 살펴볼 수 있습니다.

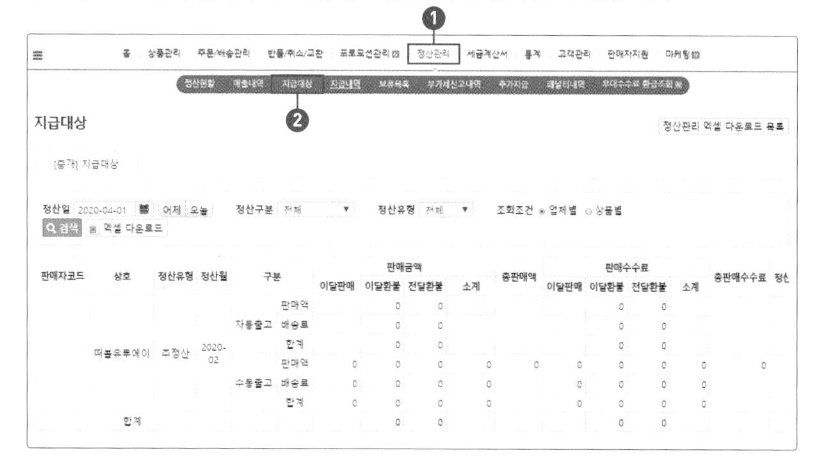

판매자코드	상호	정산유형	정산월	구분		판매금액				총판매액	판매수수료				총판매수수료	정산
						이달판매	이달환불	전달환불	소계		이달판매	이달환불	전달환불	소계		
	떠블유투에이	주정산	2020-02	자동출고	판매액		0	0				0	0			
					배송료		0	0				0	0			
					합계		0	0				0	0			
				수동출고	판매액	0	0	0	0	0	0	0	0	0	0	
					배송료	0	0	0	0		0	0	0	0		
					합계	0	0	0	0		0	0	0	0		
	합계						0	0				0	0			

 잠깐만요 … **취소된 주문의 정산은 어떻게 진행되나요?**

배송 완료된 주문 건이 취소 접수된 경우 중 취소가 완료되지 않은 주문 건은 정상적으로 지급됩니다. 단, 정산 지급 후 취소 완료 시 취소가 완료된 건은 주 정산 시 차감됩니다. 그리고 운송장을 다시 업로드한 경우 정산은 업로드한 운송장이 최초 배송 완료 처리된 시점에서 이뤄지며 배송 완료된 운송장을 수정해도 중복 정산이 되지 않습니다.

[정산관리] - [지급내역] 메뉴에서는 각각의 정산일에 따른 지급 내역을 확인할 수 있습니다.

[정산관리] - [보류목록]에서는 정산 보류된 리스트와 그 내용을 확인할 수 있습니다.

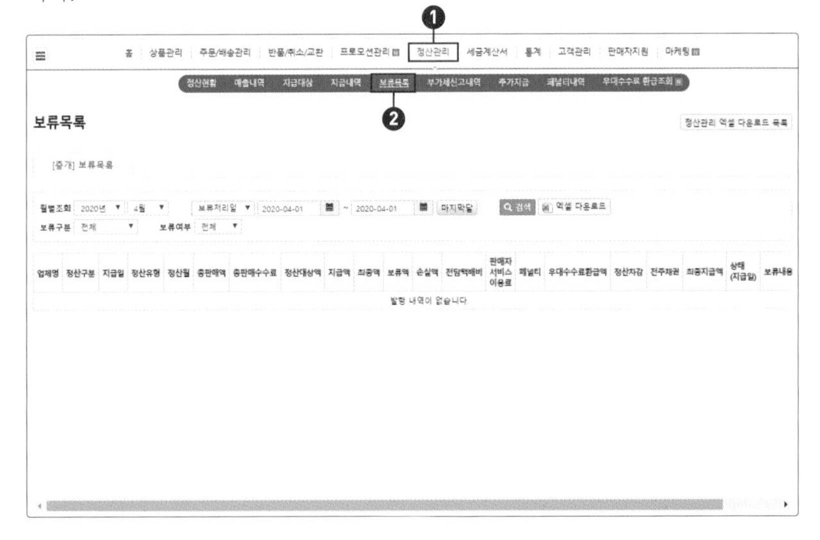

[정산관리] - [추가지급]에서는 별도로 협의된 후 판매자에게 정산되는 추가 지급액 현황을 확인할 수 있습니다. 주로 고객 문의와 관련된 정산액이 이에 해당합니다. 추가 지급액은 확정일을 기준으로 매월 1일에서 15일 동안 처리된 건은 그 달 말일, 매월 16일에서 말일 동안 처리된 건은 익월 15일에 지급됩니다.

[정산관리] - [패널티내역]에서는 패널티를 받은 내역을 확인할 수 있습니다. 지급일시, 신청일시, 주문일시로 구분해 조회하면 되는데, 신청일시나 주문일시로 확인할 때는 업체의 귀책이 없을 때도 조회되지만, 지급일시로 확인할 때는 업체의 귀책이 있을 때만 조회됩니다.

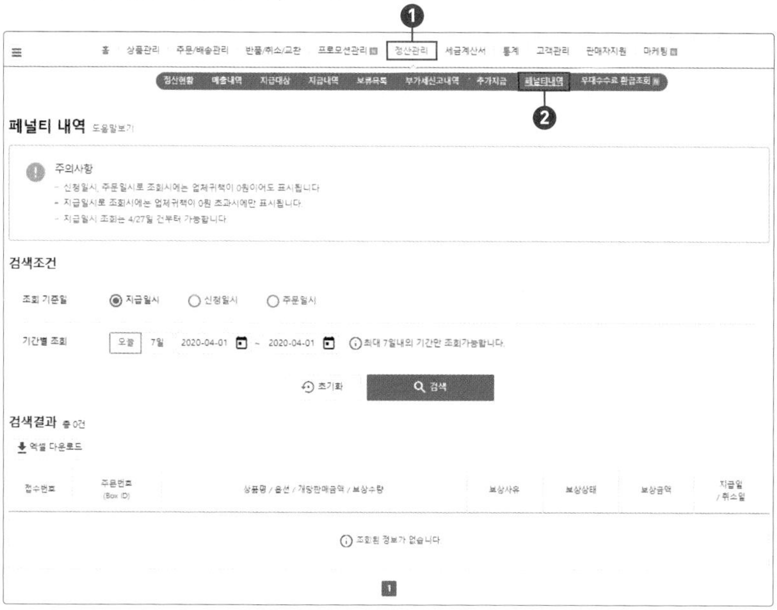

 잠깐만요 ··· **패널티를 받지 않으려면 어떻게 해야 하나요?**

다음 사항에 유의해 패널티를 받지 않도록 해야 합니다.

❶ 상품 거래 시 주의사항
- 서비스 품질이 유지돼야 하며, 변경사항 발생 시 판매자 전용 시스템을 통해 통지해야 합니다.
- 분쟁 발생 시 즉시 쿠팡에 통지하고 쿠팡의 소명 요청 시 판매자는 소명 요청이 있은 날로부터 1 영업일 이내에 서면으로 소명해야 합니다.
- 고객에게 쿠팡 이용 정책이나 관련 법에 위반되는 내용을 안내하지 않아야 합니다.

❷ 신속, 정확한 배송
- 판매자는 상품 등록 시 기준 출고일을 지정해야 합니다. 기준 출고일이란, 고객이 결제한 날부터 상품을 출고해야 하는 기간을 말합니다.
- 발주서를 다운로드한 후 기준 출고일까지 운송장을 입력해야 합니다.

평가 단계	내용	조치
우수	쿠팡 기준 충족 시	-
주의	잦은 취소나 배송 지연으로 판매자 점수가 저조할 때	• 관리 및 모니터링 대상 • 점수 관리 메일 발송 • 필요 시 판매자 연락, 문제 파악, 경고 조치
경고	판매자 점수가 위험 수준으로 저조할 때	• 상품 판매가 제한될 수 있음 • 점수 개선을 위한 계획 수립 및 서약

▲ 쿠팡 평가 단계 및 조치(출처: 쿠팡)

coupang

05 고객 만족도 관리, 판매만큼 중요하다

판매에 그치지 않고 고객 문의도 잘 관리해 고객 만족도를 높이는 것이 중요합니다. 특히 쿠팡의 마켓 플레이스에서는 아이템위너로 선정되는 것이 핵심이기 때문에 고객 경험을 높이기 위해 노력해야 합니다.

상품 문의 관리하기

[고객관리] 메뉴에서는 고객의 문의 사항을 확인하고 점검할 수 있습니다.

[고객관리] - [고객관리(배송)]의 [상품문의] 메뉴에서는 고객이 남긴 문의 글의 내용을 확인하고 이에 대한 문자 발송 내역을 확인해 보세요. 등록일 및 답변 여부로 조건에 맞도록 검색해 리스트를 관리할 수 있습니다.

고객 문의에 답변한 후 고객이 해당 문의에 또 다시 댓글을 단 경우 미답변 건수에서 재확인됩니다. 재문의 시에도 신속하게 답변을 완료해야 합니다.

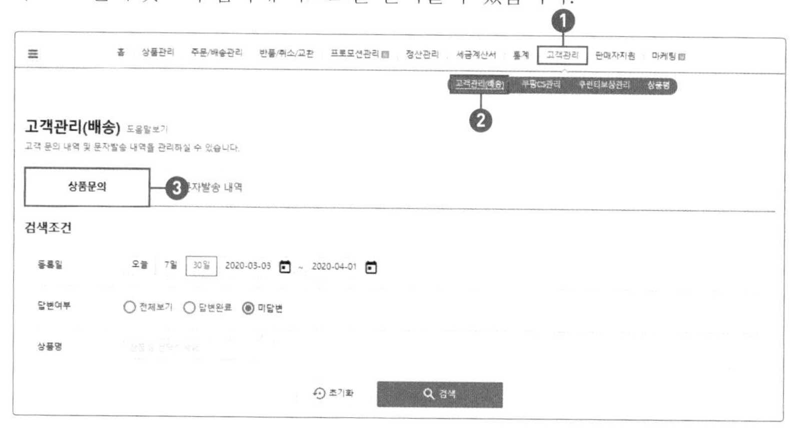

잠깐만요 … 상품 문의 글을 숨기고 싶다면 어떻게 해야 하나요?

상품 문의 글에 한 번 답변을 달아 처리하고 나면 수정 및 삭제가 불가능하며 [블라인드] 처리했을 때만 노출되지 않습니다. 문의 글을 블라인드 처리하면 미완료 건으로 간주됩니다. 글을 남긴 고객에게도 답변이 노출되지 않기 때문에 댓글을 다시 달아 답변 처리를 완료해야 합니다.

이번에는 [문자발송 내역] 메뉴를 살펴보겠습니다. 고객에게 상품 관련 안내 문자를 발송하는 경우 이에 대한 발송 내역을 한 번에 확인할 수 있는 메뉴입니다.

잠깐만요 … 마켓 플레이스의 고객 문의 시스템이 궁금해요

마켓 플레이스 구조에서 상품에 대한 문의 사항은 문의가 접수되는 시점의 '아이템위너'에게 접수됩니다. 따라서 A 판매자의 상품이 새로 아이템위너가 된 경우 이전 아이템위너였던 B 판매자의 상품에 대한 문의가 접수될 수 있습니다. 상품 문의로 유입된 문의 사항이 해당 판매자와 관계된 내용이 아니라면 "쿠팡 고객센터 1577-7011 또는 1:1 문의로 문의하시기 바랍니다."라고 안내하길 바랍니다.

[고객관리] - [쿠팡CS관리]에서는 고객의 CS 문의에 대한 상담 이력을 확인할 수 있습니다. 답변 처리 상태와 기간에 따라 검색할 수 있습니다.
이렇게 나타난 검색 결과에서 답변이 완료되지 않은 경우 답변을 등록하거나 완료된 경우 상세 내용을 확인합니다. 상담 번호, 문의 유형, 주문 정보, 이관 일시, 노출 상품명(옵션명) 등과 같은 문의 정보를 볼 수 있으며 해당 건의 주문번호를 클릭하면 [주문 정보 관리 페이지]로 이동해 해당 주문의 상세 정보를 확인할 수 있습니다.

- 답변 완료: 답변이 완료된 상태
- 미답변: 판매자의 답변이 필요한 상태
- 미확인: 쿠팡이 상담 완료한 업체 이관 건으로, 판매자의 확인이 필요한 상태

홈 상품관리 주문/배송관리 반품/취소/교환 프로모션관리 정산관리 세금계산서 통계 고객관리 판매자지원 마케팅

고객관리(배송) 쿠팡CS관리 쿠런티보상관리 상품평

쿠팡CS관리 도움말보기

미처리 현황	24시간 이내	24~72시간	72시간~1개월	미처리 현황	24시간 이내	24~72시간
비영업일 포함	0	0	0	영업일 기준	0	0

검색조건

기간 (2020-03-26 ~ 2020-04-01), 처리상태 (미답변, 미확인)

검색결과 총 0건

상담번호	이관일시	문의유형	처리상태	주문대표상품	주문번호	상담이력

상품평 관리

[고객관리] - [상품평]에서는 고객이 작성한 상품평을 상품별로 확인할 수 있습니다. '검색 조건'의 상품 검색 창에서 빈칸을 클릭하면 판매 중인 상품 리스트가 나타나는데 이 중에서 원하는 상품을 선택해 내용을 확인하면 됩니다.

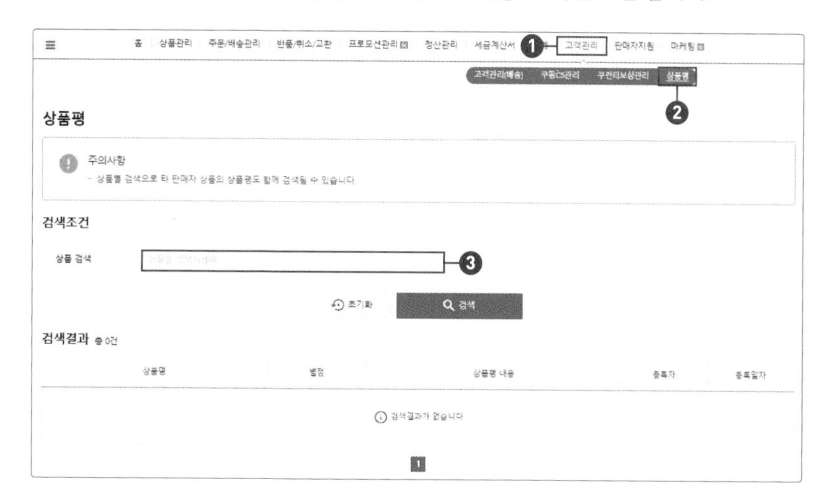

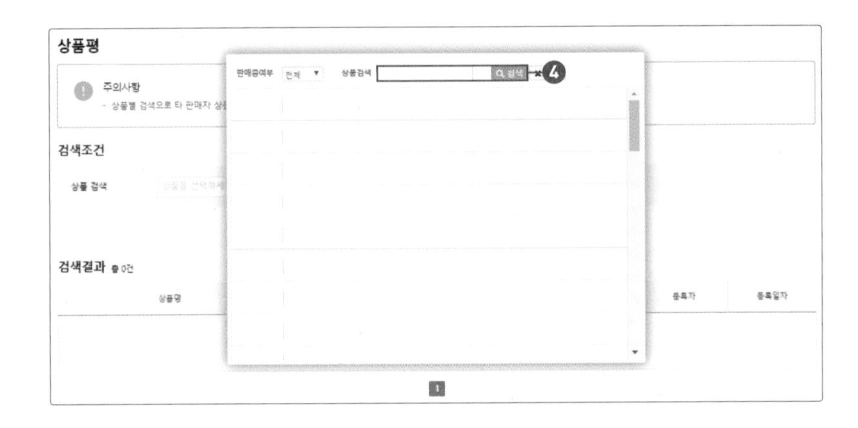

판매 통계로 살펴보는 매출 현황

[통계] - [판매통계]에서는 매출 현황 및 매출 기회가 있는 상품을 확인할 수 있습니다. 판매된 내역의 추이를 보고 매출 현황에 맞는 전략을 수립해 보세요.

기간을 설정한 대시보드에서는 최대 2개의 값을 동시에 적용할 수 있습니다. 체크 박스 선택·해제를 통해 조회 값을 구성합니다. 특정 옵션이나 카테고리의 판매 통계만 조회하려면 페이지 우측 상단의 [검색조건 변경]을 클릭합니다.

스크롤을 내리면 조회 결과 테이블에서 각 상품별 상세 데이터를 확인할 수 있습니다. 데이터 조회를 위해 각 상품명 오른쪽의 [조회]를 누르면 상단 대시보드에 해당 상품의 데이터만 조회됩니다.

- **매출금액**: 조회한 기간의 총 매출 금액입니다. 구매 및 취소된 금액 모두 적용되므로 취소 금액이 구매 금액보다 클 경우 마이너스(-)로 나타날 수도 있습니다.
- **판매상품 수**: 고객이 구매한 건수와 취소한 건수의 총합입니다. 취소 건수가 구매 건수보다 많을 경우 마이너스(-)로 나타날 수도 있습니다.
- **아이템위너 비율**: 조회 기간 동안 내 상품이 아이템위너였던 비율입니다.

잠깐만요 … 통계를 활용해 매출을 높이는 방법을 알려 주세요

- 페이지 상단의 '윙이 제안하는 매출 기회 높은 상품 BEST 5'를 수시로 확인하고 상품을 관리해 보세요.
- 상품의 품절 여부를 확인하고 품절된 상품의 재고를 추가하면 매출 손실을 막을 수 있습니다.
- 판매 중인 상품별로 아이템위너 선정 여부를 확인하세요. 아이템위너로 선정되지 못한 경우 가격을 조정하는 등 상품을 더욱 매력적으로 만들어 주세요.
- 판매 추이를 확인하고 매출 현황에 맞는 전략을 수립해 보세요.

투잡으로 딱! 쿠팡 파트너스

쿠팡 파트너스, 생소하게만 느껴진다고요? 최근 투잡 열풍이 불면서 쿠팡의 제휴마케팅 시스템인 쿠팡 파트너스가 새로운 수익 모델로 각광받고 있습니다. 약간의 시간과 SNS 계정만 있다면 무자본, 무재고로 수익을 창출할 수 있습니다. 4부에서는 제휴마케팅이란 무엇인지, 쿠팡 파트너스로 어떻게 돈을 벌 수 있는지에 대해 알아보겠습니다.

part 04

01 제휴마케팅, 쿠팡 파트너스로 시작하자!

02 상품 공유 링크, 이렇게 만들면 된다

03 잠자고 있던 블로그로 돈 벌자

04 구글 SEO 최적화! 워드프레스 사이트로 돈 벌자

05 실적과 정산 내역, 한 번에 살펴보자

coupang

01 제휴마케팅, 쿠팡 파트너스로 시작하자!

투잡을 시작하고 싶은데 시간과 비용을 많이 투자하기 어려운가요? 하루 30분, 개인 SNS를 활용해 도전할 수 있는 '쿠팡 파트너스'가 정답입니다.

쿠팡 파트너스란?

쿠팡 파트너스는 쿠팡의 온라인 제휴마케팅 서비스입니다. 그렇다면 제휴마케팅이란 무엇일까요? 어떤 상품의 정보를 구하려고 검색을 하다 보면 블로그 등의 본문에 쿠팡 링크가 삽입된 경우를 발견할 수 있습니다. 그 링크를 통해 상품을 구매하면 링크를 생성한 사람에게 일정 수익금이 지급됩니다.

제휴마케팅이란, 이와 같이 상품을 본인의 SNS 또는 사이트에 게시한 후 해당 링크를 통해 구입한 건에 대해 수수료를 받는 시스템을 말합니다. 이를 '어필리에이트(Affliate)'라고도 합니다. 상품을 직접 판매하는 것이 아니기 때문에 상품 소싱, 배송, CS 등의 업무를 직접 해야 할 필요가 없습니다. 쇼핑몰을 시작하기 전이라면 투잡 형태로 운영할 수 있고 고객을 파악하는 연습을 할 수 있다는 장점이 있습니다.

기존에는 알리 익스프레스나 아마존과 같은 해외 사이트 위주로 이뤄졌는데, 이제는 '쿠팡 파트너스'를 통해 제휴마케팅 시스템을 이용할 수 있습니다. 쿠팡에 등록돼 있는 상품의 링크를 생성한 후 자신의 SNS에 업로드해 홍보하는 방식입니다. 검색을 통해 유입된 사람이 해당 링크를 눌러 상품을 구입하면 상품 금액의 3%에 해당하는 수수료를 지급받을 수 있습니다. 현재 쿠팡 모바일 쇼핑 애플리케이션 중 가장 많은 사용자를 확보하고 있는 만큼 실질적인 구매로 전환될 확률이 높다는 장점이 있으며 링크를 통해 유입한 경우 연관 상품을 구매하더라도 수수료를 받을 수 있습니다.

쿠팡 아이디를 가진 회원이라면 누구나 자신의 온라인 채널과 가장 연관성이 높은 상품, 평소 관심 갖고 있던 상품을 간편하게 소개할 수 있습니다. 서비스 가입 및 이용 방법도 간단합니다. 쿠팡 파트너스 사이트에 접속한 후 몇 분이면 가입 신청을 완료할 수 있고, 그 후 쿠팡에서 판매되는 제품의 링크를 원하는 곳에 링크나 배너 형태로 달기만 하면 됩니다. 자신의 사이트를 통해 발생한 수익금은 실시간으로 모니터링할 수 있으며 수익금은 월별로 정산돼 1만 원 이상이 되면 지급받을 수 있습니다.
방법이 간단할 뿐만 아니라 인터넷에 접속할 수만 있으면 언제 어디서든 수익을 낼 수 있다는 장점이 있기 때문에 투잡과 디지털 노마드 열풍에 힘입어 앞으로도 이러한 열기가 지속될 것으로 보입니다.

무작정 따라하기 14 > 쿠팡 파트너스 가입하기

01 쿠팡 파트너스 사이트에 접속한 후 메인 화면 오른쪽 상단의 [로그인]을 클릭합니다.

02 쿠팡 회원이라면 기존 계정으로 로그인하고 아직 쿠팡 회원이 아니라면 로그인 창에서 [회원가입]을 클릭합니다.

03 정보를 빈칸에 입력한 후 [동의하고 가입하기]를 클릭합니다.

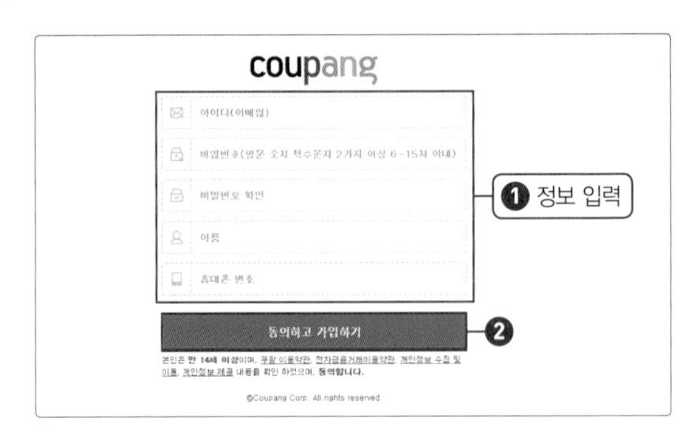

04 사업자 유형을 선택한 후 사이트 목록에 쿠팡 파트너스로 활동할 블로그나 사이트의 주소를 입력하고 [추가]를 클릭합니다. 맨 아래 칸에는 '육아 정보 사이트', 'IT' 등 사이트의 성격을 기입합니다.

미리 등록하지 않은 채널에서는 쿠팡 파트너스 활동이 불가능하므로 주의해야 합니다. 사이트 목록은 무조건 1개 이상 입력해야 하고 모바일 앱 목록의 경우 없으면 비워둬도 됩니다.
또한 사업자등록증이 없는 경우 개인으로 등록해도 상관없으며 사업자의 경우 세금계산서를 발행해 매출 증빙 자료로 내면 됩니다.

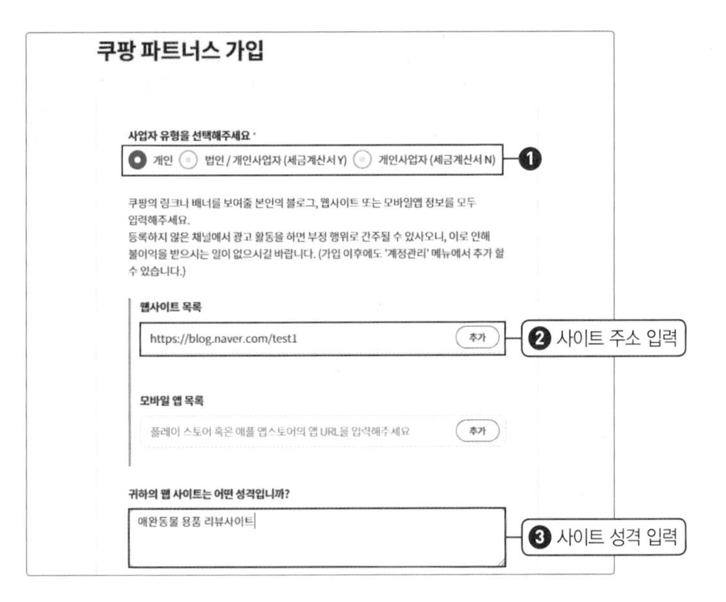

05 사이트를 설명하는 키워드를 골라 클릭합니다. 복수 선택도 가능합니다. 모두 선택했다면 [다음]을 클릭합니다.

추천인을 입력하면 처음 한 달 동안 자신과 추천인 모두 1%의 수익금을 추가로 얻을 수 있습니다. 단, 가입을 마친 후에는 추천인을 입력할 수 없습니다.

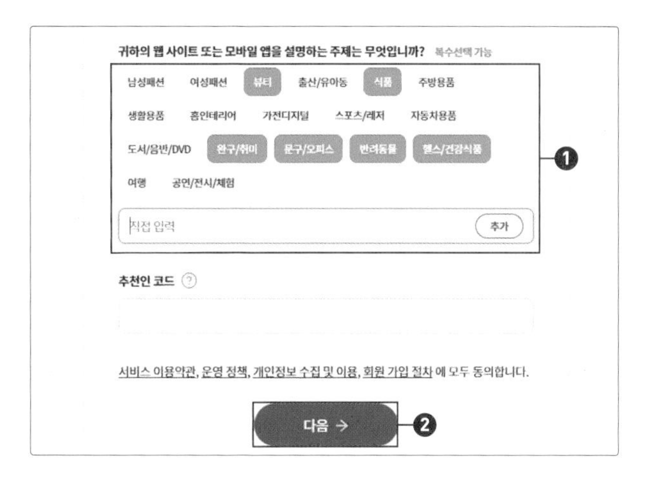

06 자신의 이름과 주민등록번호, 연락처 등의 정보를 입력하세요. 주민등록번호와 계좌번호의 경우 오른쪽의 [인증]을 클릭해야 합니다. 정보를 모두 입력했다면 [다음]을 클릭합니다.

쿠팡 파트너스 가입 개인

결제자 정보

이름 *

주민등록번호 *

인증

대금 정산을 위하여 주민등록번호를 소득세법 제145조에 따라 수집이용하며, 이 법에 따라 5년 동안 보관합니다.

❶ 결제자 정보 입력

연락처

전화번호 *

'-'를 생략하고 입력해주세요

이메일 *

test1@naver.com

주소 *

07 가입 완료 문구와 함께 쿠팡 파트너스의 아이디가 생성됩니다. [확인]을 눌러 사이트의 메인으로 돌아오세요.

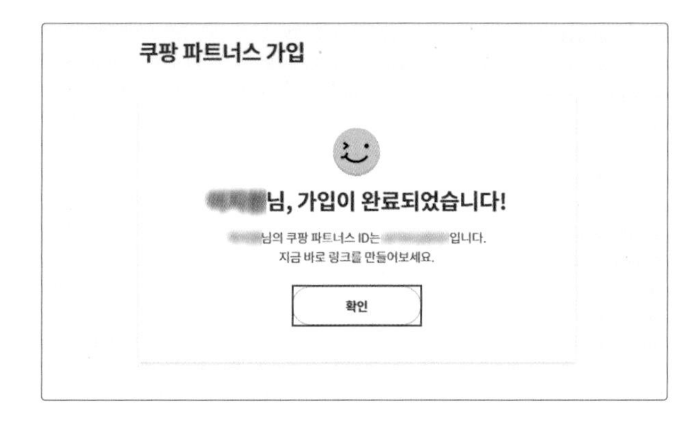

coupang

02 상품 공유 링크, 이렇게 만들면 된다

쿠팡 파트너스 링크를 이용해 SNS에 상품을 홍보하고 해당 링크를 통해 구매가 진행되면 수익금을 얻을 수 있습니다. 상품 링크는 개개인마다 다르게 제공되기 때문에 업로드 전에 링크를 생성해야 합니다. 다양한 형태로 지원되므로 자신에게 맞는 방식을 선택하세요.

무작정 따라하기 15 > 상품 검색하고 링크 생성하기

01 쿠팡 파트너스 사이트의 메뉴에서 [링크 생성]-[상품 링크]를 클릭합니다. 원하는 상품을 검색 창에 입력해 보세요. 검색 창을 이용하는 대신 스크롤을 내려 골드박스의 상품 링크를 복사하는 방법도 있습니다.

02 스크롤을 내리면 다양한 상품을 볼 수 있습니다. 원하는 상품 위에 마우스 커서를 올려 놓으면 [상품 정보]와 [링크 생성]이 나타납니다. 우선 [상품 정보]를 클릭해 보겠습니다.

03 새 창이 나타나면서 상품의 상세 이미지를 다양한 컷으로 볼 수 있으며 상품명, 가격, 로켓와우 여부, 무료 배송 여부, 도착 예정 시간 등 간단한 상품 정보를 확인할 수 있습니다.

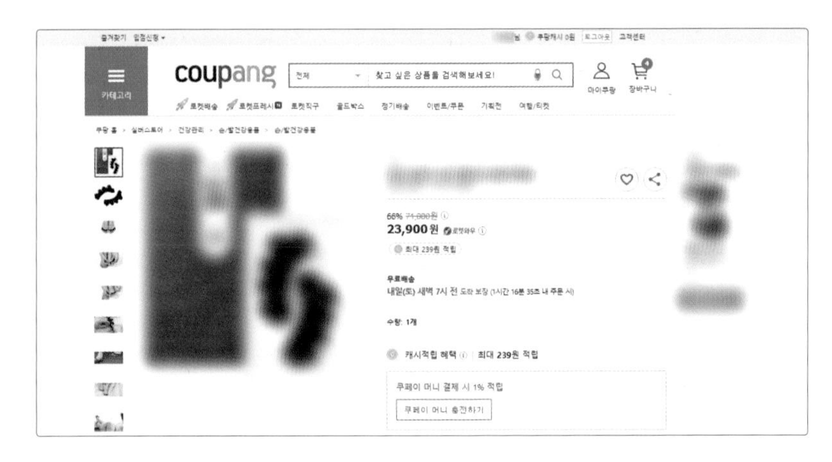

04 다시 검색 결과 페이지로 돌아가 다시 상품 위에 마우스 커서를 올려 놓습니다. [링크 생성]을 클릭하세요.

05 [링크 생성] 창이 나타나면 [URL 복사]를 클릭해 URL 링크를 복사할 수 있습니다.

> **TIP**
> 카카오톡 등 SNS 아이콘을 클릭해 바로 공유할 수도 있습니다.

 잠깐만요 ··· 간편 링크는 어떻게 만드나요?

[링크 생성]–[간편 링크 만들기]를 클릭하면 각 카테고리의 사이트에 바로 접속할 수 있습니다. 간편 링크의 경우, 1개의 링크당 한 상품만을 노출하는 일반 링크와 달리, 상품을 다양하게 노출할 수 있습니다. [간편 링크 만들기]를 이용하면 쿠팡 URL 형태로 링크를 생성할 수 있습니다. [쿠팡 홈], [골드박스] 등의 [추천 링크]를 선택한 후 우측의 [링크 생성]을 클릭하면 해당 페이지의 바로가기 링크가 복사됩니다.

무작정 따라하기 16 > 다이나믹 배너 만들기

TIP

'다이나믹 배너'는 블로그나 사이트 화면 오른쪽에 나타나는 상품 이미지입니다. 움직이는 이미지이므로 다른 광고 배너에 비해 주목도를 높일 수 있습니다.

01 [링크 생성] – [다이나믹 배너]를 선택한 후 [배너 생성]을 클릭합니다.

02 [배너 설정] 창이 나타나면 '배너 제목'에 자신이 알아볼 수 있는 이름을 입력하고 '배너 타입'과 '배너 데이터'를 체크합니다. 다양한 배너 타입 중 '고객 관심 기반 추천'을 클릭했습니다. 배너 타입을 선택하면 미리보기에서 배너 형태와 이미지를 확인할 수 있습니다.

배너 타입은 파트너스 추천, 카테고리 베스트, 고객 관심 기반 추천, 상품 직접 선택 중에서 선택할 수 있습니다.

- 파트너스 추천: 쿠팡에서 추천해 주는 상품들을 보여 줍니다.
- 카테고리 베스트: 각 카테고리별 쿠팡 베스트 상품을 보여 줍니다.
- 고객 관심 기반 추천: 배너 생성자의 관심 상품을 중심으로 보여 줍니다.

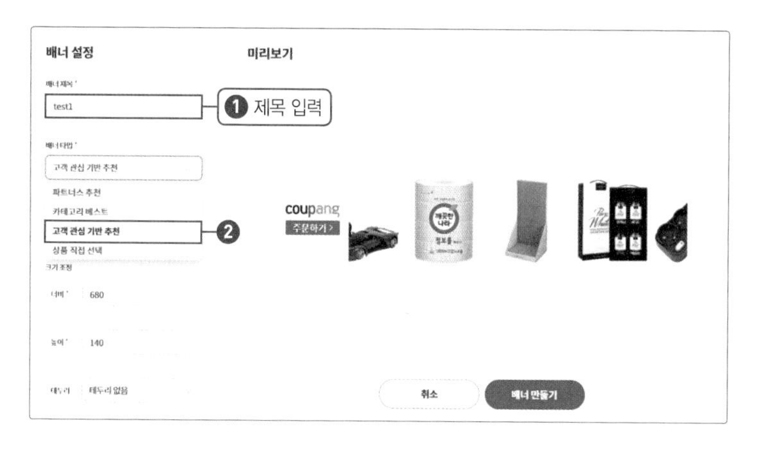

03 상품을 직접 선택해 추가하는 경우 '배너 타입'을 [상품 직접 선택]으로 설정하고 '배너 데이터'를 클릭해 [추가]를 선택합니다.

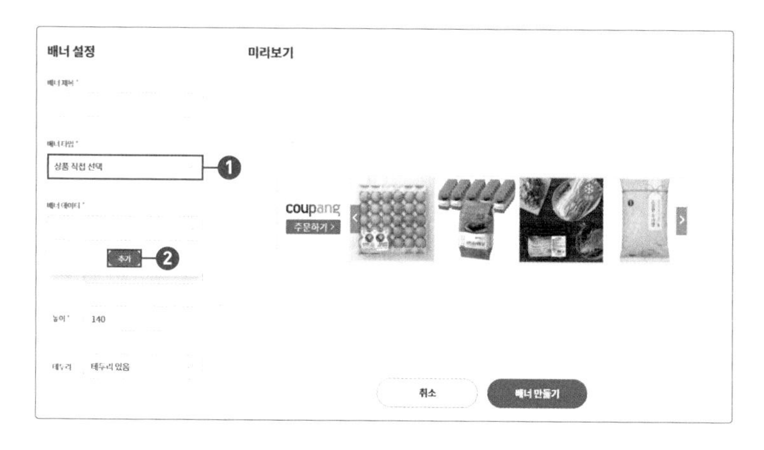

04 새 창이 나타나면 검색 창에 원하는 상품을 검색해 보세요. 원하는 상품 이미지 위에 마우스 커서를 올려 놓고 [추가]를 클릭합니다.

05 창 오른쪽의 '배너 데이터 이름'에 배너명을 입력한 후 [확인]을 클릭합니다.

배너 데이터명은 판매자만 보는 이름이므로 상품명과 다르게 적어도 괜찮습니다.

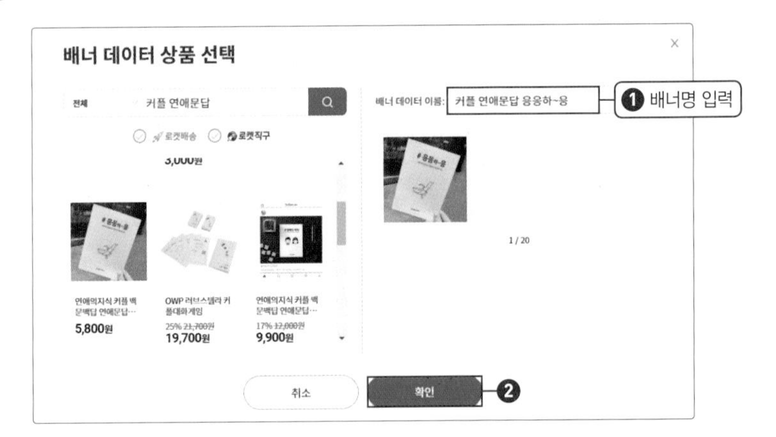

06 '배너 데이터'에 상품이 추가됐습니다. 해당 상품을 클릭해 보세요.

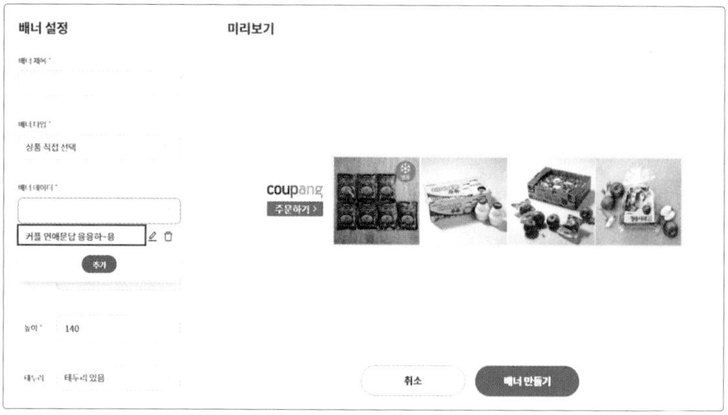

07 추가된 배너는 '미리보기'에서 확인할 수 있습니다. 다른 이미지도 함께 노출되길 원한다면 같은 방법으로 추가하세요.

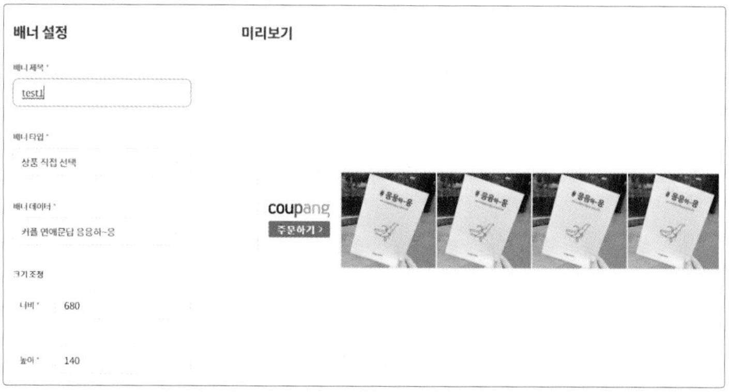

08 배너 사이즈를 변경하려면 '크기 조정'에서 너비와 높이를 조정해야 합니다. '테두리'에서 테두리 여부도 설정할 수 있습니다. 전부 완료됐으면 [배너 만들기]를 클릭합니다.

블로그 사이드바에 배너를 넣으려면 사진과 같이 너비 '680', 높이 '140'으로 설정하면 됩니다.

09 '파트너스 코드'가 발행됐습니다. [복사]를 클릭해 해당 코드를 복사하면 사이트에 배너를 달 수 있습니다. 블로그 또는 사이트에 배너를 등록하는 방법은 167쪽에서 알아보겠습니다.

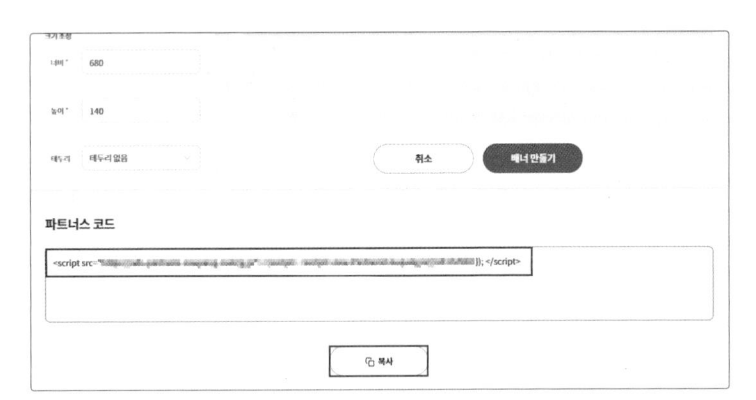

10 다음으로 '카테고리 배너'를 만드는 방법을 살펴보겠습니다. 카테고리 배너는 쿠팡의 다양한 상품 카테고리로 접속할 수 있는 배너입니다. [링크 생성] - [카테고리 배너]를 클릭하세요.

배너는 위젯 형태로 블로그에 계속 노출되기 때문에 수익을 낼 가능성이 가장 큽니다.

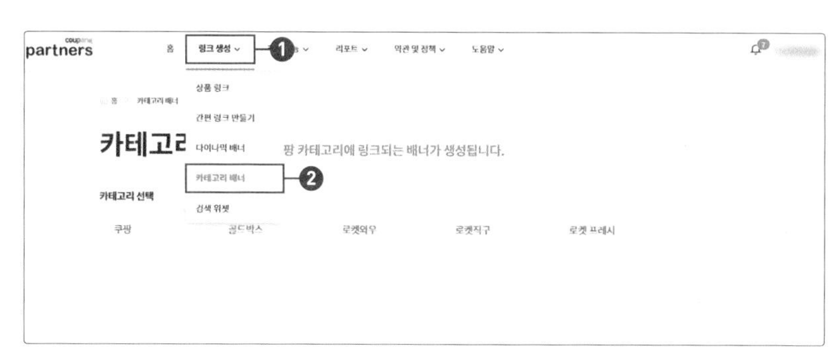

11 '카테고리 선택'에서는 쿠팡의 여러 서비스를 선택할 수 있습니다. 자신이 원하는 카테고리를 클릭하세요. 여기서는 '쿠팡'을 선택했습니다.

12 [배너 생성] 창이 나타납니다. 새로 생성된 HTML 형식의 링크를 확인할 수 있습니다. '미리보기'를 통해 배너의 사이즈를 선택한 후 [HTML 복사]를 클릭해 링크를 복사합니다.

잠깐만요 ··· 카테고리 배너의 사이즈가 궁금해요

카테고리 배너의 경우 다이나믹 배너와 다르게 사이즈가 정해져 있습니다. 배너의 사이즈로는 '160 × 600', '150 × 60', '120 × 60'을 추천합니다. 블로그 본문에 삽입된 배너를 살펴보면서 사이즈를 비교해 봅시다.

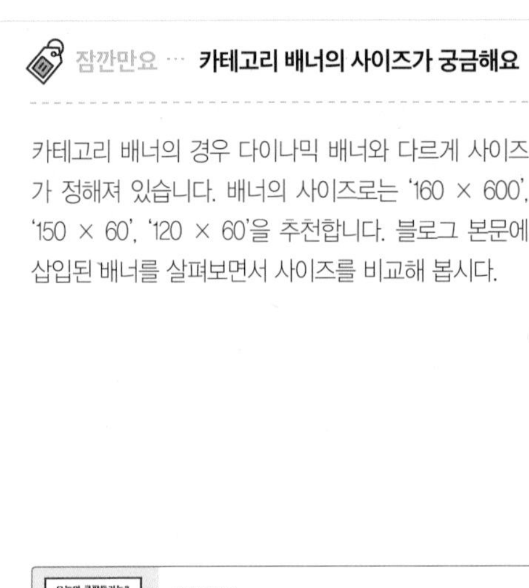

▲ 160×600

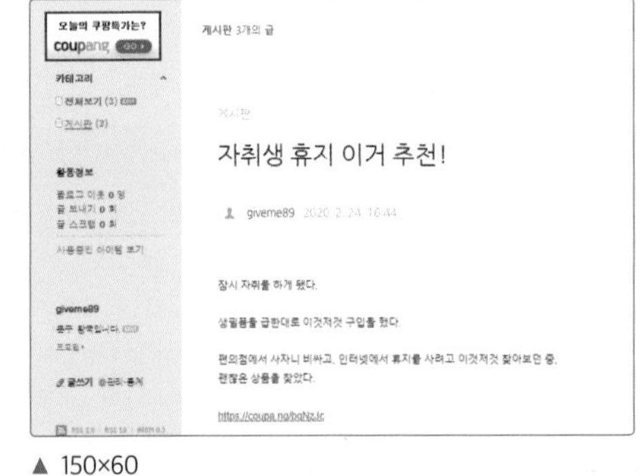

▲ 150×60

▲ 120×60

무작정 따라하기 17 > 크롬 확장 프로그램 설치하기

01 [추가 기능] 메뉴의 [크롬 확장 프로그램]은 파트너스 링크를 빠르게 공유하기 위해 사용하는 확장 프로그램입니다. 이 프로그램을 이용하면 사용자의 쿠팡 파트너스 트래킹 링크를 더욱 쉽게 생성하고 공유할 수 있습니다.
쿠팡 파트너스 사이트의 메인 화면에서 [추가 기능] - [크롬 확장 프로그램]을 클릭합니다.

02 크롬 확장 프로그램 설치를 위해 화면 아래의 [chrome 웹스토어]를 클릭해 웹스토어에 접속합니다.

크롬 확장 프로그램은 크롬 브라우저를 기반으로 하기 때문에 크롬 브라우저가 설치되지 않은 경우 우선 브라우저를 설치한 후에 진행해야 합니다.

03 새 창이 나타나면 화면 오른쪽의 [Chrome에 추가]를 클릭해 확장 프로그램을 설치합니다.

04 설치 안내 창이 나타나면 [확장 프로그램 추가]를 클릭합니다.

05 크롬에 쿠팡 파트너스가 추가됐다는 안내와 함께 브라우저의 상단 메뉴바에 아이콘이 생성됩니다.

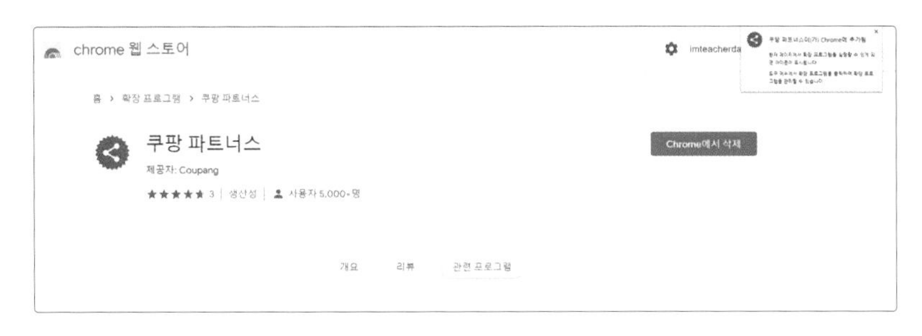

06 쿠팡 사이트에서 원하는 상품을 선택한 후 우측 상단의 아이콘을 통해 SNS에 링크를 보다 쉽고 빠르게 공유할 수 있습니다.

coupang

03 잠자고 있던 블로그로 돈 벌자

쿠팡 파트너스를 활용하면 누구나 수익을 낼 수 있습니다. 블로그, 사이트, 카페, SNS 등 글을 업로드할 수 있는 플랫폼 중 자신이 원하는 곳을 선택하면 되는데, 이번에는 블로그 포스트를 이용해 링크를 업로드해 보겠습니다.

무작정 따라하기 18 > 블로그 포스팅에 단축 URL 삽입하기

01 쿠팡 파트너스 사이트에서 [링크 생성] - [상품 링크]를 클릭합니다.

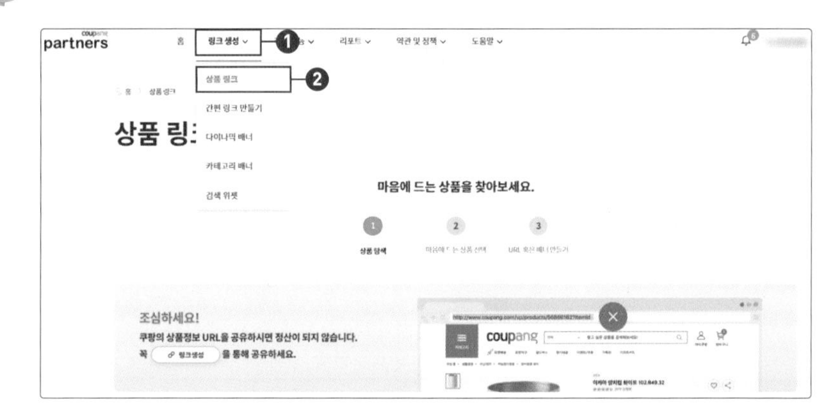

02 상품 검색 창에 원하는 상품을 입력합니다. 여기서는 『순백 3겹 휴지』를 검색했습니다.

03 상품 이미지 위에 마우스 커서를 올려 놓고 [링크 생성]을 클릭하면 새 창이 나타납니다.

04 상품의 링크를 블로그에 공유해 보겠습니다. [링크 생성] 창이 나타나면 [URL 복사]를 클릭해 단축 URL의 링크를 복사합니다.

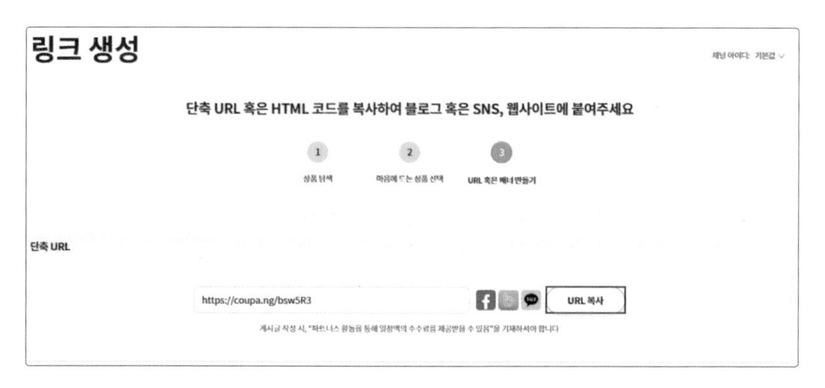

05 자신의 블로그에 접속해 해당 상품과 관련된 글을 작성합니다. 글을 모두 작성했으면 링크를 삽입하고자 하는 위치에 URL을 붙여 넣습니다. Ctrl+Shift를 누른 후 Enter를 누르면 링크 바로 아래에 이미지가 나타나는 것을 확인할 수 있습니다.

06 글을 모두 작성한 후 오른쪽 위의 [발행]을 클릭합니다.

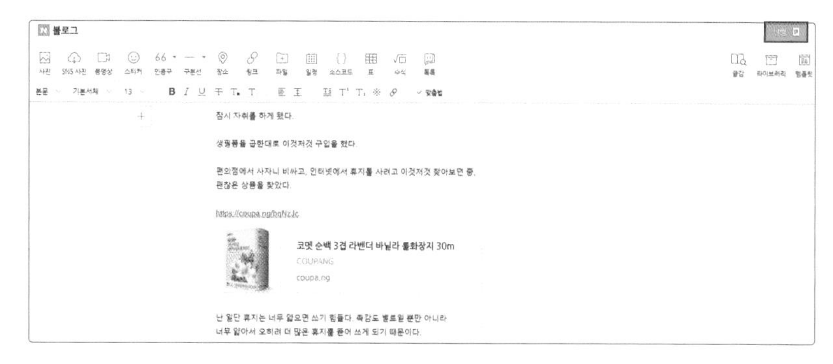

07 카테고리와 주제, 태그 등 상세 내용을 선택합니다. 검색 결과에 노출돼야 하기 때문에 '공개 설정'은 [전체공개]로 선택하고 '발행 설정'에서 [검색허용]을 체크합니다. 설정을 마쳤으면 [발행]을 클릭합니다.

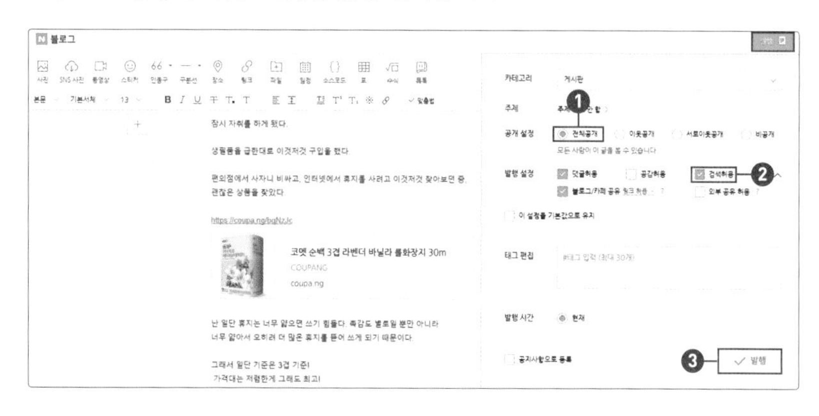

08 블로그에 게재된 포스팅을 확인할 수 있습니다.

09 내 블로그의 방문자가 해당 글의 링크를 클릭하면 쿠팡의 상품 페이지로 이동합니다. 이 페이지에서 해당 링크를 통해 상품을 구매할 경우 수수료를 받을 수 있습니다.

내가 공유한 링크로 접속한 구매자가 쿠팡에서 24시간 내에 다른 상품을 구매하는 경우에도 동일한 수수료를 받을 수 있습니다.

무작정 따라하기 19 > 블로그에 쿠팡 배너 업로드하기

01 [링크 생성] - [카테고리 배너]를 클릭한 후 원하는 배너 사이즈를 선택하고 [HTML 복사]를 클릭해 링크를 복사합니다. 여기서는 160×600 사이즈를 선택했습니다.

02 네이버 블로그에 접속한 후 '블로그 정보' 영역에서 [관리]를 클릭합니다.

03 블로그 관리 창이 나타나면 [꾸미기 설정] 메뉴로 이동한 후 '디자인 설정'의 [레이아웃 위젯·설정]을 클릭합니다.

04 스크롤을 내려 오른쪽 아래의 [위젯 직접 등록]을 클릭합니다.

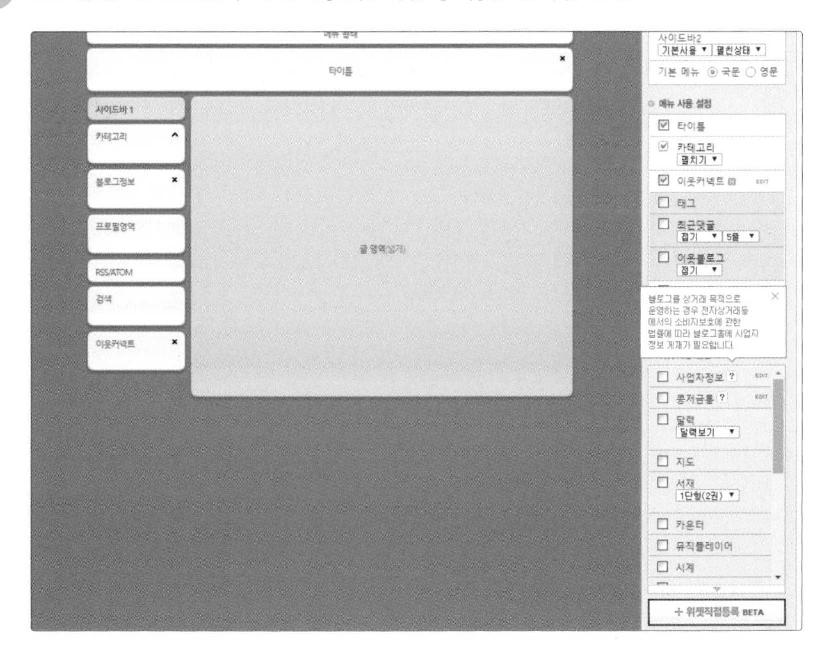

05 [위젯 직접등록] 창에서 '위젯명'과 '위젯코드'를 입력합니다. 위젯명은 작성자만 볼 수 있기 때문에 원하는 이름으로 입력하면 됩니다. '위젯코드' 입력칸에는 과정 01에서 복사했던 링크를 붙여 넣습니다. 입력을 마쳤으면 [다음]을 클릭합니다.

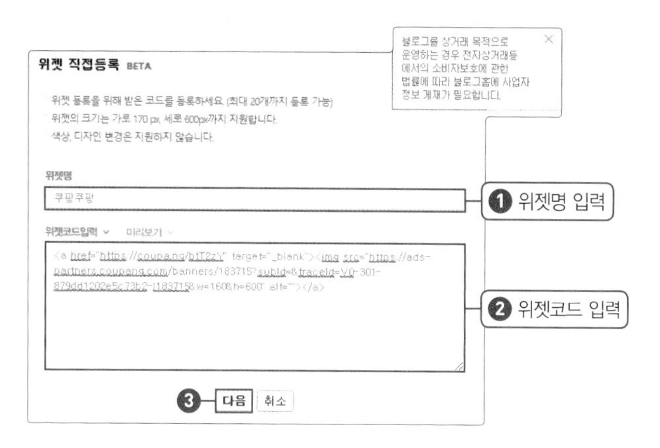

06 미리보기 이미지를 확인한 후 [등록]을 클릭합니다.

위젯을 만들면 기본적으로 블로그 메뉴 맨 아래에 배치됩니다. 위젯의 위치를 조정하고 싶으면 드래그해 원하는 위치로 옮겨 주세요.

07 맨 아래의 [적용]을 클릭하면 내 블로그로 돌아올 수 있습니다.

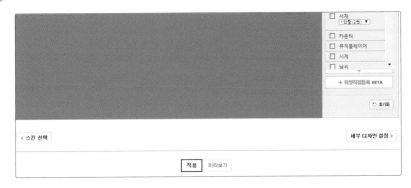

08 블로그 하단에 위젯이 제대로 적용된 것을 확인해 보세요.

 잠깐만요 … **네이버 블로그와 티스토리 블로그 중 어떤 것이 유리한가요?**

네이버 블로그는 네이버 아이디만 있으면 시작할 수 있고 이미 틀이 잘 짜여 있기 때문에 디자인을 할 줄 몰라도 쉽게 꾸밀 수 있다는 장점이 있습니다. 반면 티스토리 블로그를 이용하면 좀 더 자유롭게 내가 원하는 홈페이지 형태로 디자인할 수 있습니다. 따라서 쿠팡 파트너스 배너를 넣을 수 있는 영역이 좀 더 많아집니다. 모바일에서도 반응형 홈페이지로 나타나기 때문에 더욱 예쁘게 꾸밀 수 있습니다. HTML 언어를 어느 정도 이해하고 있는 사용자라면 티스토리 블로그를 이용하는 것을 추천합니다.

coupang

04 구글 SEO 최적화! 워드프레스 사이트로 돈 벌자

블로그뿐 아니라 사이트에도 쿠팡 상품을 노출시켜 구매로 이어지도록 할 수 있습니다. 워드프레스 사이트를 만드는 방법과 워드프레스 사이트에 쿠팡 링크를 게시하는 방법을 살펴보겠습니다.

구글 SEO란?

SEO란, 'Search Engine Optimization'의 약자로, '검색엔진 최적화'라는 의미입니다. 즉, 자사의 사이트 또는 콘텐츠가 검색 결과의 상위에 위치할 수 있도록 하는 작업을 말합니다. 광고와 달리 노출 순위를 올리는 데까지는 시간과 노력이 소요되지만 비용이 들지 않고 지속적으로 노출할 수 있다는 장점이 있습니다. 정확한 정보가 담긴 콘텐츠를 찾는 소비자에게 적극적으로 어필하기 위해서는 SEO 작업을 통해 콘텐츠의 노출 순위를 높이는 작업이 필요합니다.

워드프레스는 구글 SEO에 강하다는 장점이 있습니다. 워드프레스로 만든 홈페이지에 게시글을 꾸준히 작성하면 다른 홈페이지나 블로그에 비해 구글 검색 결과에 많이 노출됩니다. 또한 검색 엔진 노출을 돕는 플러그인을 설치하면 홈페이지를 좀 더 효과적으로 운영할 수 있습니다. 'Yoast SEO', 'All in One SEO Pack', 'Rank Math' 등과 같은 다양한 SEO 플러그인 중 자신에게 적합한 것을 선택하면 됩니다. 여기서는 구글에서 제공하는 'Site Kit by Google'을 이용했습니다.

워드프레스 홈페이지에 게시글을 작성하면 구글을 이용해 상품을 검색하는 사용자에게 내 링크를 효과적으로 노출시킬 수 있습니다. 워드프레스 홈페이지를 만들고 게시글을 작성해 쿠팡 파트너스 링크를 공유하는 방법을 알아봅시다.

워드프레스 홈페이지를 개설하고 플러그인을 설치하는 것도 중요하지만 게시글을 꾸준히 업로드하는 것이 더욱 중요합니다. 유의미한 게시글을 한 달 이상 작성해 보세요. 만족할 만한 성과를 거둘 수 있을 것입니다.

무작정 따라하기 20 > 워드프레스 사이트 만들기

'닷홈'에서는 1년간 무료로 호스팅을 제공합니다. 계속 사용하고자 할 경우에는 연장 신청을 할 수 있는데, 기간 내 연장 신청이 이뤄지지 않을 경우 계정이 차단되며 연장 비용이 발생될 수 있으니 주의하세요.

01 워드프레스 사이트는 호스팅과 도메인이 필요합니다. 무료 호스팅 사이트인 '닷홈(https://www.dothome.co.kr/index.php)'에 접속합니다. 오른쪽 위의 [회원가입]을 클릭해 계정을 생성합니다.

02 로그인한 후 메인 화면 상단 메뉴에서 [웹 호스팅] - [무료 호스팅]을 클릭합니다.

03 스크롤을 아래로 내려 [신청하기]를 클릭합니다.

 잠깐만요 … **트래픽 용량은 어떻게 늘리나요?**

추가 트래픽이나 디스크 용량이 필요한 경우 '추가 옵션'을 신청하거나 [무제한 웹호스팅 바로가기]를 클릭해 자신에게 맞는 옵션을 선택할 수 있습니다.

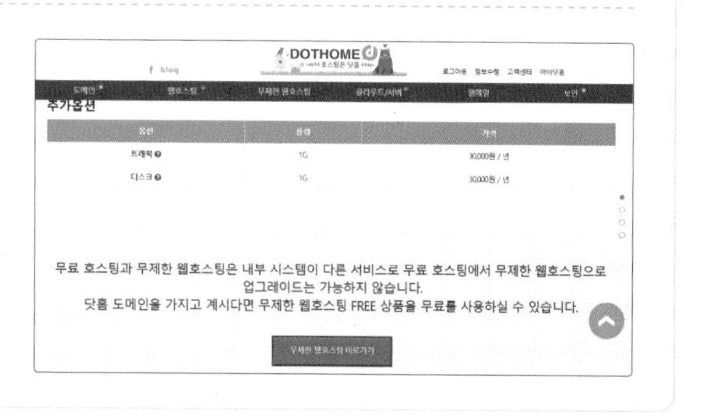

04 안내 사항을 확인했으면 스크롤을 내려 체크 박스를 선택하고 [무료 호스팅 신청하기]를 클릭합니다.

이용 기간은 1년이며 호스팅 계정당 도메인을 총 3개까지 연결할 수 있습니다.

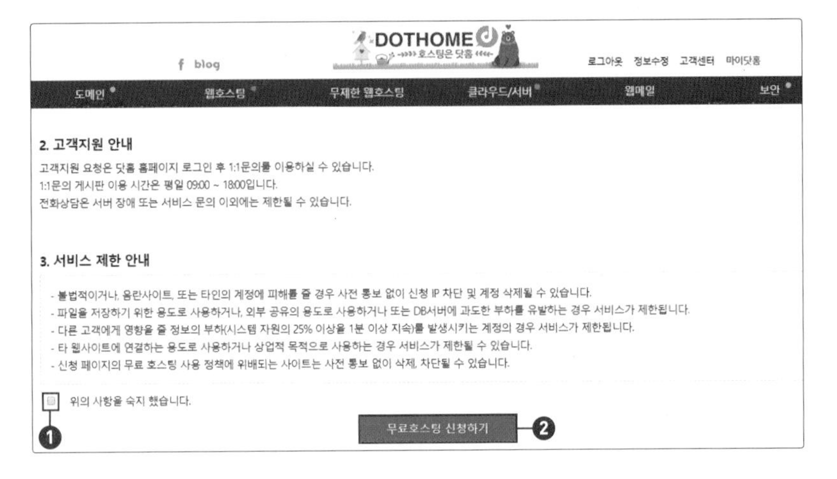

05 '담당자 정보'와 '계약자 정보'를 입력합니다. 이미 등록된 담당자 및 계약자가 있는 경우 오른쪽 위에서 선택합니다.

계약자는 호스팅을 구매한 실제 주인, 담당자는 호스팅을 관리하는 직원 및 업체를 의미합니다. 계약자와 담당자가 동일한 경우에는 똑같은 정보를 입력해도 됩니다.

06 도메인에 포함될 FTP 아이디 및 비밀번호를 입력합니다. FTP 비밀번호를 적으면 DB 비밀번호가 동시에 입력됩니다.

FTP란, 'File Transfer Protocol'의 약자로, 내 PC의 파일을 홈페이지 서버와 공유할 수 있는 통신 규약 서비스를 말합니다. 워드프레스 설정을 변경하는 경우 FTP 비밀번호가 필요하므로 잊어버리면 안 됩니다.

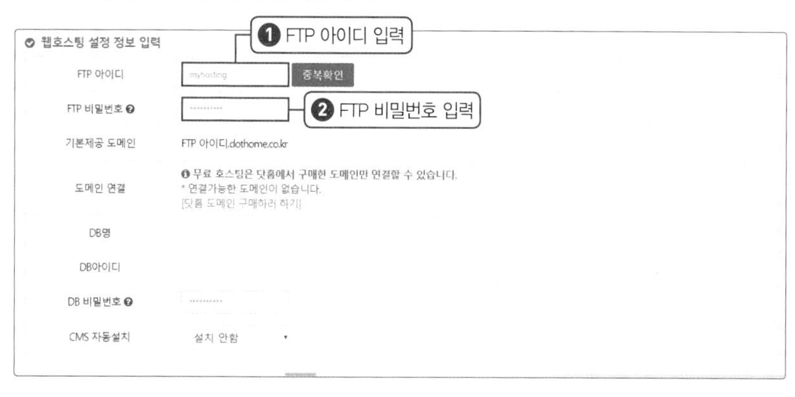

07 'CMS 자동 설치'에는 워드프레스 한글, 워드프레스 영문, XE, 그누보드가 있는데 이 중 [워드프레스 한글]을 선택하겠습니다. CMS 설정 정보를 모두 입력해 호스팅 신청을 마무리합니다.

CMS 관리자 비밀번호와 이메일은 '워드프레스 한글'에 대한 정보 입력 칸입니다. 이 영역의 '사이트 주소'는 앞서 정한 도메인 주소로 자동 입력됩니다.

08 자신이 입력한 메일 주소로 인증 코드가 발송됩니다. 메일에 접속해 코드를 복사하고 '인증코드 입력' 칸에 붙여 넣습니다. 이용 약관을 확인한 후 [신청하기]를 클릭합니다.

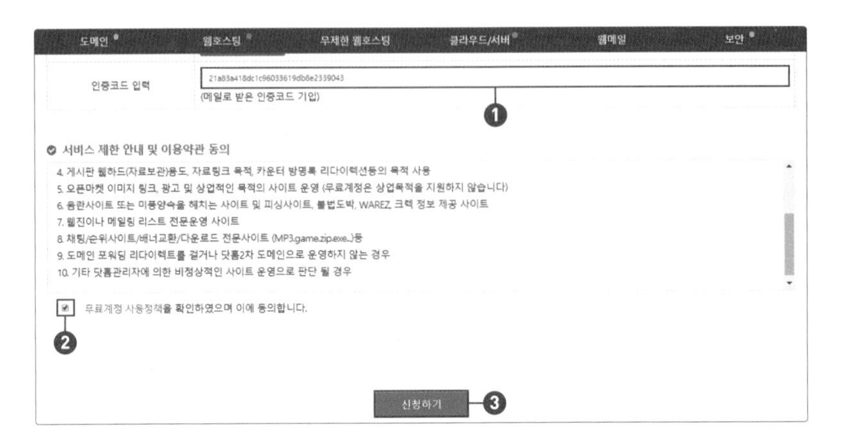

09 무료 호스팅 신청이 완료돼 개인 도메인 주소가 생성됐습니다.

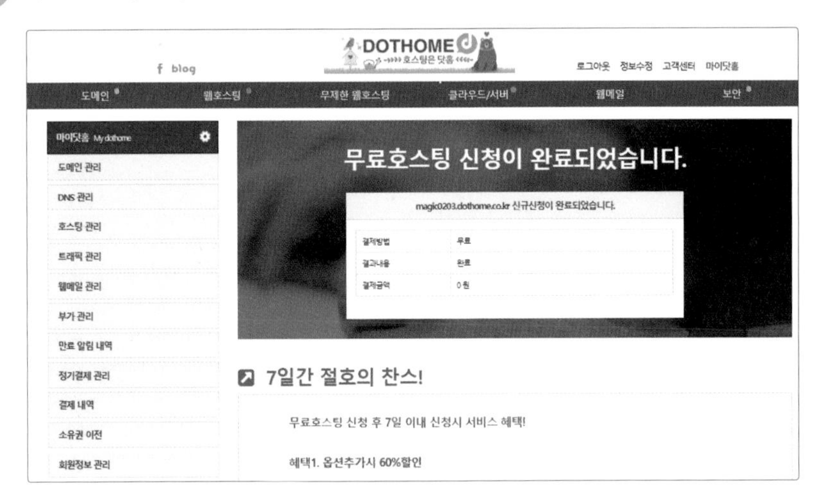

10 이렇게 생성된 개인 도메인에 접속합니다.

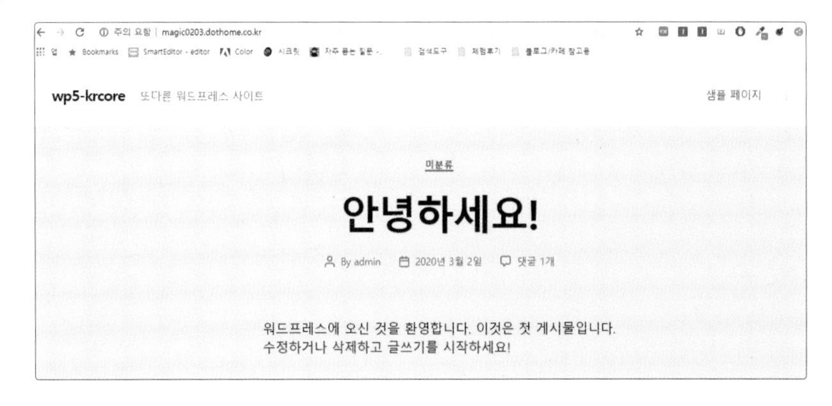

11 스크롤을 내려 '그 밖의 기능'의 [로그인]을 클릭합니다.

최근 글

안녕하세요!

카테고리

미분류

최근 댓글

워드프레스 댓글 작성자 (안녕하세요!)

그 밖의 기능

로그인
Entries feed
Comments feed
WordPress.org

12 자신의 계정을 입력해 로그인하면 워드프레스의 관리자 페이지를 확인할 수 있습니다.

무작정 따라하기 21 > 워드프레스 사이트에 상품 링크 연결하기

01 쿠팡 파트너스 메인 화면에서 [링크 생성] - [상품 링크]를 클릭합니다.

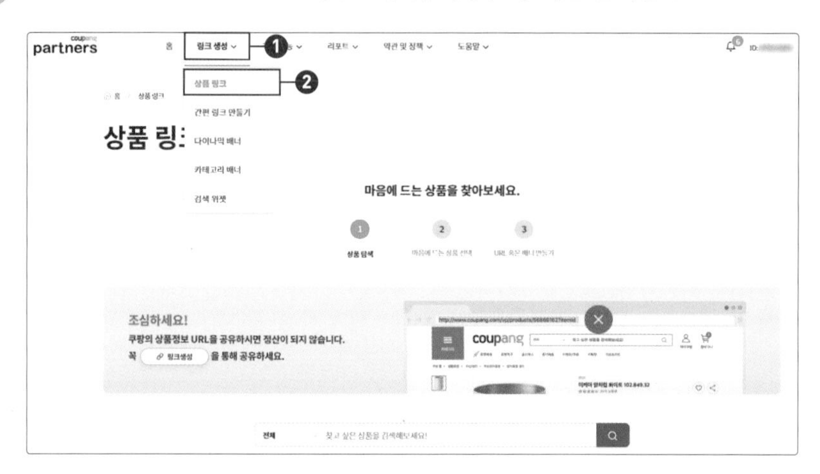

02 검색 창에 키워드를 입력해 상품을 검색합니다. '선물'이라는 키워드로 검색해 보겠습니다.

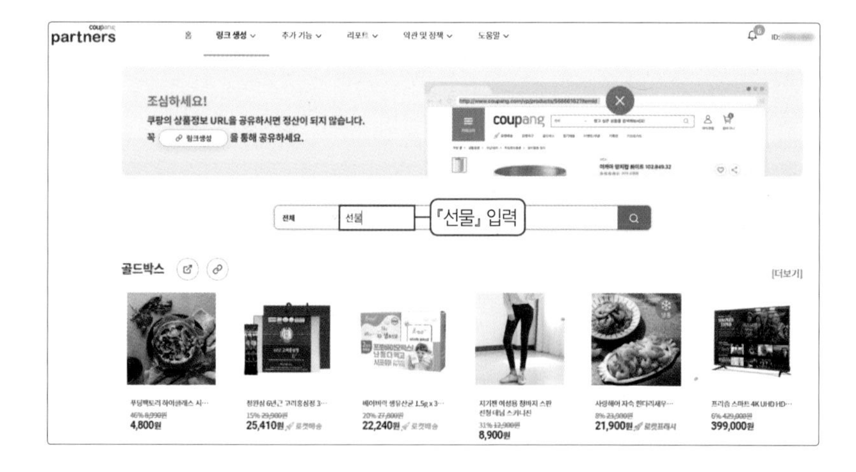

03 원하는 상품에 마우스 커서를 올려 놓으면 2개의 버튼이 나타납니다. 상품 사진을 가져오기 위해 [상품정보]를 클릭합니다.

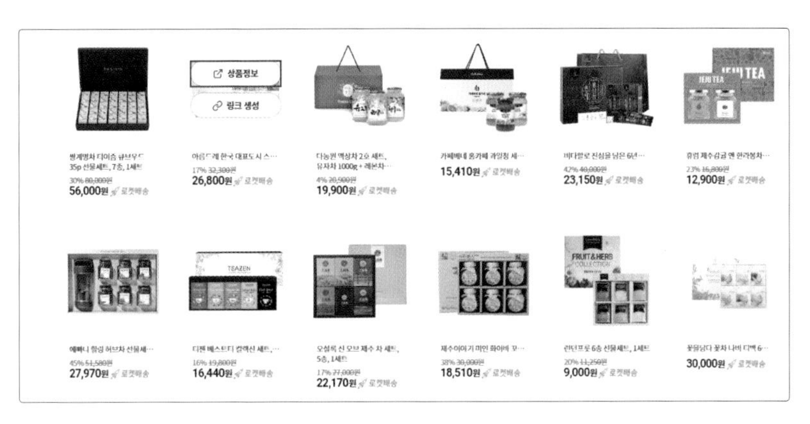

04 상품 대표 이미지 중 원하는 사진을 마우스 오른쪽 버튼으로 클릭한 후 [이미지를 다른 이름으로 저장]을 선택합니다.

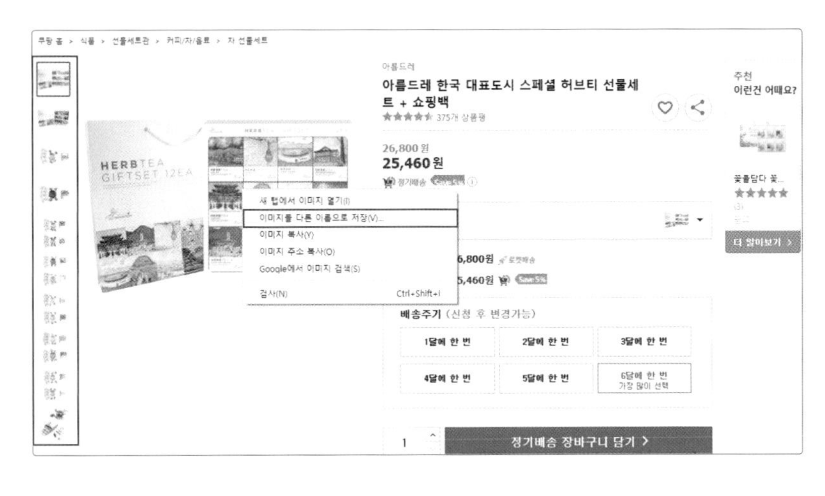

05 파일 저장 위치를 지정한 후 파일명을 입력하고 [저장]을 클릭합니다.

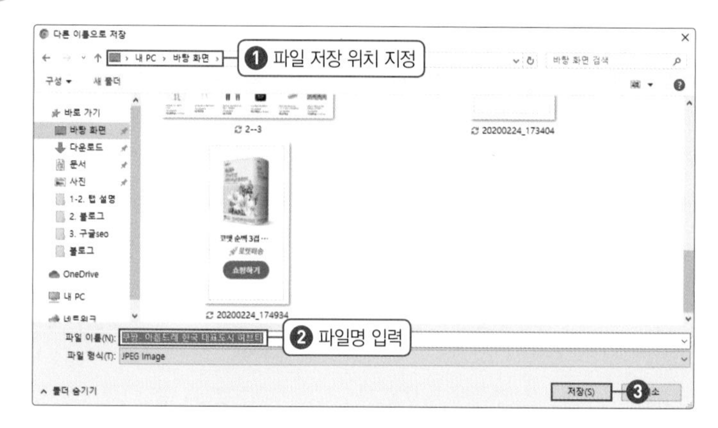

06 뒤로 가기를 클릭해 다시 상품 페이지로 돌아갑니다. 상품 위에 마우스 커서를 올려 놓은 후 [링크 생성]을 클릭합니다.

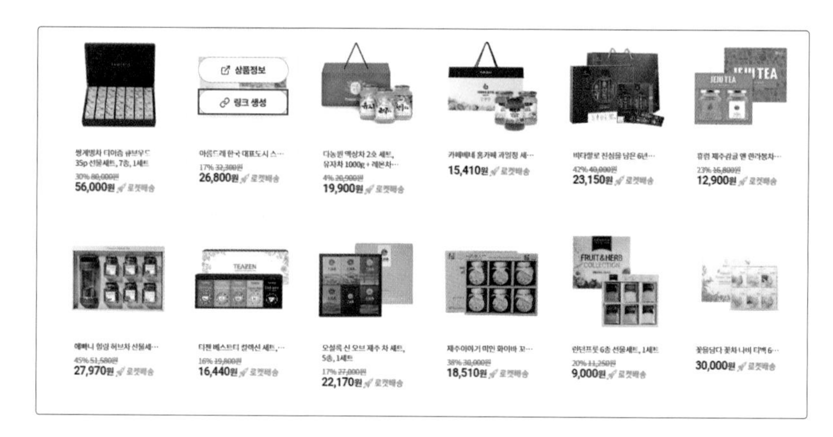

07 '단축 URL' 오른쪽의 [URL 복사]를 클릭해 링크를 복사한 후 메모장에 따로 붙여 둡니다.

08 워드프레스 사이트에 접속해 로그인한 후 [새로 추가] 메뉴에서 [글]을 클릭합니다.

글을 쓸 때 ⊕를 클릭하면 단락 나누기, 이미지 첨부하기 등의 기능을 추가로 사용할 수 있습니다!

09 블로그에 글을 쓴 후 이미지를 넣기 위해 ⊕를 클릭하고 [이미지]를 선택합니다.

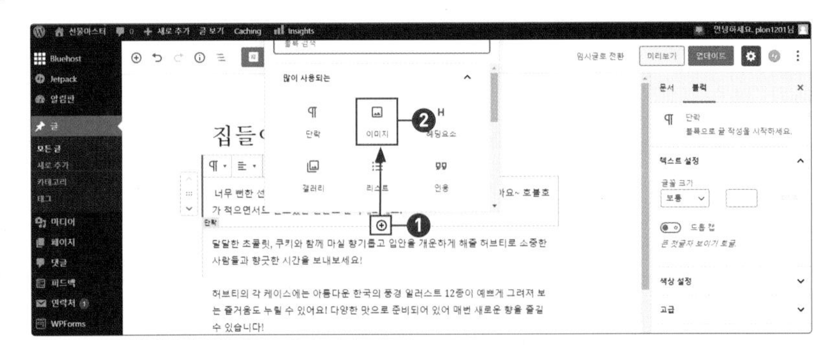

10 새 창이 나타나면 [업로드]를 클릭합니다.

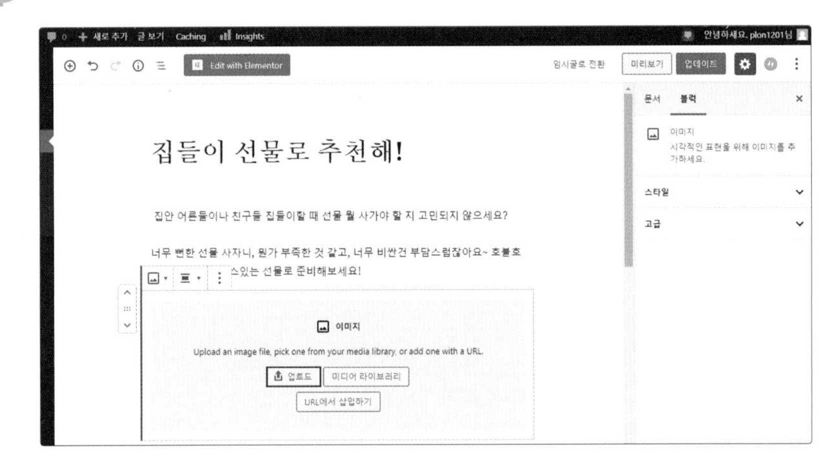

11 과정 05에서 저장했던 사진을 선택한 후 [열기]를 클릭합니다.

12 글에 이미지가 첨부됐습니다. 이미지 바로 아래에 추가 설명 글을 작성하거나 링크를 첨부할 수도 있습니다.

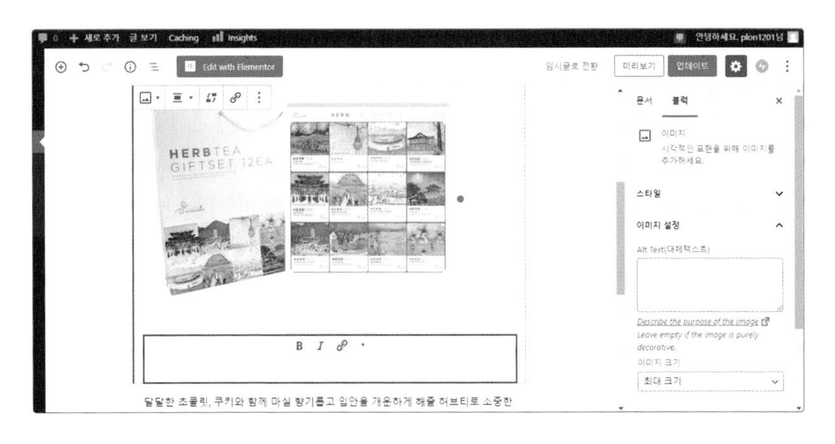

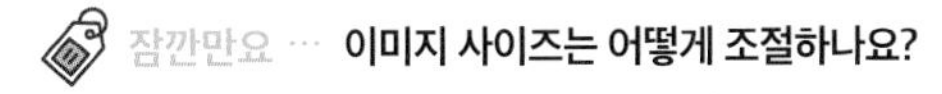

잠깐만요 ··· **이미지 사이즈는 어떻게 조절하나요?**

이미지의 공백이 있는 곳에 마우스 커서를 올려 놓고 좌우로 드래그하면 이미지 사이즈를 조절할 수 있습니다. 하단 공백에 마우스 커서를 올려 놓을 경우 사이즈를 위아래로 조절할 수도 있습니다.

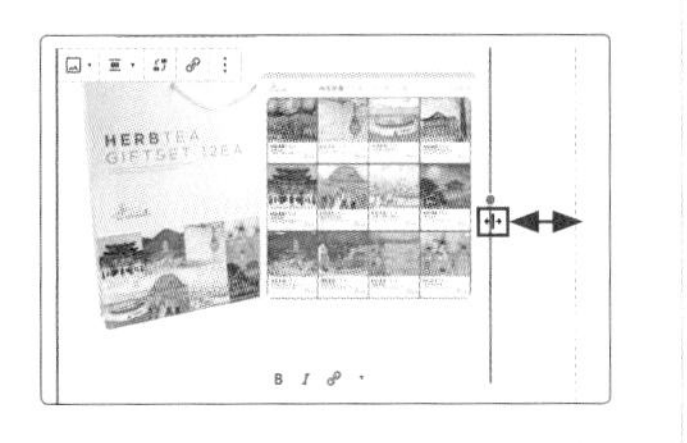

13 이미지 아래에 설명 글을 적고 블록으로 지정한 후 [링크(🔗)]를 클릭합니다.

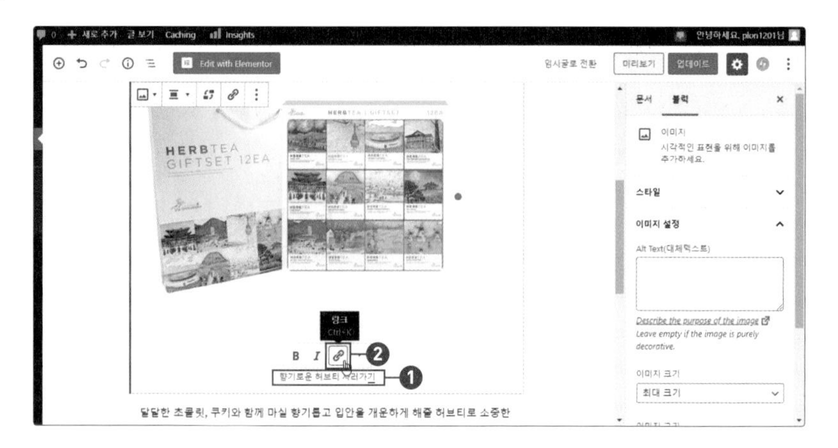

14 빈칸에 과정 07에서 복사해 둔 링크를 붙여 넣은 후 오른쪽의 [^]를 클릭합니다. 바로 아래의 [토글]를 클릭해 '새 탭에서 열기'를 활성화하고 [↵]를 클릭합니다.

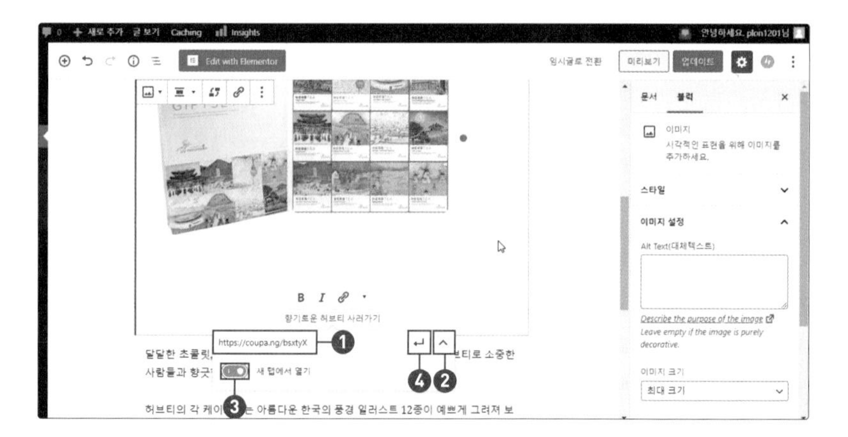

15 소개 글에 하이퍼링크가 생성돼 글씨가 파란색으로 변경됐습니다.

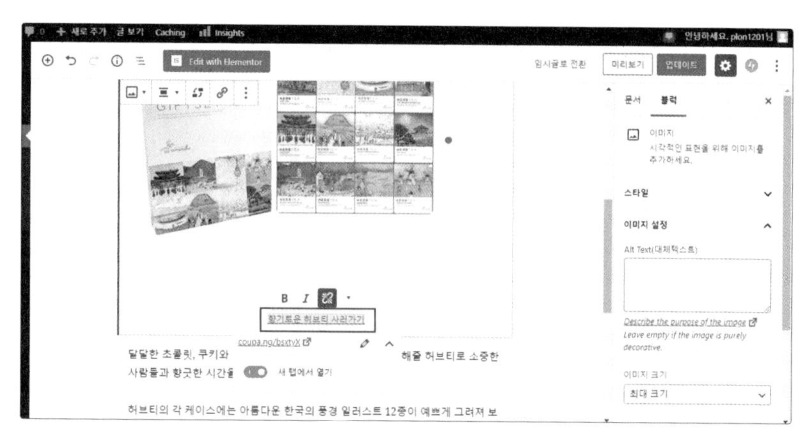

16 글 작성을 완료하기 위해 오른쪽 위의 [업데이트]를 클릭합니다.

17 완성된 글에서 링크를 클릭하면 상품 구매 페이지로 이동합니다.

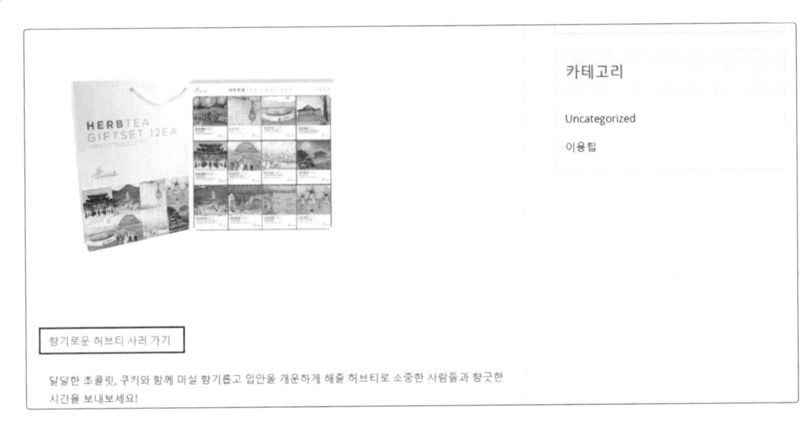

무작정 따라하기 22 > 구글 검색 최적화를 위한 플러그인 설치하기

01 워드프레스 관리자 페이지에서 [플러그인]을 클릭합니다.

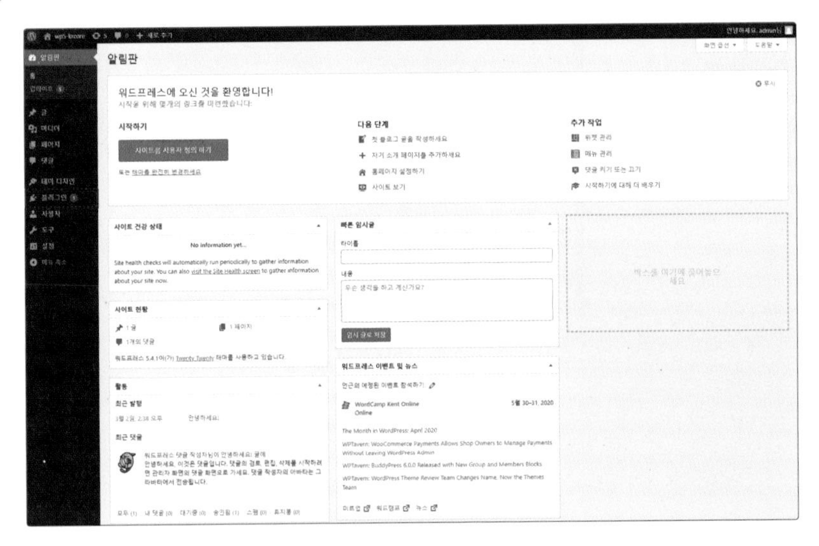

02 [새로 추가]를 클릭합니다.

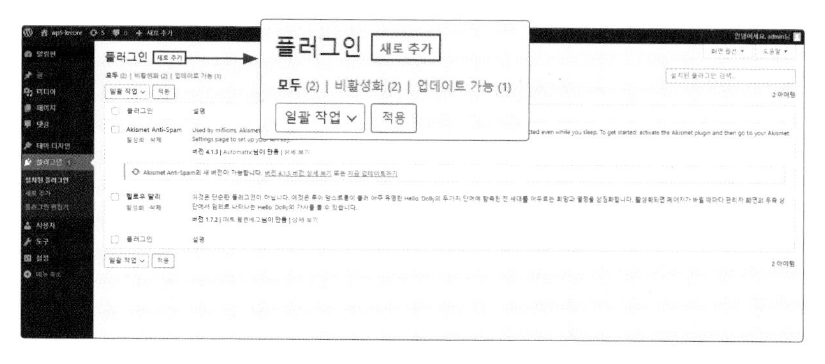

03 키워드 검색 창에 『google』을 입력합니다. 검색 결과에 'Site Kit by Google'이 나타나면 [지금 설치]를 클릭합니다.

TIP

'Site Kit by Google'은 구글의 검색 도구를 효율적으로 사용할 수 있는 워드프레스용 플러그인입니다. 구글에서 검색했을 때 내 사이트가 검색 결과에 최적화돼 노출될 수 있도록 도와줍니다.

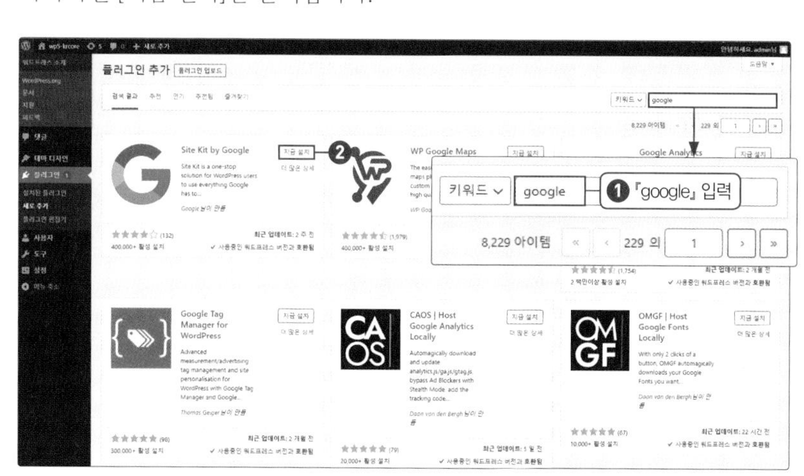

04 설치가 완료되면 [활성화]를 클릭해 구글과 나의 워드프레스 사이트를 연동합니다.

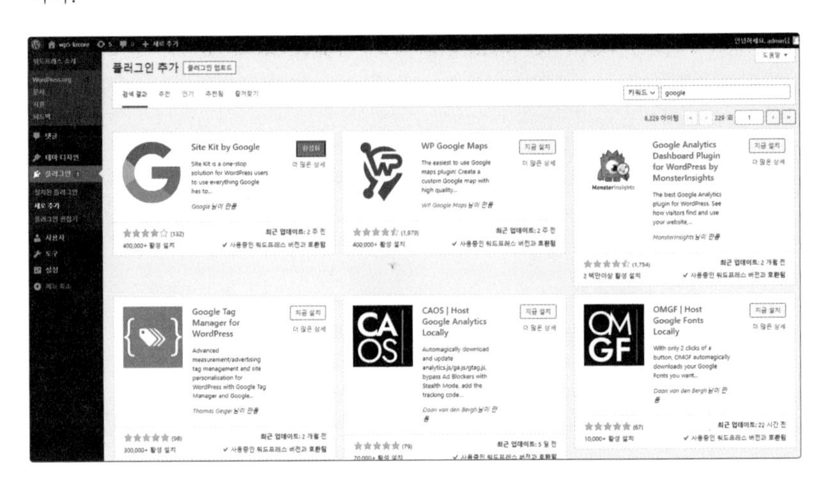

05 문제가 발생하면 자동으로 구글에 보고된다는 메시지가 나타납니다. 체크 박스를 선택해 동의하고 [START SETUP]을 클릭합니다.

'Site Kit by Google'을 활성화하려면 구글 계정이 필요합니다. 아직 구글 계정이 없다면 회원으로 가입해야 합니다.

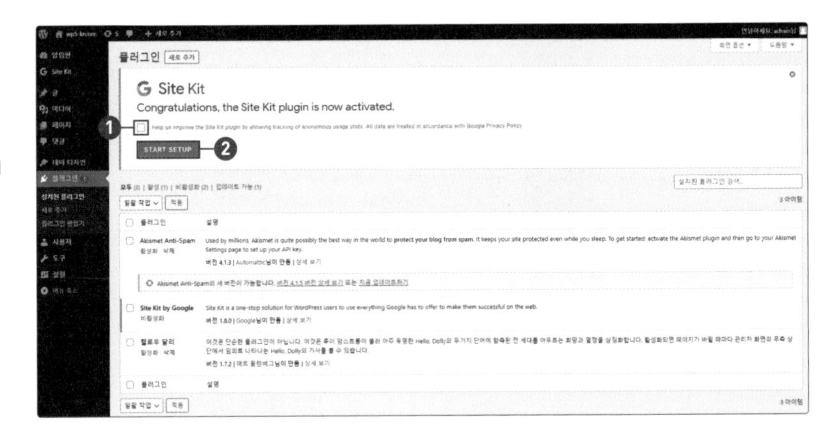

TIP

설치 화면이 영어로 설명돼 있기 때문에 따라하기 어렵다면 오른쪽 위에 자동으로 나타나는 '구글 자동 번역' 기능을 이용해 보세요.

06 [Sign in with google]을 클릭합니다.

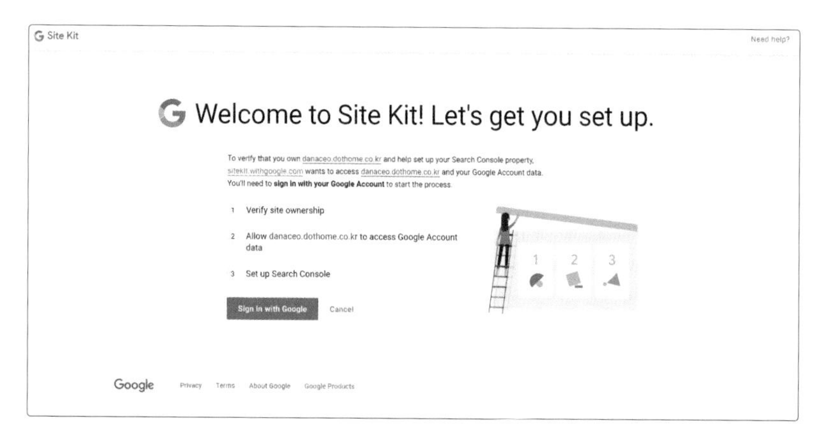

07 구글 계정으로 로그인하고 [허용]을 클릭해 내 계정에 액세스합니다.

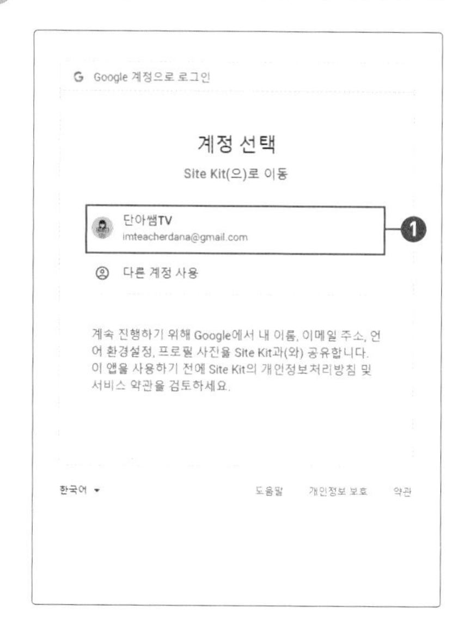

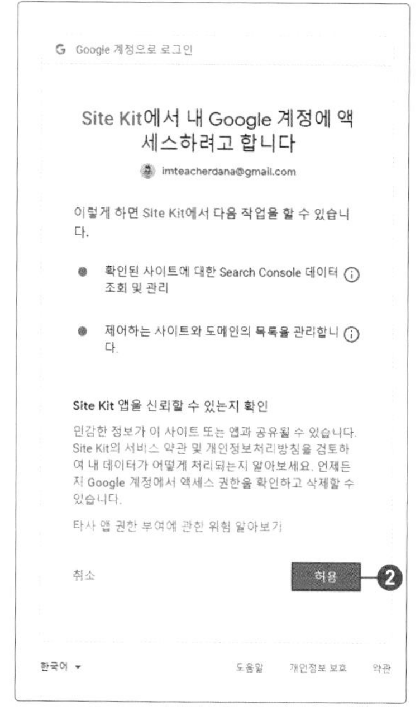

08 사이트의 소유권을 확인하기 위해 [Proceed]를 클릭합니다. 구글 계정 사용자가 워드프레스 사이트의 소유자와 일치하는지 검증하는 단계입니다. 워드프레스 사이트에 HTML 코드를 자동으로 삽입해 확인을 진행하기 때문에 약간의 시간이 소요됩니다.

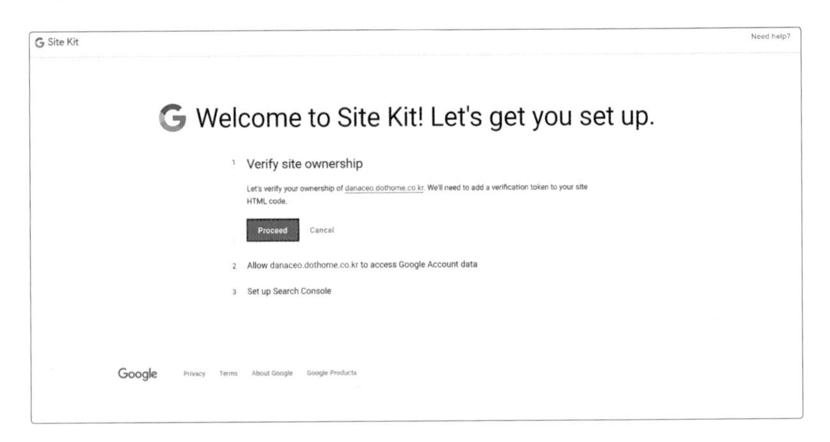

09 내 워드프레스 사이트가 구글 계정에 액세스할 수 있도록 승인합니다. 만약 워드프레스 사이트의 소유자와 구글 검색 등록을 관리하는 사람이 다르다면 이 단계에서 구글 담당자의 계정으로 로그인한 후 진행합니다. [Allow]를 클릭해 계정 데이터 액세스를 허용해 주세요.

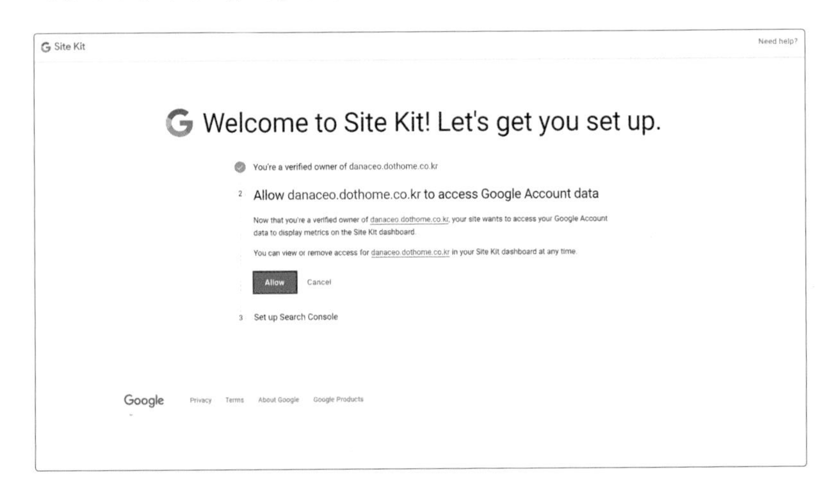

10 구글 검색 엔진이 내 워드프레스 사이트의 게시글을 검색할 수 있도록 승인합니다. [Add site]를 클릭하세요.

G Site Kit
Need help?

Welcome to Site Kit! Let's get you set up.

You're a verified owner of danaceo.dothome.co.kr

danaceo.dothome.co.kr can access your Google Account data

3 Set up Search Console

We'll add danaceo.dothome.co.kr to Search Console so you can see how people find your site on Search

Add site Cancel

Google Privacy Terms About Google Google Products

11 [Go to my Dashboard]를 클릭하면 다시 워드프레스 사이트로 이동할 수 있습니다. 설정이 모두 완료되면 내 사이트가 구글 검색에 최적화돼 노출됩니다.

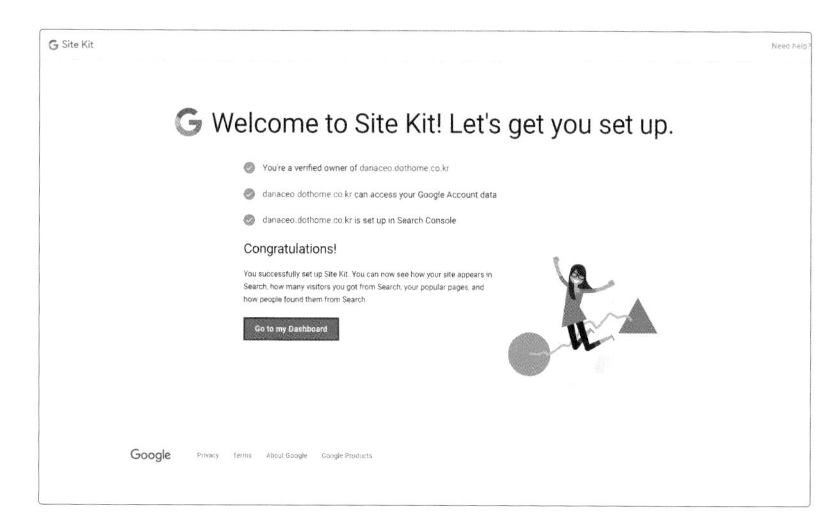

 잠깐만요 ··· **검색 등록이 제대로 됐는지는 어떻게 알 수 있나요?**

❶ 구글에서 『search console』을 검색합니다. 검색 결과에서 [Google Search Console]을 클릭해 해당 사이트로 이동합니다.

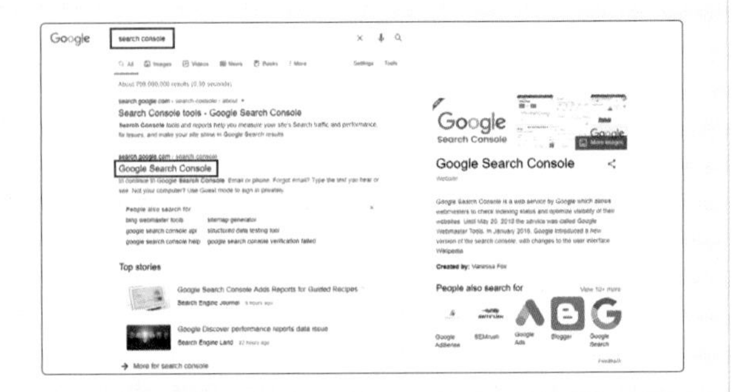

❷ 왼쪽 상단에 [기본 메뉴(≡)]–[속성 검색]을 클릭합니다. 내가 등록한 워드프레스 도메인을 입력하고 클릭합니다.

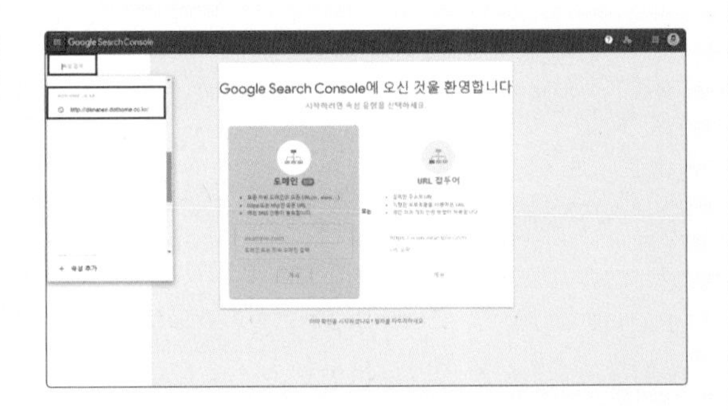

❸ 오른쪽 화면과 같이 데이터를 처리하는 중이라는 문구가 나타나면 작업이 정상적으로 진행되고 있다는 뜻입니다. 이제 내가 발행한 워드프레스의 게시글이 구글 검색 엔진에 반영돼 노출됩니다.

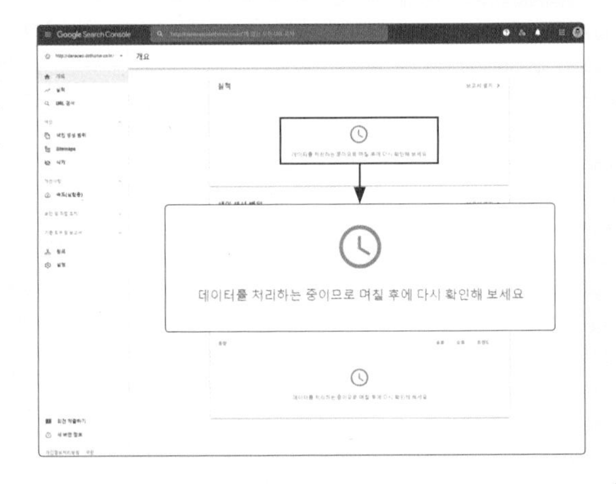

실적과 정산 내역, 한 번에 살펴보자

쿠팡 파트너스 활동을 통해 상품이 판매되면 상품 가격의 3%에 해당하는 커미션을 받을 수 있습니다. 쿠팡 파트너스 활동을 통해 쌓인 실적은 쿠팡 파트너스 사이트에서 실시간으로 확인할 수 있습니다. 이번에는 실적을 확인하는 방법을 알아보겠습니다.

무작정 따라하기 23 > 시기별 실적 확인하기

01 실적을 확인하기 위해 쿠팡 파트너스 사이트에서 [리포트] - [실적 리포트]를 클릭합니다. [실적 리포트]에서는 '일별 실적'과 '월별 실적'을 살펴볼 수 있습니다. 화면 오른쪽 위의 [날짜 범위]를 클릭하면 특정 기간의 리포트를 살펴볼 수 있습니다.

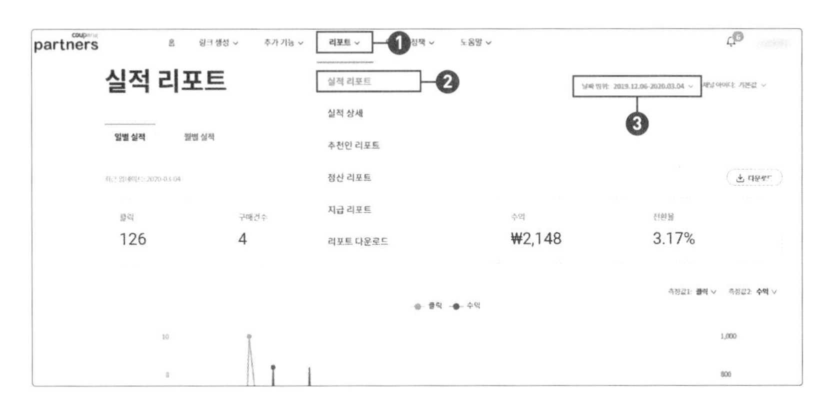

02 [어제], [일주일], [30일]처럼 정해진 기간으로 설정할 수도 있고 날짜를 클릭해 직접 설정할 수도 있습니다. 설정을 마친 후 [승인]을 클릭하세요.

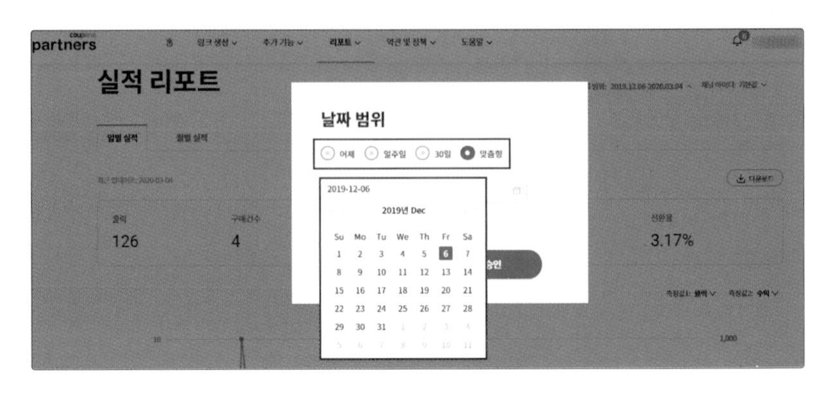

03 [일별 실적]에서는 '일별 클릭 수'와 '구매 건수', '전환율'까지 수치로 파악할 수 있습니다. 초록색 그래프는 클릭 수, 보라색 그래프는 수익을 나타냅니다. 오른쪽 위의 [다운로드]를 클릭하면 해당 그래프와 수치를 엑셀 파일로 다운로드할 수 있습니다.

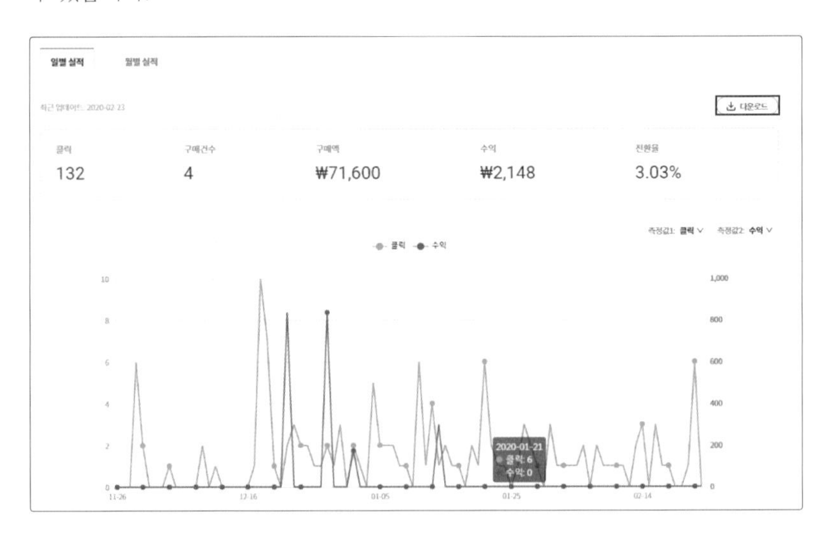

그래프 오른쪽 위의 [다운로드]를 클릭하면 '리포트 파일이 생성됐다'는 메시지 창이 나타나며 [확인]을 누르면 [리포트 다운로드] 페이지로 이동합니다. 이 파일은 [리포트]-[리포트 다운로드] 메뉴에서 언제든지 다운로드할 수 있습니다.

04 [월별 실적]에서는 '클릭 수'와 '구매 건수', '전환율'의 월별 자료를 확인할 수 있습니다.

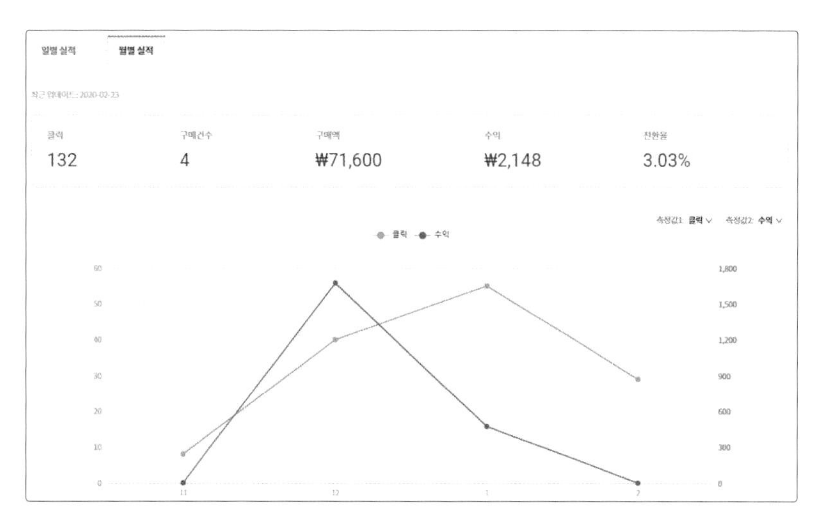

05 [리포트] - [실적 상세] 메뉴로 이동해 보겠습니다. 구매로 이어진 상품과 함께 구매액과 수익을 구체적으로 확인할 수 있습니다. 자신이 첨부한 링크를 통해 다른 상품을 구매한 경우에도 실적으로 인정됩니다.

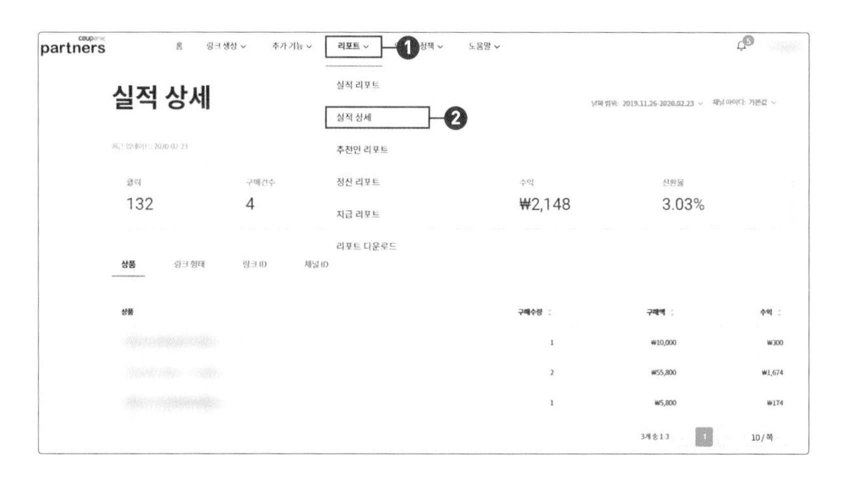

01 [리포트]-[정산 리포트] 메뉴에서 수익금을 확인할 수 있습니다. 월별 상세 내용을 알아보기 위해 리스트 오른쪽의 [자세히]를 클릭합니다.

정산 리포트에 나타난 수익금은 매번 입금되지 않고 만 원 이상 쌓인 후 정산됩니다.

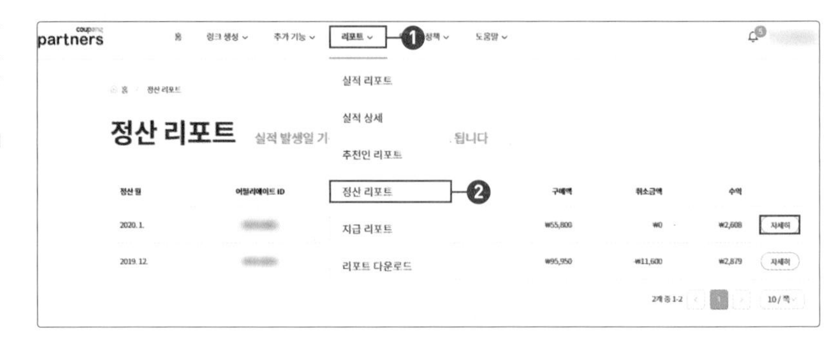

02 '정산 상세'에서는 해당 월에 쿠팡 파트너스 링크를 통해 수익을 얻은 내역을 확인할 수 있습니다.

쿠팡 파트너스 수익금의 '타입'은 두 가지입니다.

- 수익금: 내가 공유한 판매 링크를 통한 판매 수익금(상품 금액의 3%).
- 추천 가입자 수익: 나를 추천인으로 등록한 쿠팡 파트너스 이용자가 수익을 얻은 경우 추가 지급되는 수익금(상품 금액의 1%).

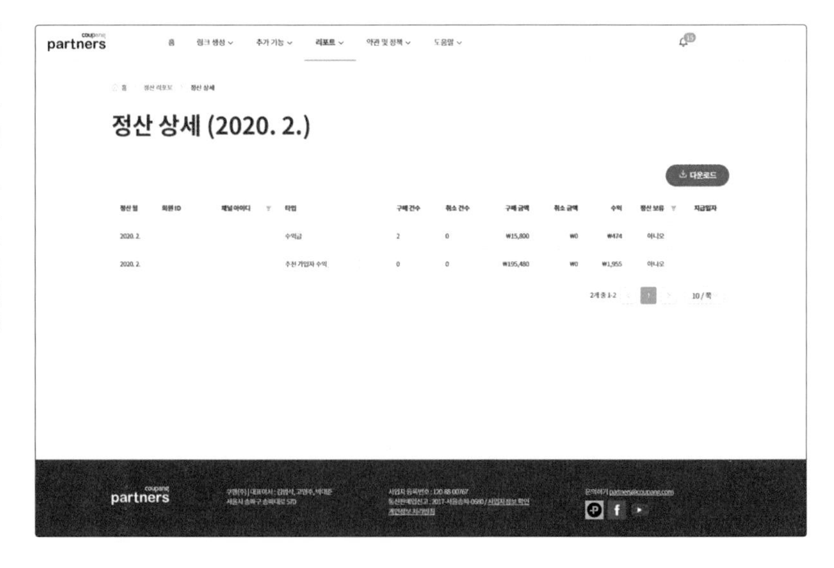

03 [리포트] - [지급 리포트] 메뉴로 이동해 보겠습니다. 수익이 쌓여 실제 지급된 경우 실제 지급일자와 상세 내역을 확인할 수 있습니다.

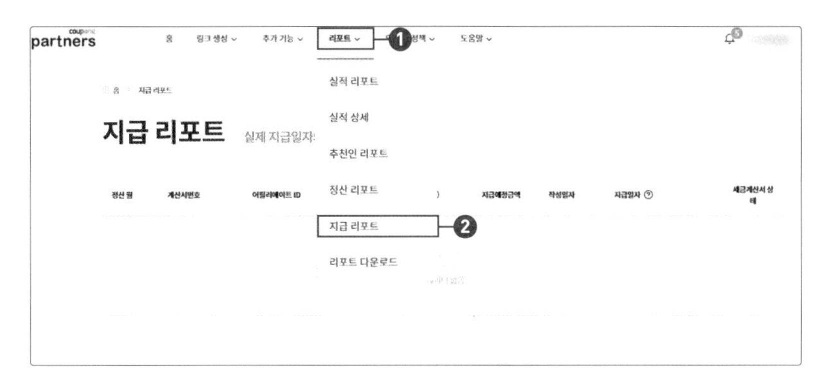

04 [리포트] - [리포트 다운로드] 메뉴로 이동하면 이미 생성된 실적 리포트를 확인할 수 있습니다.

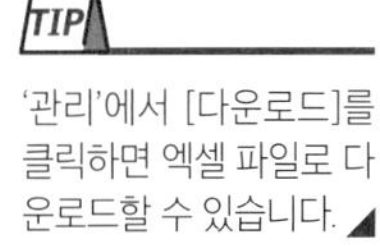

'관리'에서 [다운로드]를 클릭하면 엑셀 파일로 다운로드할 수 있습니다.

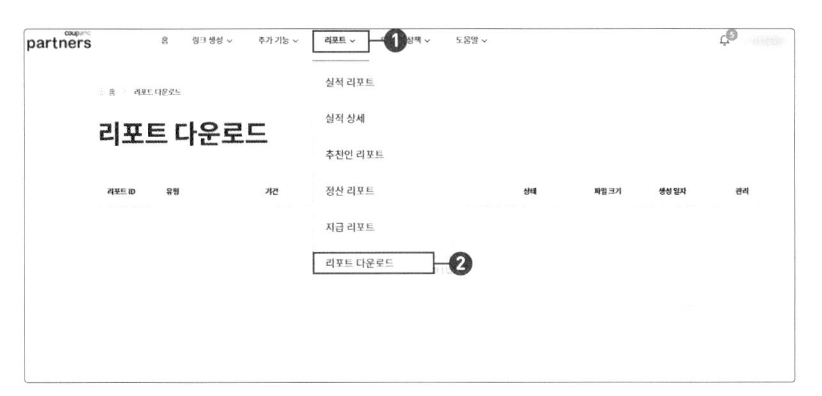

잠깐만요 … 수익금 정산은 언제 이뤄지나요?

쿠팡 파트너스 수익금은 익익월 15일에 지급됩니다. 다음 예시를 참고하세요.

- 1월 1일~1월 31일: 실적 발생
- 2월 25일: 전월 실적 확정
- 2월 26일: 쿠팡에서 세금계산서 역발행
- 3월 10일: 세금계산서 승인 마감일
- 3월 15일: 수익금 지급(휴일인 경우 다음 영업일에 처리)

쿠팡 대표 주자!
로켓배송

로켓배송을 구매자로서 이용해 본 적은 있는데 직접 판매하려니 막막하시죠? 기존 마켓 플레이스에서 꾸준히 좋은 상품을 판매해 왔다면 쿠팡에서 로켓배송 입점을 제안할지도 모릅니다. 로켓배송은 배송과 고객 CS를 대행하는 판매 플랫폼입니다. 5부에서는 로켓배송 견적서를 작성하는 방법과 상품을 입고하는 방법을 알아보겠습니다.

part 05

01 로켓배송, 나도 도전해 볼까?

02 로켓배송 판매의 핵심, 견적서 작성 A to Z

03 상품 등록·입고, 이렇게 하면 걱정 끝!

coupang

01 로켓배송, 나도 도전해 볼까?

쿠팡 로켓배송은 당일 밤 12시까지 주문을 완료하면 다음 날 바로 집으로 배송되는 방식으로, 쿠팡을 대표하는 판매 시스템입니다. 로켓배송의 판매자로 입점하는 방법을 알아봅시다.

로켓배송이란?

'쿠팡'하면 가장 먼저 떠오르는 단어가 무엇인가요? 아마 대부분의 고객이 '로켓배송'이라고 답할 것입니다. 로켓배송은 당일 밤 12시까지 주문을 완료하면, 다음날 바로 상품을 받아볼 수 있는 시스템입니다.

이와 같은 배송이 가능한 것은 쿠팡 로켓배송의 물류 시스템 덕분입니다. 고객이 상품을구매하면 판매자가 직접 발송하는 것이 아니라 이미 물류 센터 측에 포장해 놓은 상품이 고객에게 바로 배송됩니다. 또한 다른 택배사를 거치지 않고 쿠팡에서 자체적으로 배송합니다.
배송에 소요되는 시간을 획기적으로 줄임으로써 서비스 시작 당시 매우 뜨거운 반응을 불러일으켰고 잠깐의 열풍에 그치지 않고 이제는 하나의 플랫폼으로 자리잡았습니다. 쿠팡의 점유율이 지금과 같이 높아질 수 있던 큰 요인이기도 합니다.

고객의 입장에서는 밤 11시에 주문해도 그 다음 날 바로 집으로 물건을 배송받을 수 있다는 점에서 매우 매력적인 서비스라 할 수 있습니다. 또한 배송비를 줄이기 위해서는 같은 판매자의 판매 상품 중에서 구매해야 했던 기존의 시스템과 달리 로켓배송에 입점된 상품 중 일정 금액 이상 구매하면 무료로 배송받을 수 있는 방식이므로 매우 편리합니다. 이와 같은 편의성 때문에 로켓배송은 많은 고객을 확보하고 있습니다.
판매자의 입장에서도 로켓배송 입점은 매력적인 요인을 갖고 있습니다. 우선 생필품의 경우 쿠팡 로켓배송에서 판매가 잘되는 편입니다. 또한 로켓배송과 관련된 업무는 대부분 담당 BM이 처리합니다. BM이란, '브랜드 매니저'를 의미하며 쿠팡 로켓배송에서는 상품과 관련된 총체적인 업무를 맡고 있다고 생각하면 됩니다. 상품을 포장해 보내 두기만 하면 **배송 및 고객 응대를 쿠팡 측에서 책임**을 지기 때문에 이를 잘 활용하면 매출 효율을 높일 수 있습니다.

그러나 마켓 플레이스에 비해 수수료가 높은 편이고 정산 주기가 긴 편이기 때문에 자신의 판매 방식을 살펴보고 입점을 결정하는 것이 좋습니다.

무작정 따라하기 25 > 로켓배송 입점하기

01 쿠팡 로켓배송의 경우, 대부분 쿠팡 측에서 먼저 로켓배송 입점 제안을 보냅니다. 쿠팡에 마켓 플레이스에 입접해 상품을 판매하고 있는 경우일 수도 있고, 다른 사이트에서 판매하고 있는 경우일 수도 있습니다. 다음은 입점 제안 메일 예시입니다.

쿠팡에서 상품을 판매한 적 있는 판매자라면 과정 04로 이동하세요.

쿠팡 로켓배송 상품 입점 안내

2020. 2. 10. (월) 19:18

보낸사람 VIP 메시지 약속초대

일반 첨부파일 1개 (13KB) 모두 저장

A00207337.xlsx 13KB

안녕하세요 주식회사 님
쿠팡 로켓배송을 담당하는 뷰티 카테고리 브랜드 매니저 입니다.

쿠팡 마켓프레이스(판매자) 및 타 사이트에서 판매하고 계시는 제품의 경쟁력을 발견하고,
쿠팡 로켓배송으로 판매할 경우 높은 매출성장을 기대할 수 있을 것 같아 기쁜 마음으로 이렇게 연락을 드립니다.

쿠팡 로켓배송은 연간 연간 1억 6천 8백만 건의 물류를 배송하고 있고, 로켓배송으로 배송되는 물류의 99.6%가 하루 안에 배송하고 있습니다.
이런 로켓배송의 편의성으로 많은 고객님들이 쿠팡에서 매일 상품을 구매하고 계십니다.
(기사링크 : http://www.fnnews.com/news/202001141819323270)

쿠팡 로켓배송으로 등록, 입고 하게 되면 오픈마켓과는 달리 쿠팡에서 판매, 배송, 판매 후 고객 응대까지 책임지고 운영할 수 있는 대한민국에서 가장 좋은 플랫폼입니다.
판매자 입장에서는 높은 매출을 기대할 수 있으면서 추가적으로 운영 효율도 높일 수 있습니다.

자세한 내용은 하기 내용 참고해주시고 첨부파일 확인 부탁 드립니다.
전체적으로 가이드 보시고 메일 주시면, 업무일 기준 1일 이내에 저희가 꼭 연락드려 쿠팡 로켓배송으로 운영하게끔 도움드리겠습니다.
:blush:(메일 회신 주실때는, 메일 제목에 업체명을 꼭 회신 주시기 바랍니다)

입점방법 : https://supplier.coupang.com/registration/supplier/new
쿠팡을 한번도 하지 않은 경우: 바로 URL에서 가입 < 위 url 바기로 진행 >
쿠팡을 현재 운영하고 있는 경우 < 현재 메일로 회신주시면 담당자가 계약서 발송 >

로켓배송 : 매입 방식으로 나뉘어 지며 판매 주체는 '쿠팡' 입니다.
- 상품진행방식: 쿠팡이 매입하여 진행하므로 등록 이후 가격수정 및 이미지 수정은 쿠팡에서 진행합니다.
이와 관련하여 기존에 진행하셨던 고객 CS 및 댓글 상담등에 대한 판매 관련 활동은 모두 쿠팡이 진행하므로 오로지 상품 운영에만 초점을 맞추시면 됩니다.

동영상 가이드: 유투브에서 '쿠팡 로켓배송' 을 검색하셔도 교육관련 동영상 확인이 가능합니다

[쿠팡 판매자 교육 센터]
https://www.youtube.com/channel/UCEoXbfzxKt5NbmYmnheRnwg
[상품입고준비하기] https://www.youtube.com/playlist?list=PLLPwU1gJ_1T2NYk5Y!AuZ7gZDY_C-xdNc

감사합니다
쿠팡 로켓배송 뷰티 카테고리 브랜드 매니저 드림

02 만약 기존에 쿠팡에서 상품을 판매한 적이 없다면 우선 쿠팡에 가입해야 합니다. 메일에 첨부된 URL을 클릭합니다.

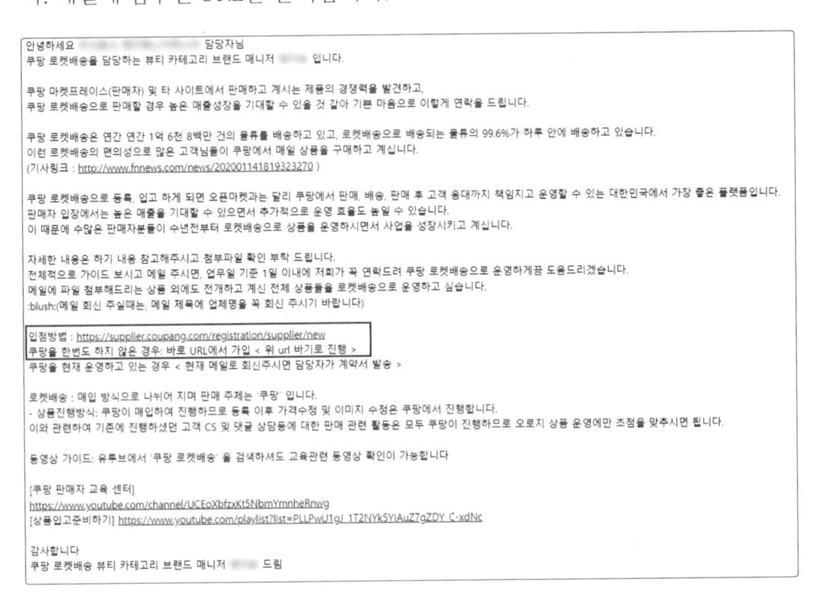

안녕하세요 담당자님
쿠팡 로켓배송을 담당하는 뷰티 카테고리 브랜드 매니저 입니다.

쿠팡 마켓프레이스(판매자) 및 타 사이트에서 판매하고 계시는 제품의 경쟁력을 발견하고,
쿠팡 로켓배송으로 판매할 경우 높은 매출성장을 기대할 수 있을 것 같아 기쁜 마음으로 이렇게 연락을 드립니다.

쿠팡 로켓배송은 연간 연간 1억 6천 8백만 건의 물류를 배송하고 있고, 로켓배송으로 배송되는 물류의 99.6%가 하루 안에 배송하고 있습니다.
이런 로켓배송의 편의성으로 많은 고객님들이 쿠팡에서 매일 상품을 구매하고 계십니다.
(기사링크 : http://www.fnnews.com/news/202001141819323270)

쿠팡 로켓배송으로 등록, 입고 하게 되면 오픈마켓과는 달리 쿠팡에서 판매, 배송, 판매 후 고객 응대까지 책임지고 운영할 수 있는 대한민국에서 가장 좋은 플랫폼입니다.
판매자 입장에서는 높은 매출을 기대할 수 있으면서 추가적으로 운영 효율도 높일 수 있습니다.
이 때문에 수많은 판매자분들이 수년전부터 로켓배송으로 상품을 운영하시면서 사업을 성장시키고 계십니다.

자세한 내용은 하기 내용 참고해주시고 첨부파일 확인 부탁 드립니다.
전체적으로 가이드 보시고 메일 주시면, 업무일 기준 1일 이내에 저희가 꼭 연락드려 쿠팡 로켓배송으로 운영하게끔 도움드리겠습니다.
메일에 파일 첨부해드리는 상품 외에도 전개하고 계신 전체 상품들을 로켓배송으로 운영하고 싶습니다.
:blush:(메일 회신 주실때는, 메일 제목에 업체명을 꼭 회신 주시기 바랍니다)

입점방법 : https://supplier.coupang.com/registration/supplier/new
쿠팡을 한번도 하지 않은 경우: 바로 URL에서 가입 < 위 url 바기로 진행 >
쿠팡을 현재 운영하고 있는 경우 < 현재 메일로 회신주시면 담당자가 계약서 발송 >

로켓배송 : 매입 방식으로 나뉘어 지며 판매 주체는 '쿠팡' 입니다.
- 상품진행방식: 쿠팡이 매입하여 진행하므로 등록 이후 가격수정 및 이미지 수정은 쿠팡에서 진행합니다.
이와 관련하여 기존에 진행하셨던 고객 CS 및 댓글 상담등에 대한 판매 관련 활동은 모두 쿠팡이 진행하므로 오로지 상품 운영에만 초점을 맞추시면 됩니다.

동영상 가이드: 유투브에서 '쿠팡 로켓배송' 을 검색하셔도 교육관련 동영상 확인이 가능합니다

[쿠팡 판매자 교육 센터]
https://www.youtube.com/channel/UCEoXbfzxKt5NbmYmnheRnwg
[상품입고준비하기] https://www.youtube.com/playlist?list=PLLPwU1gJ_1T2NYk5YIAuZ7gZDY_C-xdNc

감사합니다
쿠팡 로켓배송 뷰티 카테고리 브랜드 매니저 드림

03 신규 입점 창에 자신의 정보를 입력합니다. 회사명, 형태, 연락처 등 필수 정보를 입력하고 [제출하기]를 클릭해 입점 신청을 완료하세요.

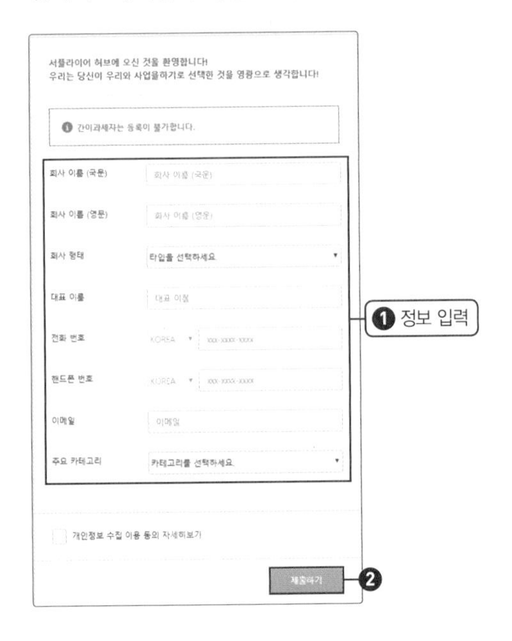

04 기존에 쿠팡에서 상품을 판매하고 있는 경우라면 입점 제안 메일에 답장을 보내면 됩니다. 입점 의사를 밝히면 로켓배송 담당자가 계약서를 발송합니다.

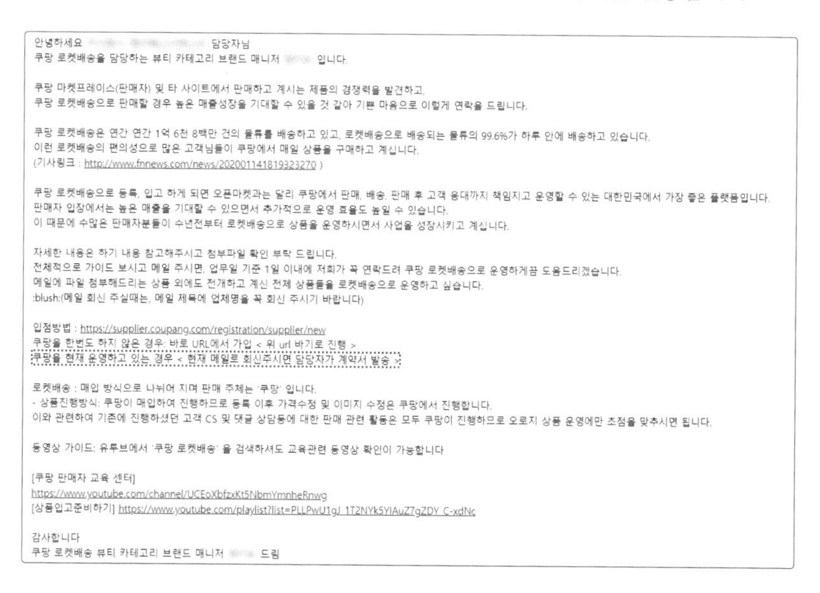

안녕하세요 담당자님
쿠팡 로켓배송을 담당하는 뷰티 카테고리 브랜드 매니저 입니다.

쿠팡 마켓프레이스(판매자) 및 타 사이트에서 판매하고 계시는 제품의 경쟁력을 발견하고,
쿠팡 로켓배송으로 판매할 경우 높은 매출성장을 기대할 수 있을 것 같아 기쁜 마음으로 이렇게 연락을 드립니다.

쿠팡 로켓배송은 연간 연간 1억 6천 8백만 건의 물류를 배송하고 있고, 로켓배송으로 배송되는 물류의 99.6%가 하루 안에 배송하고 있습니다.
이런 로켓배송의 편의성으로 많은 고객님들이 쿠팡에서 매일 상품을 구매하고 계십니다.
(기사링크 : http://www.fnnews.com/news/202001141819323270)

쿠팡 로켓배송으로 등록, 입고 하게 되면 오픈마켓과는 달리 쿠팡에서 판매, 배송, 판매 후 고객 응대까지 책임지고 운영할 수 있는 대한민국에서 가장 좋은 플랫폼입니다.
판매자 입장에서는 높은 매출을 기대할 수 있으면서 추가적으로 운영 효율도 높일 수 있습니다.
이 때문에 수많은 판매자분들이 수년전부터 로켓배송으로 상품을 운영하시면서 사업을 성장시키고 계십니다.

자세한 내용은 하기 내용 참고해주시고 첨부파일 확인 부탁 드립니다.
전체적으로 가이드 보시고 메일 주시면, 업무일 기준 1일 이내에 저희가 꼭 연락드려 쿠팡 로켓배송으로 운영하게끔 도움드리겠습니다.
메일에 파일 첨부해드리는 상품 외에도 전개하고 계신 전체 상품들을 로켓배송으로 운영하고 싶습니다.
:blush:(메일 회신 주실때는, 메일 제목에 업체명을 꼭 회신 주시기 바랍니다)

입점방법 : https://supplier.coupang.com/registration/supplier/new
쿠팡을 한번도 하지 않은 경우: 바로 URL에서 가입 < 위 url 바기로 진행 >
쿠팡을 현재 운영하고 있는 경우 < 현재 메일로 회신주시면 담당자가 계약서 발송 >

로켓배송 : 매입 방식으로 나뉘어 지며 판매 주체는 '쿠팡' 입니다.
- 상품진행방식: 쿠팡이 매입하여 진행하므로 등록 이후 가격수정 및 이미지 수정은 쿠팡에서 진행합니다.
이와 관련하여 기존에 진행하셨던 고객 CS 및 댓글 상담등에 대한 판매 관련 활동은 모두 쿠팡이 진행하므로 오로지 상품 운영에만 초점을 맞추시면 됩니다.

동영상 가이드: 유투브에서 '쿠팡 로켓배송' 을 검색하셔도 교육관련 동영상 확인이 가능합니다

[쿠팡 판매자 교육 센터]
https://www.youtube.com/channel/UCEoXbfzxKt5NbmYmnheRnwg
[상품입고준비하기] https://www.youtube.com/playlist?list=PLLPwU1gJ_1T2NYk5YIAuZ7gZDY_C-xdNc

감사합니다
쿠팡 로켓배송 뷰티 카테고리 브랜드 매니저 드림

05 발송된 계약서를 확인해 보겠습니다. 쿠팡 윙 사이트에 접속한 후 자신의 업체명을 클릭하고 [계약관리]를 선택하세요.

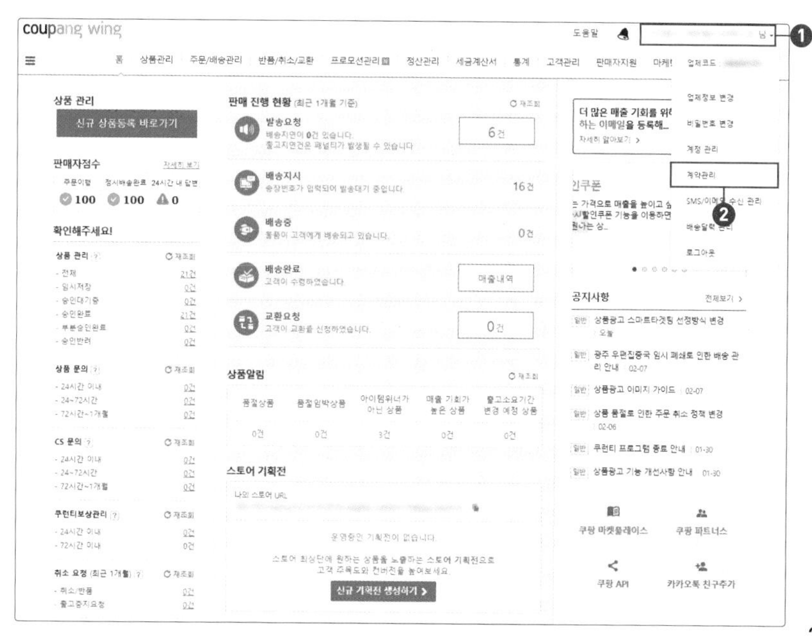

06 '계약 목록'에서 전자 계약서를 조회할 수 있습니다. 계약서를 클릭해 내용을 확인하고 동의하면 입점이 정상적으로 처리됩니다.

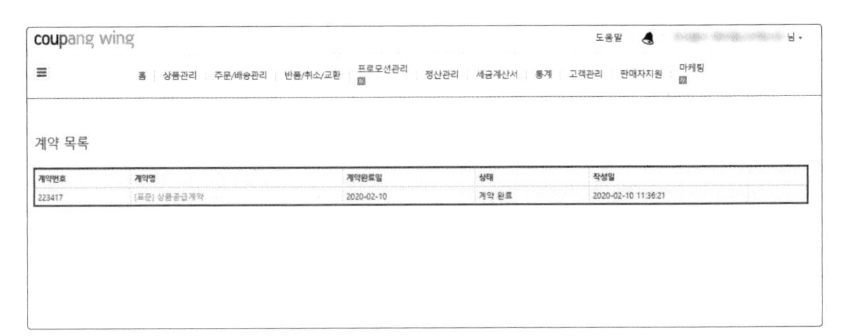

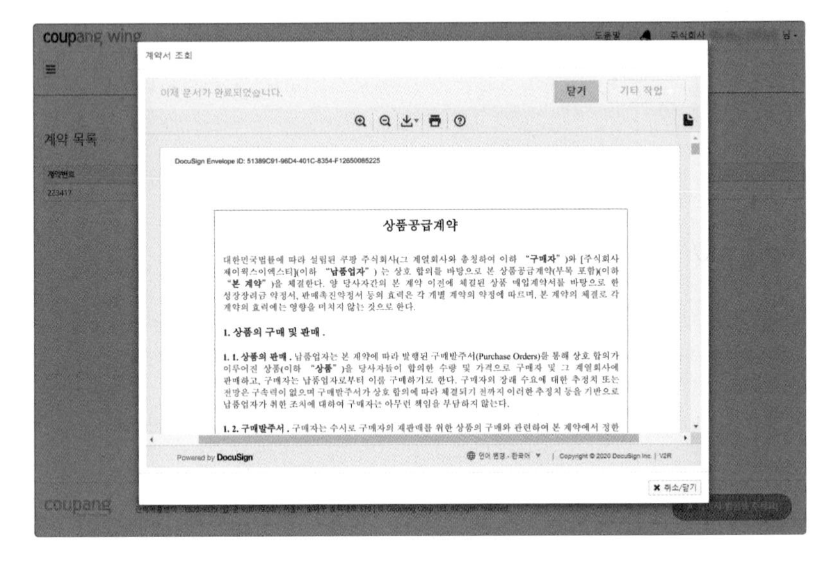

07 입점 신청하고 나면 담당 BM이 메일이나 전화를 통해 판매 상품의 정보를 요청합니다. 엑셀 파일로 상품명, 기존에 판매 가격, 공급가, 상품 바코드를 정리해 메일로 발송하면 됩니다.

공급가를 한 번 등록하고 나면 변경하기 어려우므로 주의해서 입력하세요.

A	B	C	D
바코드	상품명	판매가	공급가(vat 포함)
A 584600	연애의지식 커플 백문백답 연애문답 사랑문답 질문 책 남자친구 여자친구 백일 선물 아이템		
A 584601	연애의지식+응응하응 커플 백문백답 연애문답 사랑문답 질문 책 남자친구 여자친구 백일 선물 아이템		
A 584602	연애의지식+우정의지식 커플 백문백답 연애문답 사랑문답 질문 책 남자친구 여자친구 백일 선물 아이템		

coupang

02 로켓배송 판매의 핵심, 견적서 작성 A to Z

로켓배송의 경우 상품을 쿠팡 물류센터에 입고하고 나면 쿠팡의 담당자가 상품의 발송과 CS까지 처리합니다. 따라서 판매자는 견적서를 작성하기만 하면 됩니다. 가장 중요한 견적서 작성에 대해 알아보겠습니다.

한눈에 살펴보는 로켓배송 상품 등록 과정

쿠팡 로켓배송의 경우, 상품의 배송과 이후 처리 과정이 쿠팡 측에 의해 진행됩니다. 상품 판매를 위해 판매자가 해야 할 일은 상품을 쿠팡 물류센터로 보내는 것입니다. 이를 위해서는 견적서를 작성해야 합니다.

입점 계약을 완료하면, 담당 BM과 공급가를 협의하는 과정이 뒤따릅니다. 그 이후에 견적서를 작성하면 됩니다. 로켓배송에서 가장 중요한 부분은 내 상품을 적절한 가격으로 제시하는 것입니다. 로켓배송으로 상품을 입고하면 기존 마켓플레이스에서 판매하던 상품의 매출이 감소하므로 공급 가격에 마진을 적절히 추가해 견적서를 작성하세요.

견적서를 다운로드해 작성하고 담당 BM에게 메일로 보냅니다. 견적서가 제대로 작성됐는지 확인되면 이미지 파일과 함께 업로드합니다. 작성한 견적서를 바탕으로 담당 BM이 상품 정보를 확인하는 데 3~5일 정도 소요됩니다.

입력해야 할 항목이 많아 처음에는 복잡하게 느껴질 수도 있지만 가이드가 친절하게 제시돼 있으므로 하나하나 따라 하면 됩니다. 견적서를 쉽게 작성하는 방법에 대해 알아보겠습니다.

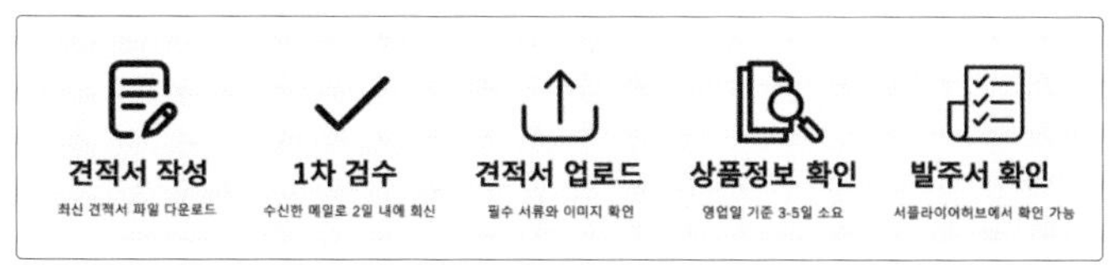

▲ 로켓배송 견적서 검토 과정(출처: 쿠팡)

무작정 따라하기 26 > 이미지 파일명 간편하게 정리하기

견적서 작성 전, 미리 이미지 파일을 정리해 둬야 합니다. 상품이 많은 경우 견적서에 이미지 파일명을 일일이 입력하기 어려우므로 다음 방법을 따라 하세요. 대표 이미지와 상세 이미지 파일은 각각의 폴더를 생성해 따로 담아 두세요. 폴더 안에는 이미지 파일만 있어야 합니다.

이미지 파일명은 '상품명 + 숫자'로 지정하는 것이 좋습니다.

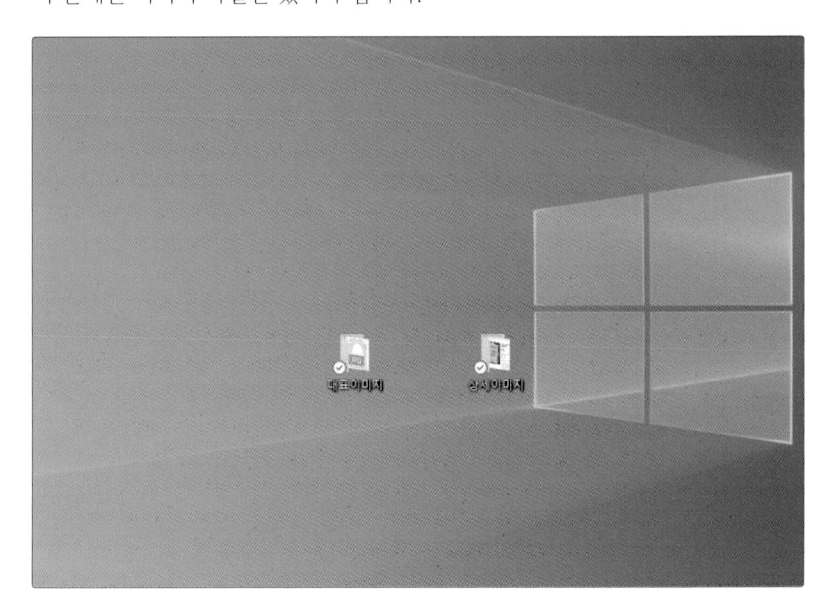

02 [대표이미지] 폴더를 열어 주소 창의 주소를 복사합니다.

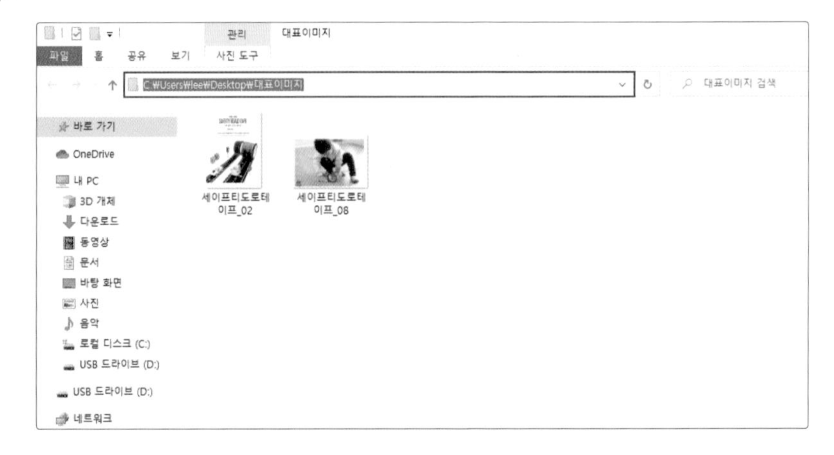

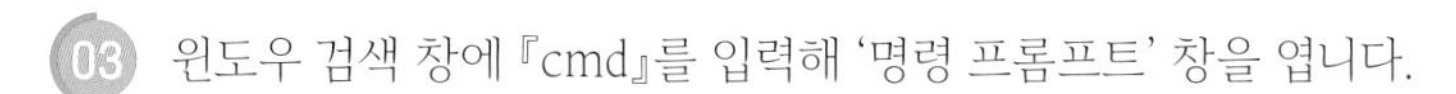

03 윈도우 검색 창에 『cmd』를 입력해 '명령 프롬프트' 창을 엽니다.

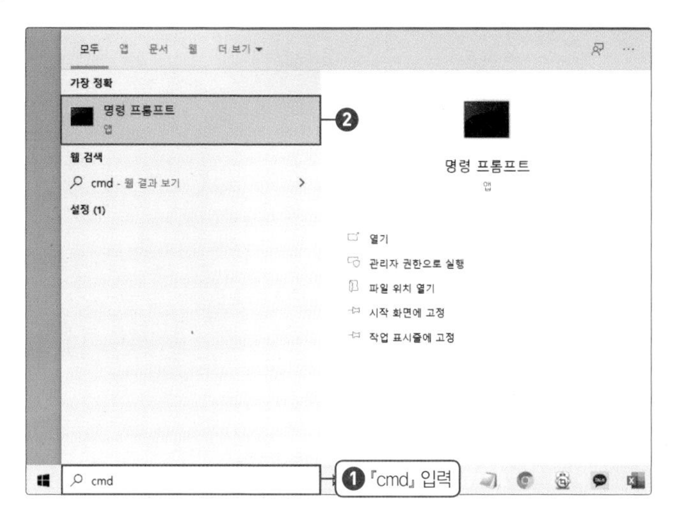

04 '명령 프롬프트' 창에 과정 02에서 복사한 주소를 붙여 넣은 후 Enter를 누릅니다.

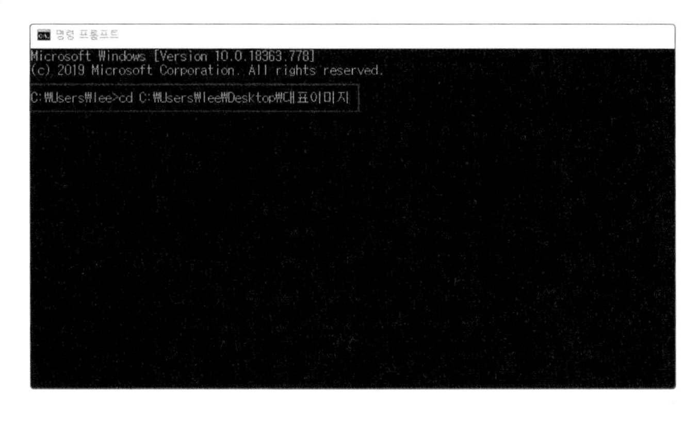

05 Enter를 누르면 다음과 같은 텍스트가 나타납니다.

06 생성된 텍스트의 오른쪽에 『dir /b>list.txt』를 입력하고 Enter를 누릅니다.

07 [대표이미지] 폴더 안에 'list'라는 텍스트 파일이 생성됐습니다.

08 'list' 파일을 열면 [대표 이미지] 폴더 안에 저장된 이미지들의 파일명을 확인할 수 있습니다.

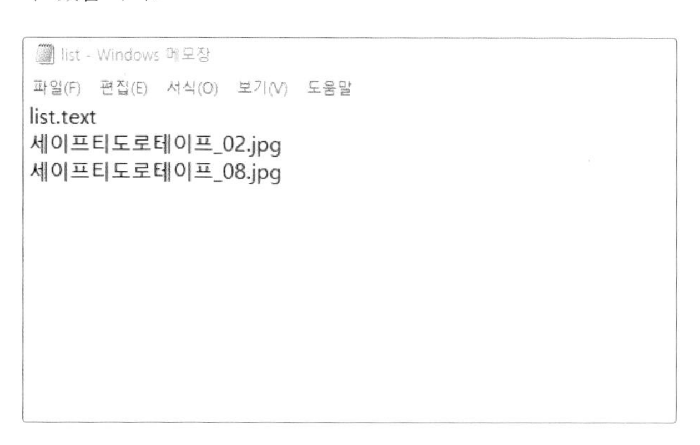

09 [상세 이미지] 폴더에서도 같은 작업을 반복합니다.

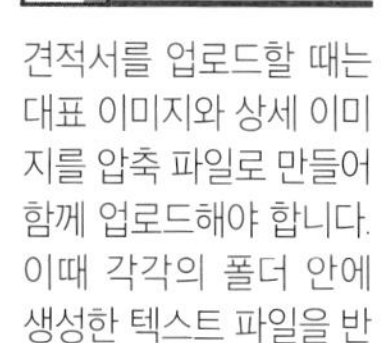

견적서를 업로드할 때는 대표 이미지와 상세 이미지를 압축 파일로 만들어 함께 업로드해야 합니다. 이때 각각의 폴더 안에 생성한 텍스트 파일을 반드시 삭제하세요.

 잠깐만요 ··· 견적서 이미지 파일명을 쉽게 입력하는 방법은 무엇인가요?

이렇게 정리된 이미지 파일명을 견적서의 '대표이미지 파일명'과 '상세이미지 파일명'에 붙여 넣으면 파일명을 직접 입력하지 않아도 됩니다. '대표이미지 파일명'과 '상세이미지 파일명' 셀을 선택한 후 Ctrl+V를 눌러 붙여 넣은 후 붙여 넣기 옵션을 '값 붙여 넣기'로 선택하세요. 한 상품에 여러 장의 상세 이미지를 등록할 때는 셀 하나에 해당하는 파일명을 붙여 넣고 파일명 사이에 반점(,)을 공백 없이 넣으세요.

	D	E	F
10	상품메모	상품 바코드	대표이미지 파일명
11	선택	필수	필수
12	* 구성품 여부(건전지, 종이백 등) 및 수량 기재 * 천연, 친환경, 오가닉, 가죽 증빙 불가여부 기재 * 랜덤 발송 여부 기재 * 기타	바코드 허용 규칙 * 공백 사용 불가 * 하이픈(-) 을 제외한 특수문자 사용 불가 * 알파벳 대문자, 숫자만 사용 (소문자 불가) * 바코드 6~14자 허용 * 상품의 고유 바코드가 없거나, 허용 규칙에 벗어나는 경우 '바코드 없음(쿠팡 바코드 생성 요청)' 선택 * 쿠팡 바코드 생성 이후에는 수정이 어려울 수 있으니 신중히 선택해주세요.	* 업로드 할 대표이미지,추가이미지 파일명 기재 * JPG, JPEG, PNG 파일 형식만 사용 가능 * 이미지 파일의 고유 URL 사용가능 * 같은 이름의 파일이 있는 경우, 파일명 앞에 슬래시(/)를 추가하여 폴더경로 입력 *** 추가이미지 파일명을 기재 할 경우, 쉼표(,)로 구분** *** 사이즈 기준 : 500x500px 이상** *** 용량 기준 : 최대 50MB**
13	건전지 1개 포함	8805864565456	**동일한 파일명을 가진 이미지가 다수인 경우:** 폴더명1/파일명A, 폴더명2/파일명A **동일한 파일명이 없는 경우 :** 파일명A, 파일명B
14			세이프티도로테이프_02.jpg
15			세이프티도로테이프_08.jpg

대표이미지 파일명	상세이미지 파일명	SKU 이미지 파일명	HTML 상품 상세 컨텐츠	카테고리(레벨1)	카테고리(
필수	필수	선택	선택	필수	필수
* 업로드 할 대표이미지,추가이미지 파일명 기재 * JPG, JPEG, PNG 파일 형식만 사용 가능 * 이미지 파일의 고유 URL 사용가능 * 같은 이름의 파일이 있는 경우, 파일명 앞에 슬래시(/)를 추가하여 폴더경로 입력 *** 추가이미지 파일명을 기재 할 경우, 쉼표(,)로 구분** *** 사이즈 기준 : 500x500px 이상** *** 용량 기준 : 최대 50MB**	* 업로드 할 상세이미지 파일명 기재 * JPG,JPEG,PNG 파일 형식만 사용 가능 / GIF 사용 불가 * 이미지 파일의 고유 URL 사용가능 * 같은 이름의 파일이 있는 경우, 파일명 앞에 슬래시(/)를 추가하여 폴더경로 입력 *** 2개 이상의 파일명을 기재 할 경우, 쉼표(,)로 구분** *** 사이즈 기준 : 780x500px 이상** *** 용량 기준 : 최대 50MB** *** 201개 이상 상품 등록시 상세이미지 필수 기재**	* 업로드 할 SKU이미지 파일명 기재 * JPG,JPEG,PNG 파일 형식만 사용 가능 * 이미지 파일의 고유 URL 사용가능 * 같은 이름의 파일이 있는 경우, 파일명 앞에 슬래시(/)를 추가하여 폴더경로 입력 *** 사이즈 기준 : 500x500px 이상** *** 용량 기준 : 최대 50MB**	* HTML 형식의 상세 컨텐츠 사용 가능 (시작과 끝이 <P>와 </P> 같은 태그 형식) * JPG, JPEG, PNG 파일 형식만 사용 가능 / GIF 지원 불가 * 텍스트 입력 불가 * 악의적인 악성코드 사용 불가 * 사이즈 기준 : 780x500px 이상 * 용량 기준 : 최대 50MB HTML 형식으로 상세 컨텐츠 사용 시, 상세이미지 파일명 기재는 선택 사항.	* 상품의 '대' 카테고리 선택 * 카테고리는 레벨1 부터 순차적으로 선택	* 상품의 '중' 카테고
동일한 파일명을 가진 이미지가 다수인 경우: 폴더명1/파일명A, 폴더명2/파일명A **동일한 파일명이 없는 경우 :** 파일명A, 파일명B	**동일한 파일명을 가진 이미지가 다수인 경우:** 폴더명1/파일명A, 폴더명2/파일명A **동일한 파일명이 없는 경우 :** 파일명A, 파일명B	폴더명/001탄산스파클링워터라임향500_단품1	<html> <head> <title>Enter a title, displayed at the top of the window.</title> </head> <body> <h1>Enter the main heading</h1>	식품	생수_음료
세이프티도로테이프_02.jpg	세이프티도로테이프_01.jpg, 세이프티도로테이프_03.jpg, 세이프티도로테이프_04.jpg, 세이프티도로테이프_06.jpg, 세이프티도로테이프_12.jpg, 세이프티도로테이프_16.jpg, 세이프티도로테이프_17.jpg, 세이프티도로테이프_26.jpg				
세이프티도로테이프_08.jpg	세이프티도로테이프_01.jpg, 세이프티도로테이프_03.jpg, 세이프티도로테이프_04.jpg, 세이프티도로테이프_06.jpg, 세이프티도로테이프_12.jpg, 세이프티도로테이프_16.jpg, 세이프티도로테이프_17.jpg, 세이프티도로테이프_27.jpg				

무작정 따라하기 27 > 견적서 작성하기

01 쿠팡 서플라이 허브(https://supplier.coupang.com/)에서 [상품] 메뉴를 클릭한 후 [견적서 검증 시스템]에 접속해 최신 견적서 파일을 다운로드합니다. 최신 양식이 아니면 등록되지 않으므로 최신 견적서 파일을 다운로드해 사용합니다.

TIP

상품은 한 견적서에 1,000개까지 입력할 수 있습니다. 그보다 많은 상품을 등록하고 싶다면 견적서를 2개 이상 작성해야 합니다.

잠깐만요 … 견적서 입력 항목을 자세히 알려 주세요

❶ 공급사 정보

나의 연락처와 사업자등록번호 등 필수적인 정보를 입력합니다.

❷ 기본 정보

상품에 대한 기본적인 내용입니다. 상품명, 바코드, 이미지 파일명, 카테고리 및 공급가 등이 이 항목에 해당합니다.

❸ 물류 입고 관련 정보

쿠팡 물류센터로 상품을 입고할 때 참고해야 할 내용을 입력하는 항목입니다.

❹ 필수 서류 정보

KC 인증 등 서류 정보를 입력해야 하는 경우 이 항목을 이용합니다.

❺ 시즌 상품 정보

시즌성 패션 의류 / 잡화의 경우 출시년도와 계절을 입력합니다.

❻ 상품 법적 정보

고객이 참고할 상품 고시 정보를 의미합니다. '기본 정보'에서 설정한 카테고리에 따라 자동으로 입력되므로 따로 수정하면 안 됩니다.

02 먼저 좌측 상단의 '공급사 정보'를 입력합니다. 견적서 검증 결과 등 중요 내용이 모두 이메일로 전달되므로 해당 항목을 정확히 입력하세요.

[필수] 공급사 정보 : E-Mail로 견적서 검증 결과가 전달되오니 정확히 입력해주세요.

담당자명		공급사명		네이로운아이디(비필수)	
연락처		공급사 출고담당자명		사업자번호	
E-Mail		공급사 출고담당자 연락처		거래유형	
매입형태		공급사 출고지 주소			
		발송유형			

03 상품 '기본 정보' 내역에 상품명과 바코드 등 필수 정보를 명확하게 써 주세요. '상품 메모' 열에는 예시를 참고해 상품 등록에 필요한 추가 정보를 입력합니다. 상품 바코드는 제품에 부착된 바코드와 일치하도록 입력하고 바코드가 없다면 '바코드 없음'을 선택합니다.

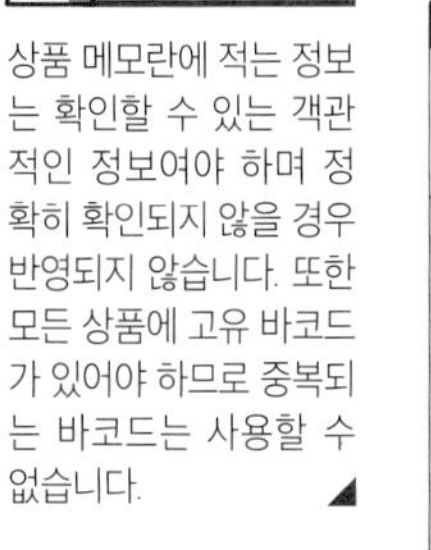

TIP

상품 메모란에 적는 정보는 확인할 수 있는 객관적인 정보여야 하며 정확히 확인되지 않을 경우 반영되지 않습니다. 또한 모든 상품에 고유 바코드가 있어야 하므로 중복되는 바코드는 사용할 수 없습니다.

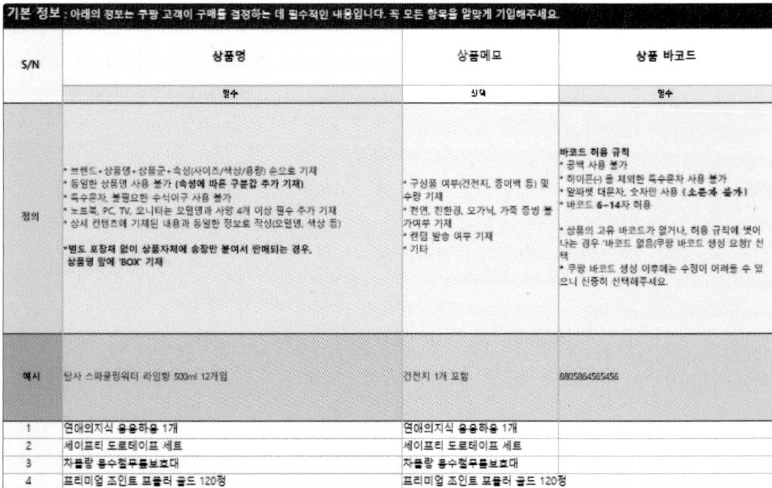

기본 정보 : 아래의 정보는 쿠팡 고객이 구매를 결정하는 데 필수적인 내용입니다. 꼭 모든 항목을 알맞게 기입해주세요.

S/N	상품명	상품메모	상품 바코드
	필수	선택	필수
정의	* 브랜드+상품명+상품군+속성(사이즈/색상/용량) 순으로 기재 * 동일한 상품명 사용 불가 **(속성에 따른 구분값 추가 기재)** * 특수문자, 불필요한 수식어구 사용 불가 * 노트북, PC, TV, 모니터는 모델명과 사양 4개 이상 필수 추가 기재 * 상세 컨텐츠에 기재된 내용과 동일한 정보로 작성(모델명, 색상 등) ***별도 포장재 없이 상품자체에 송장만 붙여서 판매되는 경우, 상품명 앞에 'BOX' 기재**	* 구성품 여부(건전지, 종이백 등) 및 수량 기재 * 천연, 친환경, 오가닉, 가죽 증빙 불가여부 기재 * 랜덤 발송 여부 기재 * 기타	**바코드 허용 규칙** * 공백 사용 불가 * 하이픈(-) 을 제외한 특수문자 사용 불가 * 알파벳 대문자, 숫자만 사용 **(소문자 불가)** * 바코드 **6-14자** 허용 * 상품의 고유 바코드가 없거나, 허용 규칙에 벗어나는 경우 '바코드 없음(쿠팡 바코드 생성 요청)' 선택 * 쿠팡 바코드 생성 이후에는 수정이 어려울 수 있으니 신중히 선택해주세요.
예시	탐사 스파클링워터 라임향 500ml 12개입	건전지 1개 포함	8805864565456
1	연애의지식 응응하응 1개	연애의지식 응응하응 1개	
2	세이프티 도로테이프 세트	세이프티 도로테이프 세트	
3	차플랑 용수철무릎보호대	차플랑 용수철무릎보호대	
4	프리미엄 조인트 포플러 골드 120정	프리미엄 조인트 포플러 골드 120정	

04 대표 이미지와 상세 이미지 파일명을 입력합니다. 견적서에 입력한 이미지 파일명과 실제 첨부한 이미지의 파일명이 일치해야 합니다. 210쪽을 참고해 이미지 파일명을 쉽고 빠르게 입력하세요.

이미지 파일이 2개 이상이면 각각 반점으로 구분해 기재해야 합니다.

대표이미지 파일명	상세이미지 파일명
필수	필수
* 업로드 할 대표이미지,추가이미지 파일명 기재 * JPG, JPEG, PNG 파일 형식만 사용 가능 * 이미지 파일의 고유 URL 사용가능 * 같은 이름의 파일이 있는 경우, 파일명 앞에 슬래시(/)를 추가하여 폴더 경로 입력 *** 추가이미지 파일명을 기재 할 경우, 쉼표(,)로 구분** *** 사이즈 기준 : 500x500px 이상** *** 용량 기준 : 최대 50MB**	* 업로드 할 상세이미지 파일명 기재 * JPG,JPEG,PNG 파일 형식만 사용 가능 / GIF 사용 불가 * 이미지 파일의 고유 URL 사용가능 * 같은 이름의 파일이 있는 경우, 파일명 앞에 슬래시(/)를 추가하여 폴더경로 입력 *** 2개 이상의 파일명을 기재 할 경우, 쉼표(,)로 구분** *** 사이즈 기준 : 780x500px 이상** *** 용량 기준 : 최대 50MB** *** 201개 이상 상품 등록시 상세이미지 필수 기재**
동일한 파일명을 가진 이미지가 다수인 경우: 폴더명1/파일명A, 폴더명2/파일명A **동일한 파일명이 없는 경우 :** 파일명A, 파일명B	**동일한 파일명을 가진 이미지가 다수인 경우:** 폴더명1/파일명A, 폴더명2/파일명A **동일한 파일명이 없는 경우 :** 파일명A, 파일명B
바코드 없음	연애의 지식 응응하응_대표
바코드 없음	세이프티 도로테이프_대표1_세이프티 도로테이프_대표2
바코드 없음	차플랑 용수철무릎보호대_대표1_ 차플랑 용수철무릎보호대_대표2
바코드 없음	프리미엄 조인트 포뮬러 골드_대표

05 카테고리는 상품에 맞게 레벨 1부터 레벨 4까지 차례대로 입력하세요. 판매 상품과 정확히 일치하는 카테고리가 없다면 최대한 비슷한 카테고리를 선택해야 합니다. 과세 여부도 확인해 '과세', '면세', '영세' 중에서 입력하고 검색 태그에는 상품 검색 키워드를 최소 5개 이상 넣어 줍니다.

카테고리(레벨1)	카테고리(레벨2)	카테고리(레벨3)	카테고리(레벨4)
필수	필수	필수	필수
* 상품의 '대' 카테고리 선택 * 카테고리는 레벨1 부터 순차적으로 선택	* 상품의 '중' 카테고리 선택	* 상품의 '소' 카테고리 선택	* 상품의 '세부' 카
식품	생수_음료	생수_탄산수	탄산수_심층수
도서_음반	도서	국내도서	건강_취미 도서
완구_취미	승용_실내완구	실내완구	다기능놀이기구
스포츠_레저용품	스포츠잡화	소품	안전밴드
식품	건강식품	영양제	기타영양제

과세여부	검색태그
필수	필수
* 다음 중 해당 항목 선택 과세: 대한민국 세법에 따라 과세 대상 면세: 대한민국 세법에 따른 면세 대상 영세: 중소기업 세금감면 대상	제품의 특성과 관련된 키워드를 입력해주세요. 다양한 키워드를 입력할수록 더 많은 고객들에게 노출됩니다. * 상품과 관련된 검색어 입력 (쉼표(,)로 구분) **• 최소 5개 이상 기재 (한 단어당 20자 이내)** **• 최대 150자 까지 입력 가능** **• 타사 브랜드 / 상품군과 관련없는 태그 사용 불가**
과세	탄산수,스파클링워터,탄산수라임향,스파클링워터라임,탄
과세	연애의지식, 우정의지식, 커플백문백답, 우정문답,
과세	세이프티, 도로테이프, 미니카, 어린이, 장난감, 자
과세	용수철, 무릎보호대, 임산부, 헬스, 운동, 아대, 실버
과세	골절및관절, 골다공증에좋은, 프리미엄, 연골영양제

06 '공급가'에는 쿠팡에 납품할 가격을 부가세가 포함된 가격으로 입력하고, '쿠팡 판매가'에는 실제 판매할 가격을 입력합니다. '마진율'은 자동으로 입력됩니다. '거래 타입'은 공급사의 사업 유형에 따라 선택하고 나머지 정보도 차례대로 입력하세요. 브랜드명에는 영어 대신 한글을 쓰는 것이 좋습니다.

공급가	쿠팡 판매가	온라인 판매가격/도서정가	마진율
필수	필수	선택	
* 공급사가 쿠팡에 제공하는 가격	* 공급사가 제안하는 소비자 판매가 * 값이 비어있거나, 총 공급가보다 금액이 작은 경우 셀이 빨간색으로 강조됩니다 (수정필요)	* 공급사가 제시한 도서 리테일 가격 * 도서 상품의 경우 입력 권장	[자동 입력 필드] * 쿠팡 마진율
6500	9,900	-	해당 필드에 수식이 설정되어 있으므로 아무것도 입력하지 말아주세요.
7000	9600		27%
11000	16500		33%
5500	8000		31%
21000	28000		25%

거래타입	제조사	브랜드	수입여부
필수	필수	필수	필수
* 다음 중 해당 항목 선택 제조사: 직접 제조하는 판매자 직수입: 중개를 거치지 않고 직접 수입하는 판매자 공식수입사: 해외 브랜드의 국내 공식 공급업체 공식총판: 공식업체와 라이센스 계약을 통한 판매자 병행수입사: 공식 수입이 아닌 병행수입을 하는 판매자 Seller: 상기 1~5를 제외한 모든 유형	* 상품 제조사의 등록 사업자명	* 상품 브랜드(한글로 입력추천)	* 다음 중 해당 항목 선택 수입대상아님: 국내 제조 수입상품: 수입된 상품 (OEM 포함) 병행수입상품: 병행수입된 상품 (병행수입면장 첨부 필요)
제조사	쿠팡	당사	수입대상아님
제조사	(주)떠블유투에이	(주)떠블유투에이	수입대상아님
직수입	(주)떠블유투에이	(주)떠블유투에이	수입상품
제조사	(주)떠블유투에이	(주)떠블유투에이	수입대상아님
제조사	(주)떠블유투에이	(주)떠블유투에이	수입대상아님

07 '물류 입고 관련 정보'를 입력할 차례입니다. '박스당 입수 수량'에는 한 박스 안에 담을 상품의 수량을 입력하세요. '유통 기간'은 제조일부터 일수로 계산해 기재합니다. 유통 기간이 없는 상품이라면 숫자 '0'을 입력합니다.
'SA 여부'는 상품이 쿠팡 배송 박스에 알맞게 들어갈 수 있는지 확인하는 사항입니다. 해당하는 조건이 하나라도 있다면 'Y', 아니라면 'N'을 선택합니다.

물류 입고 관련 정보		
박스당 입수수량	유통기간 (일수기재)	SA여부
필수	필수	필수
* 쿠팡 물류센터로 입고되는 한 박스 안의 상품 총 개수 참고 : 이 항목은 초도발주 수량이 아닙니다. 초도발주는 정해진 수량으로 선 진행되며 리오더 이후 담당 브랜드매니저/발주팀과 협의를 통해 최소 발주량을 조정 할 수 있습니다.	* 유통기간 대상 상품인 경우, 제조일로부터 유통기간을 숫자로 기재 Ex) 365 * 유통기한이 없는 경우, 숫자 "0" 으로 입력. * 유통기간 정보를 누락 혹은 오기재 한 경우, 상품 등록시 반려 혹은 물류 입고 시 회송 될 수 있으니 정확하게 기재해주시기 바랍니다.	* 상품의 가로, 세로, 높이 중 한 변의 길이가 700mm 이상일 때 Y로 입력 * 무게가 15kg 이상일 때 Y로 입력 * 위 사항이 해당되지 않을 경우 N으로 입력
24	365	N
10	0	N
20	0	Y
14	0	Y
40	0	N

08 유리, 액체와 같이 파손될 수 있는 상품인 경우 '취급주의 사유'를 입력하세요. '행어 입고 여부'에는 패션 상품의 경우에만 입력하면 되는데 행어에 걸린 채 입고된다면 'Y', 박스에 담겨 입고된다면 'N'을 입력합니다.
'SKU 단위 박스 무게'와 'SKU 단위 박스 사이즈'에는 패키지 포장을 포함한 무게와 사이즈를 최대한 정확히 입력합니다. 패키지 포장이 없다면 제품 자체의 실제 사이즈를 입력합니다.

취급주의 사유	행어 입고 여부	SKU 단위 박스 무게	SKU 단위 박스 사이즈
필수	선택	필수	필수
* 취급주의 사유에 해당 항목 선택	패션 카테고리 제품이 행어(옷걸이)에 걸린 상태로 입고 되는지 확인하기 위한 정보입니다. 행어에 걸린 상태로 유통되는 제품이며, 행어차량으로 쿠팡 FC에 입고시키는 경우 'Y' 선택 * 해당하지 않는 경우 공란	* 고객에게 발송되는 포장된 상태의 단품(SKU) 무게 기재 * 단위(g)를 제외하고 숫자(소수점 사용 불가)만 기재 단위: 그램(g)	* 고객에게 발송되는 포장된 상태의 단품(SKU) 사이즈 기재 * 단위(mm)를 제외하고 숫자(소수점 사용불가)만 기재 * 곱하기는 별표(*)로 표시 단위: 밀리미터(mm) 형식: 가로*세로*높이
유리+액체		1000	150*300*400
해당사항없음		150	50*80*140
해당사항없음		250	100*30*107
해당사항없음		90	70*85*50
해당사항없음		50	30*50*1200

09 KC 인증 정보를 입력하는 '필수 서류 정보' 항목입니다. 판매 상품이 KC 인증 대상인지는 견적서 하단의 [필수 구비 서류 안내] 메뉴를 참고하면 됩니다. 인증 대상이 아니라면 '인증 대상 아님'을 선택합니다.

인증 번호 없이 인증 마크만 있다면 유형을 선택한 후 'KC 인증 마크 파일명'에 시험 성적서 또는 실사 라벨 컷의 파일명을 입력하고 해당 파일을 함께 업로드합니다.

필수 : 하기 정보는 대한민국 소비자법을 준수하기 위함이며, 쿠팡에 상품 등록을 하기 위해 반드시 필요합니다.

KC인증번호 여부	KC인증번호	KC인증마크	KC인증마크 파일명
필수	필수	필수	선택
상품의 KC인증 여부를 선택해주세요. 인증정보는 제품안전정보센터(http://safetykorea.kr)에서 제공된 정보를 기준으로 처리되며, 정상적인 인증번호가 아닐 경우 등록이 불가합니다. 대상 품목은 제품안전정보센터에서 확인 가능합니다. * 전파인증, 자가검사번호 등 다른 유형의 인증인 경우 '인증대상아님' 선택 후, 고시 유형 중 '인증 정보' 관련 항목에 기재해주세요. * 인증대상이 아닐 경우 '인증대상아님'을 선택해주세요.	* KC 인증번호는 제품안전정보센터 (http://safetykorea.kr) 로 부터 조회가 가능한 인증번호를 입력해야하며, 인증상태가 "적합", "변경" 일 때만 유효한 인증으로 등록이 가능합니다. * 사용 불가 예시 [X] 자가검사번호 : C-A01B-R00590001 [X] 전파인증번호 : MSIP-CRM-XRA-FB000	KC인증번호 여부를 'KC인증마크'로 선택하신 경우 상품의 인증 유형을 선택해주세요. 인증 대상이 아닌 경우, 공란으로 비워 주세요.	KC 인증마크를 증빙할 수 있는 파일을 첨부합니다. 파일명 또는 URL 형태의 이미지 링크를 입력해주세요. 2개 이상의 문서를 첨부하고자 하는 경우 쉼표(,)로 구분해주세요
KC인증마크		KC인증 어린이제품 공급자적합성확인	이미지 파일명과 동일하게 입력해주세요 예시: 요가매트_KC인증_1, 요가매트_KC인증_2
KC인증번호			
KC인증마크		KC인증 생활용품 공급자적합성확인	
KC인증번호_병행수입인증면제	KC인증번호 입력		
인증대상아님			

10 패션 의류나 잡화 등 시즌성 상품이라면 '시즌 상품' 정보도 넣어 줍니다. '출시 년도'와 '계절'을 선택할 수 있습니다.

시즌 상품인데 정보가 입력되지 않았거나 부정확한 경우 반려되므로 주의하세요!

시즌 상품 정보 : 상품의 출시년도와 사용 계절을 입력해주세요.

추가 정보 선택 1	추가 정보 선택 2
선택	선택
* 상품을 출시한 연도를 선택해주세요. (항목 중 택1) 정확한 시즌 정보는 발주 수량 책정과 시즌에 따른 상품 수요 및 발주에 도움이 될 수 있습니다. * 2016년 이전 출시 상품은 2016년으로 선택	* 주요 사용 계절에 따라 알맞은 시즌을 선택하세요. (항목 중 택1) 정확한 시즌 정보는 발주 수량 책정과 시즌에 따른 상품 수요 및 발주에 도움이 될 수 있습니다. * 2개 이상 해당될 경우, 사계절 혹은 주요 계절로 선택
2020	봄
2018	여름

 잠깐만요 … 대표 이미지와 상세 이미지 전달 팁을 알려 주세요

대표 이미지는 상품 페이지에서 가장 먼저 노출되는 이미지이고, 상세 이미지는 상품에 대한 설명을 담은 이미지입니다. 마켓 플레이스에 이미지를 등록할 때는 내가 직접 업로드했지만 로켓배송의 경우 담당자가 업로드하므로 파일을 헷갈리지 않게 전달하는 것이 중요합니다. 파일명을 제대로 입력하고, 하나의 압축 파일로 정리해 전달합니다. 압축파일이 여러 개인 경우 제대로 업로드되지 않으므로 1개로 정리해야 합니다.

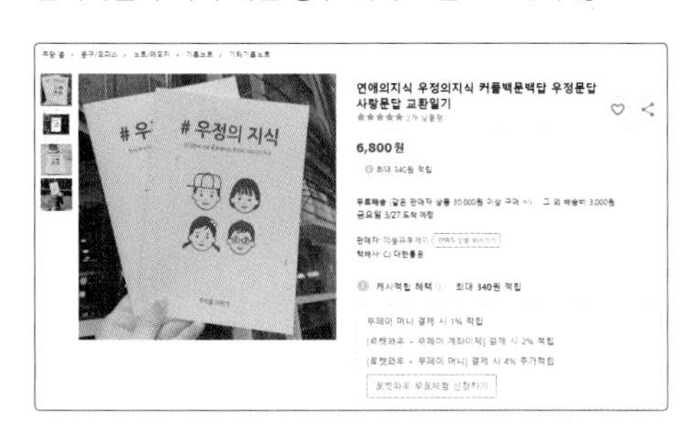

❶ 이미지 사이즈와 형식

대표 이미지는 가로, 세로 '500~1000px 이내의 정사각형 이미지로 준비합니다. 테두리 없는 흰색 배경의 이미지가 좋으며 불필요한 로고나 글자도 지워 주세요. 상품이 잘 드러나는 선명한 이미지를 준비합니다. 상세 이미지는 가로 780px, 세로 5000px을 넘지 않도록 해야 합니다. 또한 파일 형식은 jpg, png만 지원됩니다.

❷ 파일명

파일명은 견적서에 적힌 숫자를 세 자리 형식으로 적어 줍니다.

- 대표 이미지: 세 자리 숫자_ 상품명_ 대표
- 상세 이미지: 세 자리 숫자_ 상품명_ 대표

  예 001_연애의 지식 응응하응 1권_대표

  001_연애의 지식 응응하응 1권_상세

❸ 고객의 마음을 사로잡는 이미지는?

대표 이미지에는 로고나 문구는 넣지 않으며, 배송 예정일 관련 문구, 깨지거나 흐릿한 저품질 이미지는 사용하지 않습니다. 묶음 상품이라면 판매 수량을 정확히 개수를 표현하고 일러스트가 아닌 실제 사진을 넣어 줍니다. 박스에 담겨 배송되는 상품의 경우 박스 이미지와 안의 본품 이미지를 함께 넣어 줍니다. 컬러나 디자인이 다른 옵션은 한 페이지에 넣지 말고 각각 따로 등록합니다.

단, 카테고리별로 예외가 있습니다. 패션 의류나 잡화의 경우는 모델 컷을 권장합니다. 메이크업 제품은 재질, 제형을 알기 쉽게 표현하세요. 신선 식품, 가구, 홈 인테리어는 연출 이미지를 허용합니다. 단, 과도한 연출 사진은 자제하세요.

이미지는 대표 이미지를 포함해 최대 10장까지 등록할 수 있습니다. 옆면, 뒷면, 바닥면 등 다른 구도의 이미지와 부분 확대 컷이 있으면 고객의 이해를 좀 더 쉽게 도울 수 있습니다. 활용 예시나 연출 컷, 조리 예는 상품 이해를 돕는 좋은 정보입니다. 사이즈를 비교할 수 있는 이미지도 고객에게 필요한 정보입니다. 세트 또는 박스 상품의 낱개 이미지가 있으면 더욱 좋습니다.

무작정 따라하기 28 > 견적서 작성 후 검수받기

01 작성을 마친 견적서와 이미지 파일을 로켓배송 담당자에게 메일로 보내면 1차 검수를 받을 수 있습니다.

STEP 3 작성 완료한 견적서와 이미지 파일을 전체 답장하기로 회신해주세요.

※ 메일 확인 후 2일 이내에 견적서를 회신해주셔야 검수가 진행됩니다.

Q. 왜 서플라이어 허브에 바로 업로드 하지 않고 미리 검수 받나요?

A. 미리 검수를 진행하여 내부 검수 중 반려될 수 있는 사항들을 최소화하여 빠르게 발주서를 받아보기 위함입니다.

02 검수를 마친 견적서와 이미지 파일을 메일로 받았다면 쿠팡 서플라이 허브에 접속해 [상품] - [견적서 검증 시스템]을 클릭하고 견적서 파일을 3번 항목에 등록합니다. 이미지도 4번 항목에 등록하세요.

KC 인증 정보 등 첨부해야 할 서류가 있다면 5번 항목에 등록하세요.

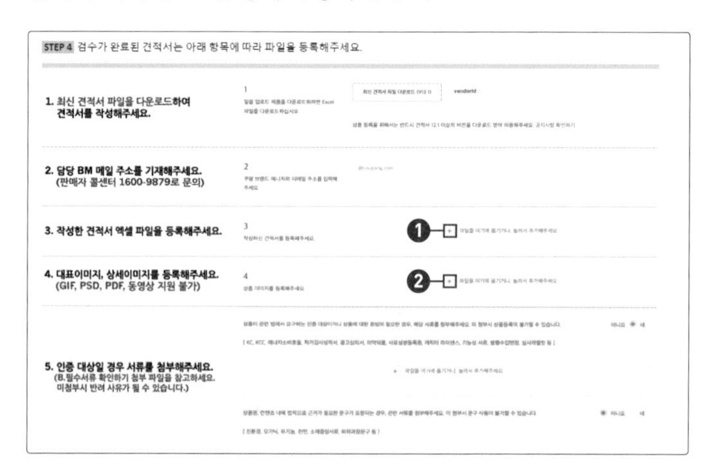

03 등록을 정상적으로 마치면 견적서 검증 결과가 메일로 발송됩니다. 소요 시간은 10분 이내로 빠른 편입니다. 견적서가 바르게 등록되면 3~5일 후 검수돼 발주서가 발행됩니다.

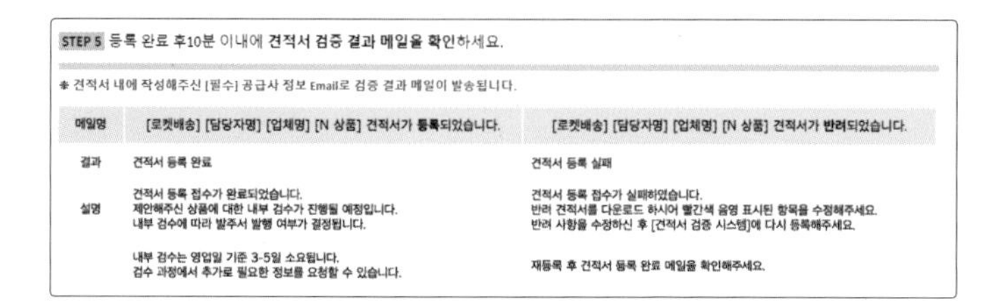

STEP 5 등록 완료 후10분 이내에 견적서 검증 결과 메일을 확인하세요.

※ 견적서 내에 작성해주신 [필수] 공급사 정보 Email로 검증 결과 메일이 발송됩니다.

메일명	[로켓배송] [담당자명] [업체명] [N 상품] 견적서가 등록되었습니다.	[로켓배송] [담당자명] [업체명] [N 상품] 견적서가 반려되었습니다.
결과	견적서 등록 완료	견적서 등록 실패
설명	견적서 등록 접수가 완료되었습니다. 제안해주신 상품에 대한 내부 검수가 진행될 예정입니다. 내부 검수에 따라 발주서 발행 여부가 결정됩니다. 내부 검수는 영업일 기준 3-5일 소요됩니다. 검수 과정에서 추가로 필요한 정보를 요청할 수 있습니다.	견적서 등록 접수가 실패하였습니다. 반려 견적서를 다운로드 하시어 빨간색 음영 표시된 항목을 수정해주세요. 반려 사항을 수정하신 후 [견적서 검증 시스템]에 다시 등록해주세요. 재등록 후 견적서 등록 완료 메일을 확인해주세요.

coupang

03 상품 등록·입고, 이렇게 하면 걱정 끝!

견적서 작업이 끝나면 쿠팡에서 견적서에 적혀 있는 항목을 로켓배송 상품으로 등록합니다. 그 전에 출고지 정보와 담당자 정보를 변경해야 합니다.

무작정 따라하기 29 > 출고지 정보 변경하기

01 담당자 정보를 변경하려면 쿠팡 서플라이 허브에 접속해 화면 오른쪽 위에 있는 상호명을 클릭한 후 [내 계정]을 클릭해야 합니다.

02 [사업자 정보를 수정해주세요]를 클릭해 비밀번호를 다시 입력하고 [다음]을 클릭하세요.

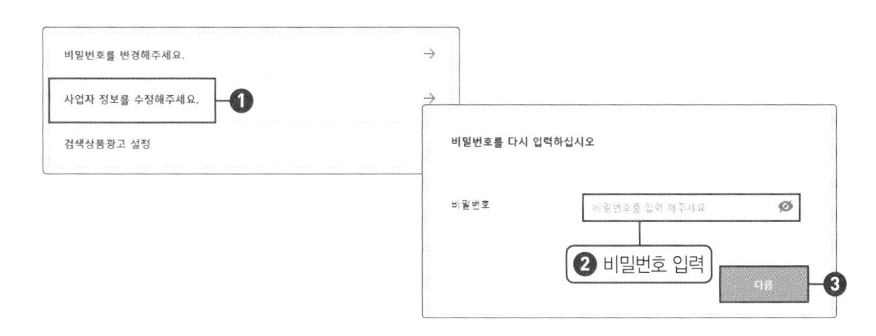

03 정보 수정 페이지가 열리면 [업체 기본 정보] - [담당자 정보] 메뉴로 이동해 [추가]를 클릭하세요.

04 추가된 항목에서 '업무'를 [정산]으로 변경하고 담당자 정보를 입력합니다. '담당자명'에는 판매자 본인의 이름을 입력하고, 발주에 대한 연락을 받을 수 있는 판매자 본인의 전화번호와 이메일 주소도 차례대로 입력한 후 [저장하기]를 클릭합니다.

05 출고지 주소를 변경하기 위해 [물류] - [쉽먼트]를 클릭합니다.

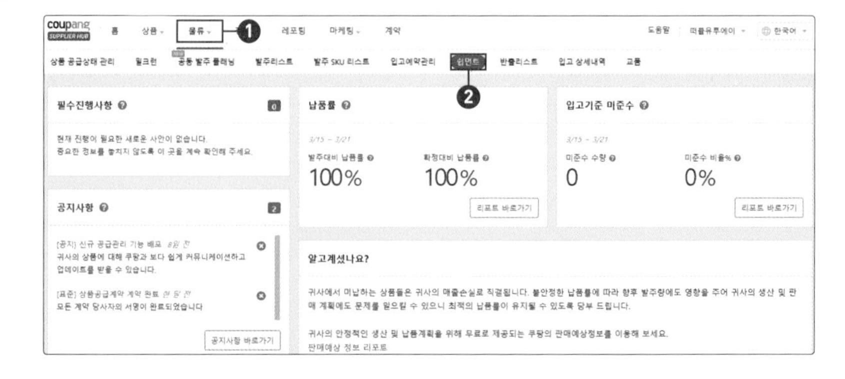

06 [업체 기본정보 설정]-[출고지 추가]를 클릭합니다. 로켓배송 상품은 구매자에게 직접 발송하지 않고 쿠팡 측으로 보내야 하는데, 그 상품이 출고될 주소를 입력하면 됩니다.

07 '출고지명'에는 출고 관리를 위한 이름을 입력하고, '출고 담당자'와 '담당자 연락처', '주소'에는 상품을 출고하는 담당자의 이름과 전화번호 그리고 해당 출고지의 주소를 입력합니다.

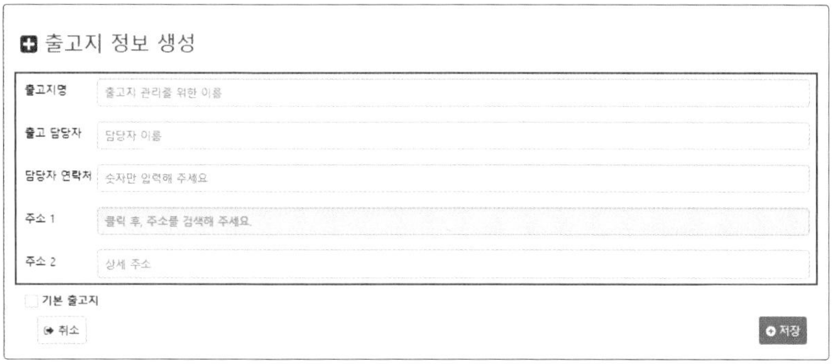

무작정 따라하기 30 > 상품 입고하기

01 218쪽 과정에서 견적서를 발송한 후, 상품 등록이 완료됐습니다. 이렇게 상품이 등록되고 나면 쿠팡 측에서 상품의 발주를 요청합니다. [물류] - [발주리스트]를 클릭해 '발주 리스트' 페이지에 접속하세요.

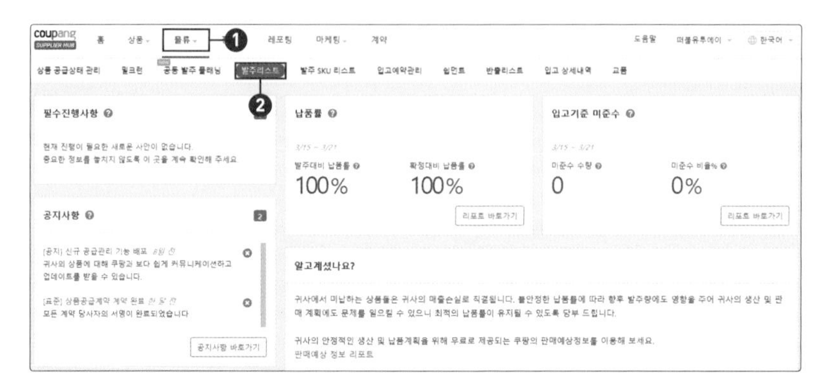

02 '발주 리스트'에서 등록된 발주서를 확인합니다. 발주할 상품의 발주 번호를 클릭해 [거래처 확인]을 클릭하세요.

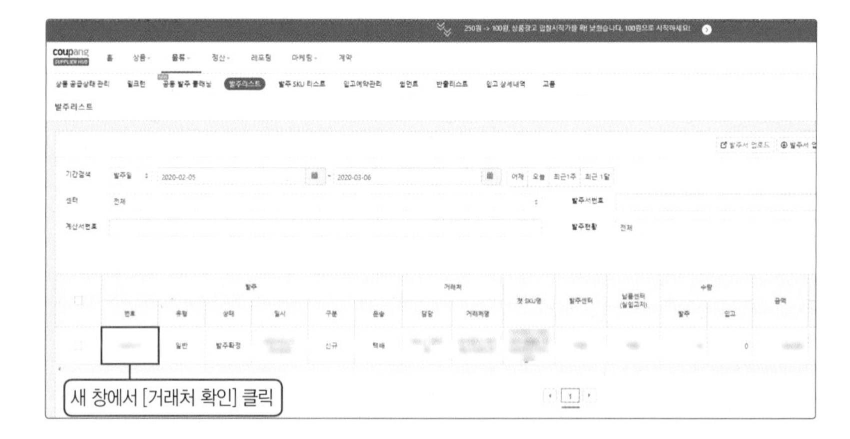

03 '입고 유형'을 입고 조건에 맞게 수정하세요. [저장]을 클릭하면 발주가 확정됩니다.

'입고 유형' 외에는 따로 수정하지 않아도 되며 이 역시 일반적으로 쿠팡에서 제안한 방식으로 선택합니다.

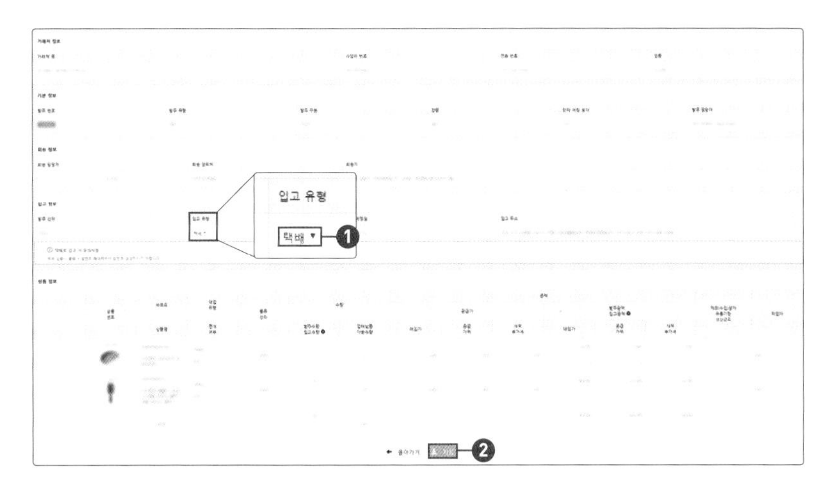

잠깐만요 … '입고 유형'을 좀 더 알고 싶어요!

'입고 유형'은 '쉽먼트' 또는 '밀크런' 중 선택할 수 있습니다.

쉽먼트는 일반적인 택배 발송 방식으로, 판매자가 상품을 로켓배송 창고에 택배로 발송하는 것을 의미합니다. 밀크런은 과거 우유 회사가 축산 여러 농가를 차례로 방문하며 원유를 모았던 방식과 유사합니다. 쿠팡과 계약한 물류회사가 상품을 수거해 입고를 대행하는 시스템입니다.

입고할 수량이 대형 박스 10개 이상일 때부터 밀크런을 진행하므로 처음에는 주로 쉽먼트를 이용해 입고합니다. 로켓배송 초보자의 경우 밀크런을 이용하는 경우가 적지만 발주량이 늘어났을 때를 대비해 밀크런 입고 과정을 참고로 살펴봅시다.

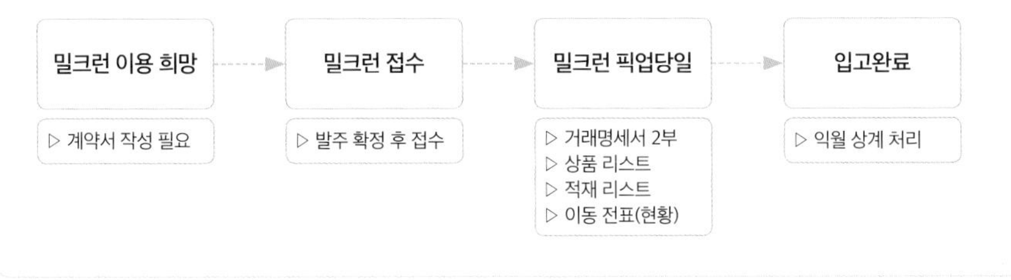

04 이 경우에는 입고 유형이 '택배'이므로 발주 리스트 작성을 마친 후 [물류]-[쉽먼트]에서 [쉽먼트 생성]을 클릭합니다.

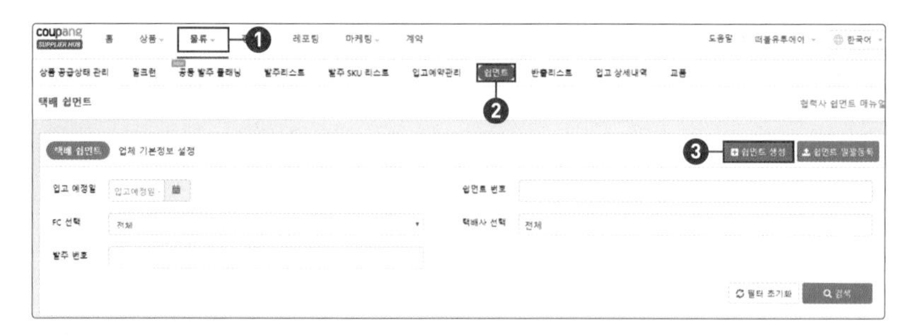

05 쉽먼트를 생성할 발주서를 선택한 후 [발주서 선택 완료]를 클릭합니다.

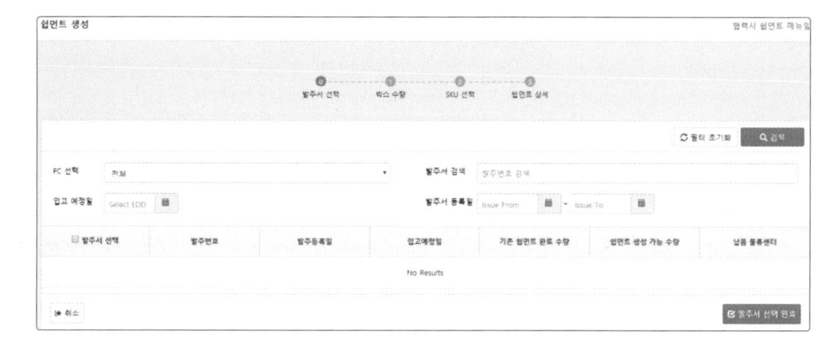

06 박스의 '납품 수량'을 입력한 후 [SKU 선택 완료]를 클릭합니다.

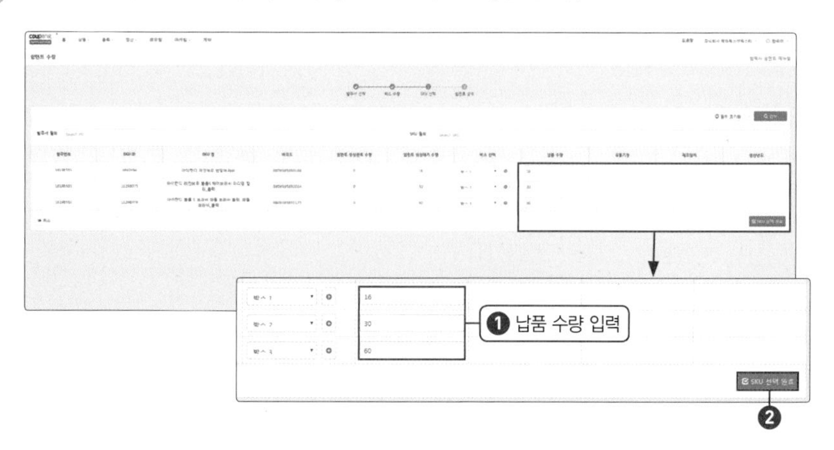

SKU란, 'Stock Keeping Unit'의 약자로, 재고를 관리하기 위한 최소 단위를 의미합니다. 여기서는 '박스당 납품 수량'이라고 생각하면 됩니다.

07 각각의 박스에 미리 출력해 놓은 운송장 번호를 입력한 후 [택배 쉽먼트 완료]를 클릭해 쉽먼트를 저장합니다.

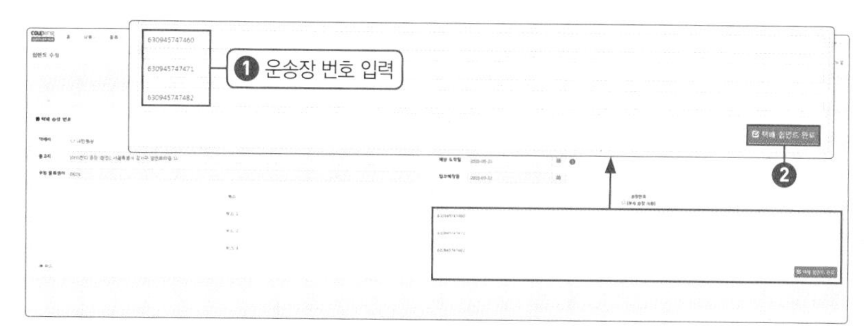

08 생성이 완료된 쉽먼트의 라벨과 내역서를 다운로드합니다.

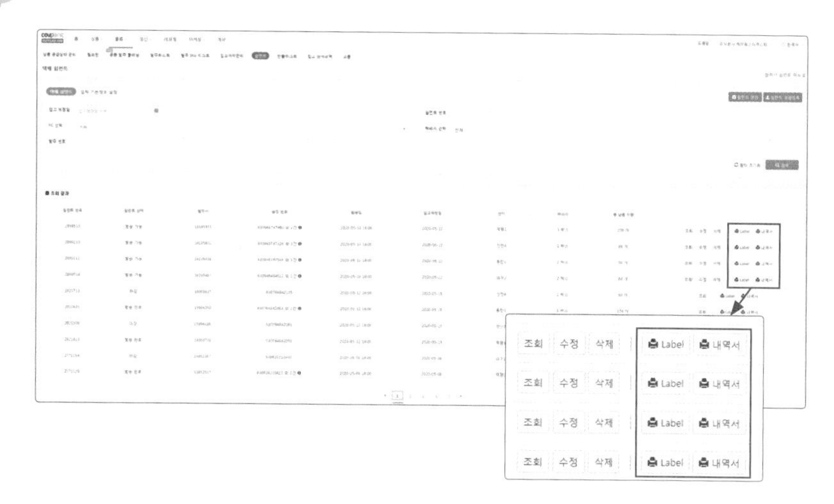

09 라벨과 내역서를 출력해 내역서는 박스 안에 넣고 라벨은 박스 오른쪽에 붙입니다. 박스 왼쪽에는 출력한 운송장을 붙이세요.

TIP

모든 박스에는 바코드가 꼭 붙어 있어야 합니다.

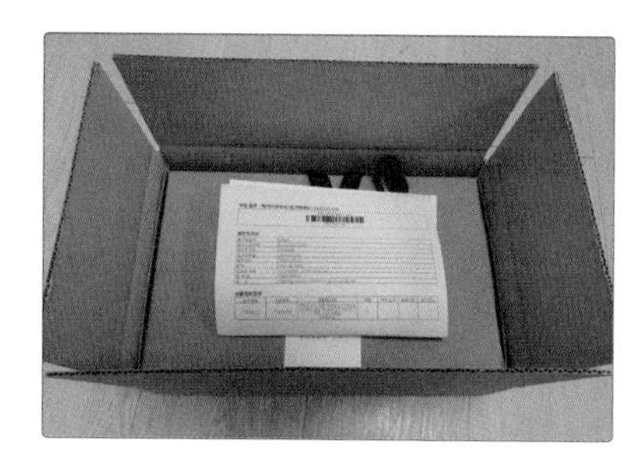

10 상품이 쿠팡 창고에 제대로 배송됐다면 2~3일 후 '발주 리스트'에 미승인 계산서가 나타납니다. 쿠팡 서플라이 허브에 접속해 계산서를 발행받으면 발주가 완료됩니다.
로켓배송은 정산에 2달이 소요되며 계약서에 기입한 계좌번호로 정산액이 지급됩니다.

무작정 따라하기 31 > 바코드 생성하기

01 바코드를 생성하고 상품에 라벨을 부착하기 위해 '프린텍 라벨 메이커' 프로그램을 이용합니다.
프린텍 사이트(https://www.printec.co.kr)에 접속한 후 [소프트웨어] - [프린텍 라벨메이커] 메뉴에서 [다운로드받기]를 클릭합니다. 왼쪽 버튼을 누르면 설치 파일을 다운로드할 수 있고, 오른쪽 버튼을 누르면 네이버 소프트웨어 페이지로 이동해 설치 파일을 다운로드할 수 있습니다. 프로그램은 동일하므로 편리한 방식을 선택하면 됩니다.

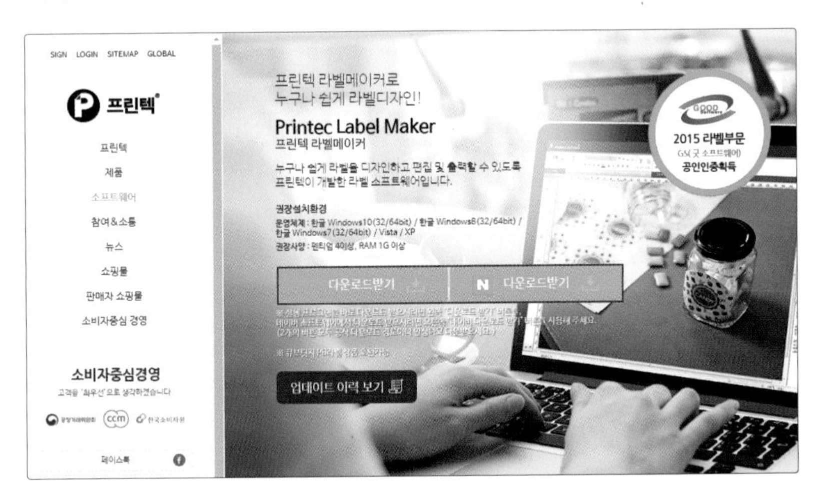

02 '프린텍 라벨메이커' 프로그램을 실행합니다. '새로 만들기' 창이 나타나면 자신이 구매한 라벨 용지에 맞게 '용지 구분'과 '라벨 선택'을 선택하고 [확인]을 클릭하세요.

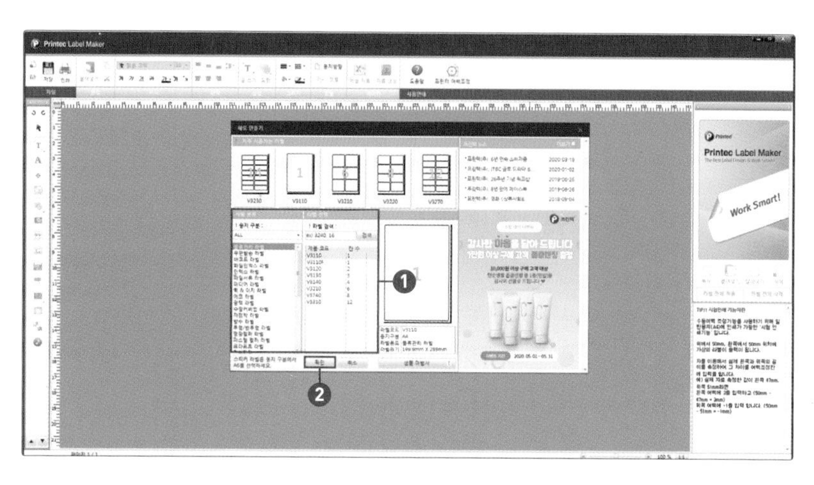

03 화면 왼쪽 메뉴에서 [바코드 만들기]를 클릭합니다.

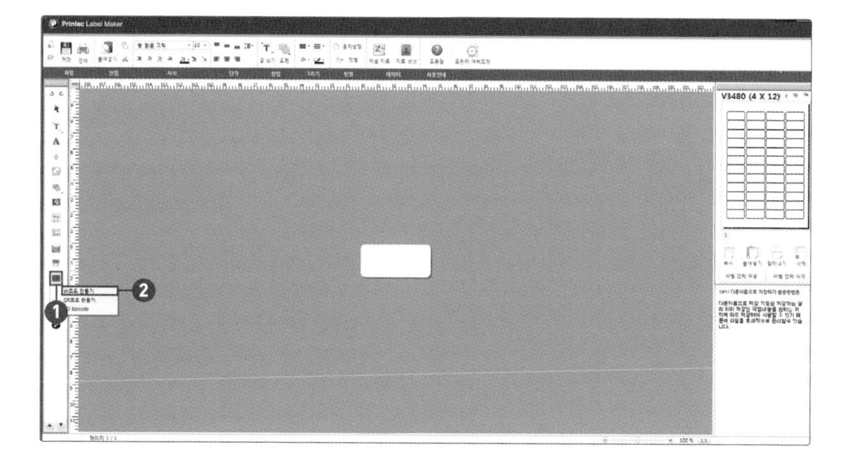

04 '바코드 만들기' 창이 나타나면 '바코드 종류'를 'Code 93 Standard'로 선택하세요. 글씨와 숫자를 함께 입력할 수 있습니다. '바코드 값'에 『상품명 + 모델번호』를 조합해 입력하고 [확인]을 클릭합니다.

바코드 번호는 임의로 입력해도 상관없지만 구분할 수 있도록 해야 합니다. 이 경우에는 상품마다 바코드 번호를 따로 기록해 두는 것이 좋습니다.

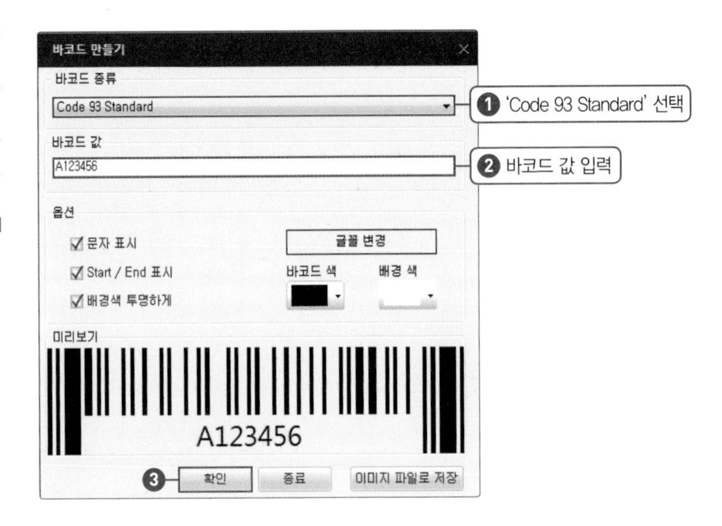

05 바코드가 생성됐습니다. 바코드 위에 상품명을 입력하기 위해 [글 쓰기] - [가로 쓰기]를 클릭합니다.

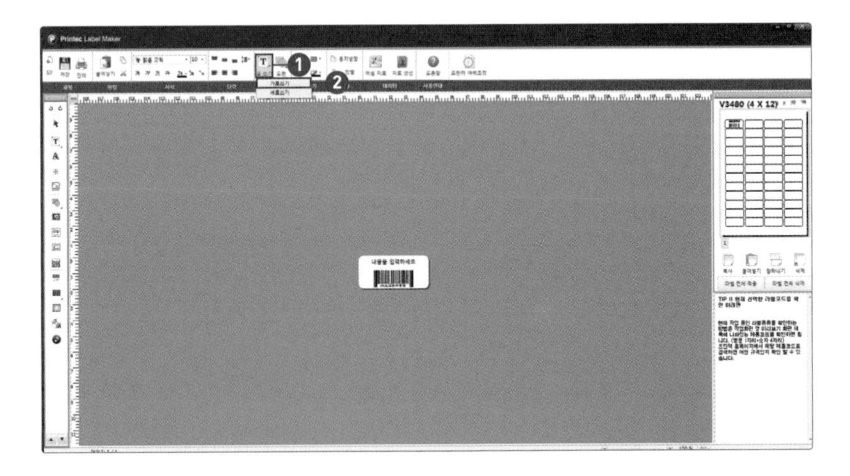

06 '내용을 입력하세요'를 더블클릭해 글씨를 수정합니다. 상품명, 원산지, 제조사를 입력하세요.

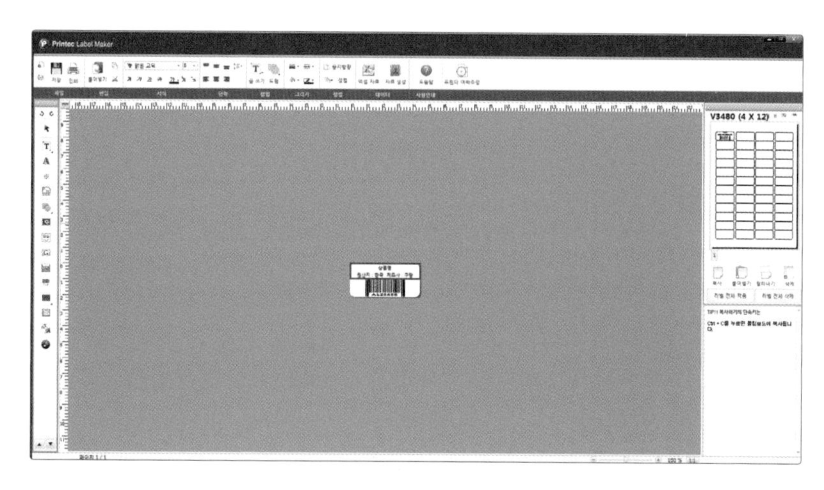

07 마우스 오른쪽 버튼을 이용해 [붙여 넣기]를 클릭하세요. 라벨지 전체에 바코드가 복제되면 [인쇄]를 클릭해 설정한 라벨지에 바코드를 프린트합니다. 이렇게 생성된 바코드 라벨을 상품에 부착하면 됩니다.

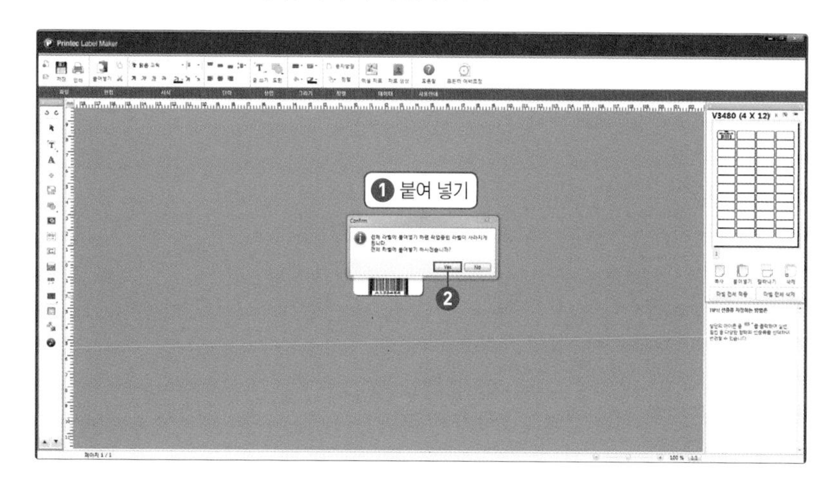